学习点亮人生

（增订本）

南振中 著

郑州大学出版社

图书在版编目(CIP)数据

学习点亮人生 / 南振中著. -- 增订本. -- 郑州：郑州大学出版社, 2025.3(2025.8重印). -- ISBN 978-7-5773-0903-3

Ⅰ. G442

中国国家版本馆CIP数据核字第2024H3K521号

学习点亮人生(增订本)

XUEXI DIANLIANG RENSHENG(ZENGDINGBEN)

策划编辑	孙保营　李勇军	封面设计	孙文恒
责任编辑	刘晓晓	版式设计	孙文恒
责任校对	暴晓楠	责任监制	朱亚君
出版发行	郑州大学出版社	地　　址	河南省郑州市高新技术开发区
经　　销	全国新华书店		长椿路11号(450001)
发行电话	0371-66966070	网　　址	http://www.zzup.cn
印　　刷	河南瑞之光印刷股份有限公司		
开　　本	710 mm×1 010 mm　1 / 16	彩　　页	2
印　　张	17.75	字　　数	243千字
版　　次	2025年3月第1版	印　　次	2025年8月第2次印刷
书　　号	ISBN 978-7-5773-0903-3	定　　价	48.00元

本书如有印装质量问题,请与本社联系调换。

南振中，1942年5月10日出生于河南省灵宝市。

1964年7月毕业于郑州大学中文系，同年8月到新华通讯社从事新闻工作，先后担任山东分社农村记者、副社长、社长。

1985年4月担任新华社总编辑室副总编辑，1986年1月担任新华社总编辑室总编辑，1993年4月担任新华社副社长兼总编辑室总编辑，2000年6月至2007年8月担任新华社总编辑（正部长级）。

2003年3月至2013年3月担任十届、十一届全国人大常委会委员，全国人大外事委员会副主任委员。

1984年11月被中华全国新闻工作者协会评选为"全国优秀新闻工作者"；1991年12月获首届"范长江新闻奖"。

南振中出版的主要著作有《我怎样学习当记者》《记者的发现力》《记者的眼睛》《记者的思考》《记者的战略眼光》《与年轻记者谈成才》《亲历中国民主立法：在全国人大常委会发言实录》《大学该怎么读——给大学生的75封回信》《南振中作品选》《南振中文集》。

把学习引向更高的境界(代序)

周铁农

和大家一样,怀着敬佩的心情听了南振中同志十分精彩的报告,谈几点体会,和大家共同交流。

第一,南振中同志报告的题目是《把学习培养成为一种爱好》,听完报告,我感到他在学习这个问题上已经进入了一个很高的境界。人的一生都离不开学习,不管是爱好也好,或者是其他方面的需要也好,终归都要学习。学习大概有这么几个层次:第一个层次是别人要求我学习。在我看来,现在中小学的学生大部分属于这个层次。不排除有些中小学生也有学习的爱好,但据我观察,大部分中小学生是被要求学习的,升学制度、家长和老师的要求等等。在这个层次上,学习基本上是被动的。第二个层次是学习成为一种需求。一个人参加工作了,为了应付工作上面临的问题,不得不学习一些东西。尽管没有别人强求你,但你自己必须给自己提出学习的要求,否则就会影响工作任务的完成和自己的进步,甚至难免会挨批评。这种学习有一点自觉性,但仍然属于比较被动的状态。第三个层次是像南振中同志这样,把学习当作一种爱好,这才是学习的最高境界。不仅仅是别人对自己的要求,也不仅仅是做好工作的需要,而是变成了自己生活中一个很重要的组成部分。我们在闲暇时常常先想到的是点燃一支烟或拿起电视机的遥控器,这也是一种爱好。而南振中同志则可能会利用这个时间捧起一本书或在网上摘读一篇文章,这同样是一种爱好,而不完全是为了应付工作的需要。从南振中同志身上我看到了学习的最高境界。

第二，南振中同志之所以有这样的爱好，是与他对自己所从事事业的热爱、忠诚和不懈追求联系在一起的。这种爱好不是与生俱来的，而是在自己长期工作实践中逐渐培养形成的。从他的报告中我们可以感受到，随着工作岗位的不断变迁，工作担子和责任的不断加重，他对于学习的爱好越来越强烈。特别是做新闻工作，涉及社会生活的方方面面，对知识面的要求非常之宽。在这种情况下，努力学习多方面的知识，本身就是一种需要，而且这种需要随着自己对事业责任感的不断增强，久而久之就成为一种自觉的爱好。一个人如果没有对事业的忠诚和强烈的责任心，是很难培养起这种爱好的，因为它不像吸烟或看电视那样轻松和简单。

第三，南振中同志在长期的学习过程中，基于对学习规律的认识，形成了近乎完美的学习方法。今天他回答了青年人在学习中经常碰到的问题，比如说怎样制订学习计划，他的答案是把学习计划与人生规划结合在一起。再比如如何挤时间、如何把学和用结合起来、如何在学习中实现知识的转化、如何处理学习"有字书"和"无字书"之间的关系等等，这些都是学习方法中一些很精辟的东西，很值得我们每一个人，尤其是年轻同志去思索和体会，并在学习的过程中转化成自己的东西。

今天听了南振中同志的报告，我感到受益匪浅，原因还在于他的报告对于我们建设学习型政党、学习型机关也很有启发。一是要十分注意培养同志们对学习的爱好。过去我们总是强调要求学习，对广大民革党员和机关的同志提出一些学习方面的要求，虽然这也是需要的，但这并不是一个高的境界。我们应该努力培养同志们对学习的爱好，用我们事业的发展来激励同志们学习的积极性和热情。二是我们要努力在创造良好的学习条件和营造良好的学习氛围上下功夫，使大家能在愉快的气氛中，在自己的兴趣得到满足的情况下学习，这就比硬性规定任务，如要读几本书、通过某项考试或某种检查要好很多。三是各级组织和领导干部在组织大家学习的过程中要给予引导、指导和帮助,可能我们还不具备这种水平和能力,但我们可以采取各种各样的方式,借用多方面的力量,包括像组织今天这样的报告会,实际上就会起到对同志们的学习加以引导、指导和帮助的作用。

〔2010年6月11日,民革中央召开中心学习组(扩大)专题报告会,邀请南振中同志作关于学习问题的报告。《把学习引向更高的境界》是十一届全国人大常委会副委员长、民革中央时任主席周铁农同志在报告会上的讲话。〕

增订本前言

《学习点亮人生》2011年4月一经面世就受到读者的欢迎。山东省干部学院举办第6期"名家讲座",邀请我作"学习点亮人生"专题报告;十一届全国人大常委会副委员长、民进中央时任主席严隽琪曾让民进中央宣传部邀请我以《学习和人生》为题给机关工作人员讲课。时任新华社总编辑的何平认为这本书"沉淀了作者平时勤奋学习、善于思考的独特感悟,能给人以启迪";时任人民日报社社长的张研农阅读了这本书,立即让该报记者任姗姗对我进行专访。任姗姗在《学习点亮人生——访全国人大常委会委员南振中》一文中写道:"南振中年近七旬……'学习'二字始终贯穿在他的工作与生活之中。这本书忠实记录了他在近半个世纪里关于学习的思考与心得。"

《学习点亮人生》出版后多次获奖。2011年12月,经中国书刊发行业协会评选委员会评选,《学习点亮人生》被评为2011年度"全行业优秀畅销书品种",中国书刊发行业协会颁发了"优秀畅销书"证书。与此同时,《学习点亮人生》获得第八届全国统战系统优秀图书奖。2012年10月22日至26日,中共中央组织部联合新闻出版总署、国家图书馆,在北京开展了首次全国党员教育培训教材展示交流活动专家集中评审工作。在全国各地、各单位推荐的基础上,经专家评审、网上评价和基层评价,《学习点亮人生》被评为"优秀教材"。评委会对这本书的"推荐语"是:"作者以朴实的语言、独特的视角、真实的经历,详尽阐释了学习与人生的密切关联,生动形象,通俗易懂,得到广大读者特别是青年读者的好评。"

这次对《学习点亮人生》进行修订,主要有两点考虑:

1.2011年2月15日,团结出版社社长兼总编辑王大可与我商谈《学习点亮人生》一书的写作和出版事宜,希望能在2011年4月5日以前将书稿交给出版社。当时我是十一届全国人大代表、全国人大常委会委员,既要参加全国人大常委会会议,还要出席十一届全国人大四次会议,比较繁忙。我曾给王大可打过一个电话,希望将交稿时间推后一个月,王大可答应了这一要求。放下电话,我想:几十年都信守承诺,这一次也不该例外。为加快写作进度,我每天凌晨3点多起床,用了45个凌晨和白天的缝隙时间,终于提前4天将书稿送交出版社。由于这本书是挤时间赶写出来的,难免有所遗漏,趁这次修订之机,对一些章节进行必要的修改或补充。

2. 2013年4月2日,我的母校郑州大学让我担任新闻与传播学院院长;2016年9月,我辞去院长职务,担任博士生导师至2020年。这样算来,在母校工作时间大约占我60年工作总时间的1/8。既然《学习点亮人生》是一本谈学习和人生的书,在母校任职的经历应该补充进去,使得"学习"贯穿到人生的每一个阶段。

2024年8月15日,我给郑州大学党委宣传部部长孙保营发了一条微信,告诉他我想对《学习点亮人生》一书进行修订。孙保营曾经担任新闻与传播学院党委副书记,2014年4月他编写郑州大学新闻与传播学院推荐阅读书目时,把《学习点亮人生》一书列入其中,对这本书比较熟悉。他与郑州大学出版社现任领导商量之后告诉我,郑州大学出版社对《学习点亮人生(增订本)》很感兴趣。从2024年8月15日到8月30日,我用了16天时间完成了对《学习点亮人生》的修订工作。

学习是一个内涵丰富、值得从多个角度反复探讨的话题,很难在一本书中全都涉及。还有一点需要说明:读书方法因人而异,同一种方法,一部分人觉得有用,另一部分人就不一定觉得有用;从事不同行业的人对学习内容、学习重点的选择也有明显差异。书中所谈只是个人的"一孔之见",是不是有用,只能由年轻朋友们自己去感悟、判断、选择和汲取。

期待《学习点亮人生(增订本)》能对年轻朋友们有所帮助。

南振中

2024年9月27日

引　言

我对"学习与人生"的系统思考始于2008年4月。当时新华社举办"总编辑读书时间"系列讲座，尽管我离开总编辑岗位已经半年多，"讲座"的组织者依然向我发出邀请，希望我同年轻朋友见见面，谈谈学习问题。

为了做到有的放矢，我起草了一份调研提纲，请"讲座"的组织者帮我了解几个问题：年轻人对学习的兴趣如何，促使自己学习的动力是什么？在学习过程中有什么心得和经验？学习中遇到了哪些矛盾，有什么困惑？有无网上阅读习惯？还有哪些希望我回答的问题？

调研提纲散发的当天就收到27份"答卷"。我仔细阅读了这些"答卷"，从中筛选出10个问题，比如怎样培养学习兴趣、怎样制订学习计划、怎么挤时间读书、怎样将书本知识转化为自己的知识等。2008年4月16日上午，在新华社新闻大厦一楼大会议室，我用了两个小时对这些问题逐一作了回答。我对年轻朋友说："这一次不是严格意义上的'讲座'，而是面对面的'集体谈心'，也可以说是围绕读书问题的坦诚对话。"宽敞的大会议室里挤满了人，一些听众只好坐在会议室外面的走廊里。年轻朋友们的进取精神和求知欲望令我感动。

2010年4月，我率领全国人大外事委员会代表团访问日本和澳大利亚。在国外，从一个城市到另一个城市，坐中巴有时要走两三个小时，与其云天雾地地闲聊，不如吸收一点有用的知识。于是，我请全国人大外事委员会副主任委员、民革中央常务副主席齐续春同志向代表团全体同志讲一讲自己的人生感悟。

齐续春当过农民、工人、教师，也当过副县长、副市长、省政协副主席。他的人生感悟是："逆境使人谦虚谨慎，顺境使人心浮气躁。如果视顺境如逆境，可保一生平安！"这些发自肺腑的人生感悟实实在在、富有哲理。

访问结束时,齐续春对我说:"你让我给大家讲,我讲了。其实在我们这个代表团中,最应该讲的是你。你从一个新华社'见习记者'一直干到国家通讯社的总编辑,可以说是'从士兵到将军',这中间肯定有一些能给人以启发的东西。你是不是也应该到我们民革中央机关讲一次课?"

对这一诚恳邀请我没有理由也不好意思回绝。2010年6月11日,我以《把学习培养成为一种爱好》为题,到民革中央中心学习组学习会上作了一次报告。2010年8月12日,民革全国机关建设工作研讨会在贵阳市召开,主题是建设民革学习型机关,我应邀作了关于学习与人生的专题报告。

这3次专题报告引起的社会反响出乎我的意料。新华网许多网友撰写体会文章,畅谈自己阅读报告之后的感悟。有一个网友写道:"《把阅读培养成为一种爱好》主要是从新闻工作者的角度回答年轻人提出的问题,但是,作者的许多观点对于我们一般人来说也值得借鉴。"还有一些同志反映专题报告"是一个'读书人'的经验之谈""是一部有励志作用的'《学习学》'"。一些朋友建议我在"专题报告"的基础上写一本激励中青年刻苦学习的书。

我认真思考了大家的建议,觉得"《学习学》"有点像科学论著。我的长处不在于对学习问题的理论阐述,而在于学习实践。况且我理解的"学习"既包括阅读有字的书,也包括读好"无字天书"。我的许多知识和本领都是从人民群众那里学来的,是从丰富多彩的社会生活中撷取的。如果回顾40多年间的新闻实践和学习实践,写一本记录个人学习经历的书,也许会有点用处。于是,我草拟了三个书名:"学习改变人生""学习丰富人生""学习点亮人生"。

"学习改变人生"有冲击力,但不太准确。学习之所以能够改变人生,主要是可以开阔视野,给人以自信,从而局部改变一个人的"人生轨迹"。选用这个书名需要向读者作出解释和说明。

"学习丰富人生"比较准确,但没有直击读者的关注点。

"学习点亮人生"中的"点亮",包含"点燃"和"照亮"的意思,反映了学习对人生的启迪、指引作用,同建设学习型社会的旨意相吻合。

于是我和团结出版社社长兼总编辑王大可共同选择了"学习点亮人生"。

南振中

2011年4月

目 录

第一章 把学习培养成为一种个人爱好 …………………… 001
 一、人的爱好可以选择,也可以培养 …………………… 001
 二、轻松体验学习的四大乐趣 …………………… 008
 三、学习激情靠学习成果来点燃 …………………… 017

第二章 忙人学习主要靠自我加压 …………………… 025
 一、忙人支配时间的公式 …………………… 025
 二、总体规划与"化零为整" …………………… 030
 三、自觉支配与强制支配 …………………… 032

第三章 断绝退路才能置之死地而后学 …………………… 040
 一、"三下肥城"逼我闯过采访关 …………………… 040
 二、学电脑是被逼出来的 …………………… 049
 三、"临阵换将"学习指挥重大战役性报道 …………………… 058

第四章 学习主要是为了寻找启发 …………………… 066
 一、分清是非,认准方向 …………………… 066
 二、由此及彼,引发联想 …………………… 074
 三、开阔思路,探寻方法 …………………… 088

第五章　既读有字的书，又读"无字天书" …… 092
一、"无字天书"回答现实问题 …… 092
二、"无字天书"撞击思想火花 …… 104
三、"无字天书"蕴含人生哲理 …… 109
四、"无字天书"帮助提高素养 …… 114

第六章　既要学以致用，又要学以备用 …… 121
一、学会临阵磨枪，目的全在应用 …… 121
二、学而不思则罔，思而不学则殆 …… 130
三、扩充知识仓库，以备不时之需 …… 136
四、倡导跨界阅读，探索新的思路 …… 141

第七章　"本领恐慌感"是学习的动力之源 …… 148
一、水平不会因为职务的提升而自动提高 …… 148
二、学然后知不足，用然后知困惑 …… 152
三、新需求推动再学习和再思考 …… 157

第八章　学习计划应以人生志向为指导 …… 164
一、破解重大突发事件报道难题 …… 165
二、关注人民群众的知情权 …… 171
三、关注人民群众的口头舆论 …… 176
四、探究舆论监督报道的功能和规律 …… 181

第九章　"学到老"不容易 …… 192
一、年逾花甲学法律 …… 193

二、年逾花甲学建言 …………………………………… 199
三、年逾花甲学说话 …………………………………… 210
四、年逾古稀学沟通 …………………………………… 220

附录 …………………………………………………………… 241

用毕生去发现／穆青 …………………………………… 241

热切地期待年轻记者早日成才
　　——为《与年轻记者谈成才》一书写的序言／穆青 …… 245

春雨润物细无声
　　——读南振中《与年轻记者谈成才》／范敬宜 …………… 247

学南振中　当好记者
　　——读南振中《我怎样学习当记者(增订本)》／李彬 …… 253

沐浴春风——我所认识的南振中／贾永 ……………… 262

鸣谢 …………………………………………………………… 268

第一章　把学习培养成为一种个人爱好

有的年轻人问:"在相对浮躁的社会环境中,怎样克服'学习疲劳症'?"

克服"学习疲劳症"的办法很多,其中之一就是把学习培养成为一种个人爱好。

一、人的爱好可以选择,也可以培养

人的爱好多种多样:有的喜欢爬山,有的喜欢打球,有的喜欢游泳,有的喜欢跑步,有的喜欢唱歌,有的喜欢跳舞。具体到每一个人,把什么当成自己的爱好,主要靠自己去选择。

毛泽东说过,他一生最大的爱好是读书。"饭可以一日不吃,觉可以一日不睡,书不可以一日不读。"我参观过毛泽东在中南海的故居,居室的书架上摆满了书,办公桌、饭桌、茶几上到处是书,床上除躺卧的位置外,有半边也摆放着书籍。他外出时经常把书带到火车、轮船和飞机上。毛泽东每天除了睡觉、休息、批阅文件、接见外宾,剩下的时间几乎都用来读书,直到逝世前也没有改变阅读习惯。根据医疗护理记录,1976年9月8日,毛泽东弥留之际看文件、看书11次,长达2小时50分钟。

人的爱好一旦形成,就不会计较它的苦和累。有人做过测算:一个体重60千克的人,游泳1小时消耗360卡路里;打羽毛球1小时消耗456卡路里;跑步1小时消耗900卡路里;爬山1小时消耗的热量会更多。喜欢运动的人常常累得汗流浃背、气喘吁吁,可是很少有人抱怨苦和累,为什么呢？就是因为运动已经成为他们自己选择的一种爱好。长时间里持续不断地爱好同一项运动，就会养成一时不容易改变的习惯，苦和累也就融入了快乐的感受之中。

"阅读之于心灵，犹如运动之于身体一样重要"，英国散文家理查·斯蒂尔爵士说的这句话很有道理。有人也测算过，读书1小时大约消耗13卡路里，热量消耗相当于游泳的1/27、打羽毛球的1/35、跑步的1/69，可见读书比参加运动要轻松得多。既然如此，为什么我们不能像喜爱运动那样，把学习选择为个人爱好，进而培养成为一种良好习惯呢？

2008年4月16日，作者围绕"把阅读培养成为一种爱好"的问题与新华社年轻编辑、记者对话（和静远/摄）

我的业余爱好不多。美国马奎斯世界名人研究中心、英国伦敦《世界名人录》编辑部先后给我寄来表格，让我填写个人简历、家庭情况、学术成就、个人爱好。我既不喜欢游泳、爬山、打球，也不喜欢唱歌、跳舞、赴宴，闲暇时间喜欢看书、上网、整理资料。于是我在"个人爱好"一栏写了两个字——"读书"。

我的读书爱好在很大程度上是受到了家庭和母校的影响。

我出生于黄河之滨的灵宝。父亲南守仑只上过一年小学，识字不多；母亲张秀芳没有念过书，连自己的名字也不会写。父母对我们兄弟姊妹的教育主要抓"坐姿"和"认字"。

母亲常说："站要有站相，坐要有坐相。""要站得直、坐得端、行得正。""背着书包在街上走，两眼要往前看，不能摇头晃脑、左顾右盼。"2002年4月20日上午，第八届三门峡国际黄河旅游节开幕式在河南省三门峡市体育馆举行。应三门峡市委、市政府邀请，我同几位省、市领导坐在主席台上。散会后一进家门,母亲就对我说:"电视转播我看了,那么长时间你都坐得很直,没有斜靠在椅子上。"我这才知道,尽管我已年逾花甲,母亲依然注视着我的坐姿。

2004年4月15日,我应邀到清华大学新闻与传播学院作专题演讲。学生见我两个多小时端坐不动,提出了一个问题:"你是不是当过兵?"我说:"没有。"学生接着问:"你是不是参加过军训?"我说:"对不起,没有。"学生又问:"那你的坐姿为什么像军人?"我说:"这应该归功于我的老母亲,她要求我们站得直、坐得端、行得正,坚持的时间长了,就成了习惯。"

作者(右一)与妻子陈瑞芬(左一)回河南省三门峡市看望母亲张秀芳(中)

母亲没有上过学,深知"不识字"的难处,她对我们兄弟姊妹5人常说的一句话是:"好好念书,多认字。不认字,将来就是个'睁眼瞎'!"20世纪60年代初的困难时期,村里许多人家吃不饱饭。有一次我从学校回到家,看到母亲吃榆树皮做成的饼子。母亲还拿出几个白菜根,说:"扔了可惜,仔细嚼,后味儿有点甜。"我们家的房子坐落在村口高坡上,院子里没有井,母亲每天要从几百米远的水渠挑水,上坡下坡非常艰难。当时还种着几亩地,母亲家里、地里两头忙。乡亲们对我母亲说:"你咋那么傻呢?把几个孩子都送出去上学,自己一个人在家里受罪!"我是家里的长子,不忍心看着母亲受苦,就对母亲说:"妈,我不想上学了,想帮你干活养家。"母亲听了,一改平日的温柔,生气地说:"你们兄弟姊妹5个,你是老大。不好好念书,就是最大的不孝!考不上大学别怪妈,只要能考上,砸锅卖铁也要供你们读到毕业!"家庭启蒙教育使我懂得了"看书"和"认字"的重要性。

1954年,我考上了河南省灵宝县第一中学。学习期间母校对我影响最大的是经受了启蒙性磨炼,并且养成了求知的良好习惯。

1956年,灵宝县政府决定在寺河山建万亩苹果生产基地。1957年,我刚考上高中,学校就组织高一两个班的学生到寺河山帮助园艺场挖苹果树坑。我们安营扎寨的土坡名义上是个村,其实只有3户人家。村头的几眼破窑洞就成为我们两个班学生的宿舍。没有床,也没有炕席。老师看到漫山遍野的"红公鸡草",就让我们带着镰刀把半人多高的"红公鸡草"割下来,铺在窑洞的泥巴地上就成了"床"。夜里睡在上面又软又暖和,没有人觉得这是"苦"。挖苹果树坑是重体力劳动,在坚硬的山坡上挖一个1米见方的大坑,可以为母校创造1.2元的收入。为了多挖一些苹果树坑,同学们加班加点,许多人手上磨起了血泡,后来又变成厚厚的茧子。我们还在山坡上开了几百亩荒地,种上了玉米和黑豆。白天不是挖树坑就是到地里照看庄稼;夜晚或者阴雨天,老师就在窑洞里给我们上课,每人一块小木板,就是我们的"课桌"。"启蒙性磨炼"的好处是:各种"苦"都尝试过了,在以后的日子里再次遇到,那就不叫个事儿!

我上高中时灵宝一中刚刚由初级中学"戴帽"成为完全中学,高中部的老师大部分是从初中跟班上来的。尽管他们学历不高,但责任心和钻研精神很强,教学态度严肃、认真,我们从老师身上学到了许多东西。直到现在我还记得在寺河山的窑洞里物理老师讲解"向心力"和"离心力"时的情景。寺河山不可能有"物理实验室",也没有像样的物理教具。物理老师找来一根细线,细线的一头拴一个小石子,另一头捏在老师手里。老师把细线绕起来,小石子就跟着转圈。突然间,小石子扯断了细线飞了出去,这时老师才开始讲解。他告诉我们有两种"力":绳子对小石子施加的力称作"向心力";小石子对绳子施加的反作用力称作"离心力"。当"离心力"超过一定限度,就会把细线拉断,小石子就沿着圆圈切线的方向飞走了。

时间流逝,物理老师在寺河山窑洞里传授的知识我们仍没有忘记。形象直观的几何教学使我们懂得了没有规矩不成方圆的道理,生动活泼的语文教学为我们奠定了扎实的语法学、修辞学、逻辑学基础。每当我坐在电脑桌前轻轻敲击键盘的时候,有时会想到灵宝一中:如果不是母校对我们进行严格的现代汉语拼音训练,作为地方口音很重的灵宝人,是很难掌握汉语拼音输入法的。灵宝一中的老师诲人不倦,灵宝一中的学生学而不厌。我同党安才、杨守谋、杨赞贤、李满祥、张绢丝、史燕若等同学成立了一个课余学习小组,经常在凉风习习的水渠旁复习功课,探讨各种问题。母校良好的校风、学风,使我们养成了愉快吸收知识的习惯。

1995 年 8 月,作者(右二)回母校灵宝一中看望老师

20世纪60年代初,我在郑州大学中文系学习。母校对我影响最大的,一是激活了我的科学思维方式,二是培养了我的学习爱好。

德国哲学家雅斯贝尔斯在《什么是教育》一书中写道:"学生在大学里不仅要学习知识,而且要从教师的教诲中学习研究事物的态度,培养影响其一生的科学思维方式。"母校老师抛弃了填鸭式的授课方式,采用启迪式、探讨式、互动式教学方法。在这种环境中培养出来的学生,观察事物的角度发生了变化,容易发现世间万物之间的内在联系,能够把握事物发展的方向和趋势。这种科学的思维方式是郑州大学给我们的一笔终身受益的精神财富。

郑州大学给我们的第二笔财富是培养了学习爱好,促使我们养成主动吸收知识的良好习惯。如今的年轻人可以尽情地吸收各种各样的知识,半个多世纪以前一些喜欢读书的学生会被说成是"走白专道路"。就在这一背景下,1962年春在广州同时举行了两个会议,即国家科委召开的全国科学工作会议和文化部、全国剧协召开的全国话剧、歌剧、儿童剧创作座谈会。参加会议的科学家、作家、艺术家对前些年知识分子工作中"左"的偏向提出不少批评意见。

周恩来在北京了解到会议所反映的情况,1962年2月下旬,他与陈毅专程到广州,同两个会议的代表见面,进一步听取汇报。3月2日,周恩来对两个会议的代表发表《论知识分子问题》的重要讲话,他指出:"不论是在解放前还是在解放后,我们历来都把知识分子放在革命联盟内,算在人民的队伍当中。"在社会主义制度下,"一方面旧的知识分子得到了改造,一方面又培养出了新的知识分子,两者结成社会主义的知识界"。陈毅则在讲话中宣布给广大知识分子"脱帽加冕",即脱"资产阶级知识分子"之帽,加"劳动人民知识分子"之冕。

陈毅的讲话传到郑州大学以后,在师生中引起强烈反响。郑州大学很快就兴起了学习热潮。教务处把北京大学中文系500种"阅读书目"印发给全校师生,供大家选读。图书馆延长了开馆时间;开架阅览室向学生开放。我所在的中文系64届5班学习氛围更浓:同学中有的研究唐诗,有的研究宋词,有的研究鲁迅,有的研究《红楼梦》。我印象最深的是张长甫,他喜欢现代汉语。当时《辞海·试行本》刚刚出版。这是一部为满足读者"质疑问难"需要的综合辞书,著名修辞学家陈望道先生担任《辞海》编辑委员会的主编。张长甫从图书馆借来《辞海·试行本》,利用课余时间把其中的成语、典故和重要历史事件摘抄在笔记本和卡片上。浓厚的教学和科研氛围、良好的阅读环境,为我们开启了"知识之门"。我们发愤图强,广泛涉猎中外名著,尽量吸收人类的文明成果。

1996年9月15日,作者(前排右一)回母校郑州大学看望老师

为了多学一些有用的知识,我放弃了对"考100分"的追求,把考试目标调整为80分以上。在轻松的状态下,学习不再是一种负担,而是愉快地吸收知识。白天,除了上课,我就到开架阅览室读书;夜晚,把从图书馆借来的小开本图书带到宿舍,仔细阅读;星期日早饭后步行到河南省图书馆,阅读中外名著,摘抄与唐诗有关的资料。

郑州大学开架阅览室的管理员是一个很有学问的人,他每天除了管理图书,还负责剪贴40张左右的资料卡片。他一边剪贴资料,一边告诉我积累资料的方法。中文系张桁老师还送给我一些他摘抄的资料卡片。我按照两位老师的指点摘抄资料,撰写读书笔记。中文系举办"师生阅读成果展",征集了我的读书笔记。高教部一位副部长到郑州大学搞专题调研,了解学生课外阅读情况,学校教务处通知我参加座谈会,代表中文系学生介绍课外阅读的收获和体会。从1964年大学毕业到现在,60年过去了,我的读书爱好未改、阅读兴趣未减。

1957年10月9日,毛泽东在《做革命的促进派》一文中说:"我们现在许多同志不下苦功,有些同志把工作以外的剩余精力主要放在打纸牌、打麻将、跳舞这些方面,我看不好。应当把工作以外的剩余精力主要放在学习上,养成学习的习惯。"①这是坦诚的提醒和忠告。

爱好和习惯功效十分奇特:没有学习爱好和习惯,读起书来会觉得枯燥乏味,有了学习爱好和习惯,读起书来会觉得兴味盎然;没有学习爱好和习惯,读起书来会觉得又苦又累,有了学习爱好和习惯,读起书来会感到轻松愉快;没有学习爱好和习惯,读书会"三天打鱼、两天晒网",有了学习爱好和习惯,读书就成为自己生活的一部分,容易做到手不释卷。有志于通过阅读开阔视野、提升能力、陶冶情操的同志,不妨从培养自己的学习爱好和习惯做起。

二、轻松体验学习的四大乐趣

孔子说:"知之者不如好之者,好之者不如乐之者。""知之"偏重于理性约束;"好之"触及了人的情感因素;"乐之"表示对学习有了较深的感情。"乐之"是学习的最高境界。

学习的乐趣不能靠别人给予,只能由自己去感悟和体验。《四时读书歌》与《四时读书乐》同样是描写四季读书的诗,意境和心境却有天壤之别。

《四时读书歌》写道:"春天不是读书天,夏日炎炎正好眠,过了秋天又冬至,收拾书箱过新年。"在没有学习爱好的人看来,一年四季,很难找到

---

① 中共中央文献研究室编:《建国以来重要文献选编》(第十册),中央文献出版社,2011,第539页。

读书的好时候。

宋元时期学者翁森的《四时读书乐》,则为我们描述了另一番情景:春天"蹉跎莫遣韶光老,人生唯有读书好。读书之乐乐何如？绿满窗前草不除";夏天"北窗高卧羲皇侣,只因素稔读书趣。读书之乐乐无穷,瑶琴一曲来薰风";秋天"近床赖有短檠在,及此读书功更倍。读书之乐乐陶陶,起弄明月霜天高";冬天"地炉茶鼎烹活火,一清足称读书者。读书之乐何处寻？数点梅花天地心"。全诗紧扣一个"乐"字,表现了读书人一年四季陶醉于读书的雅趣。

学习的乐趣可以从四个方面去体验:

1. 探究真相的乐趣

意大利作家薄伽丘说:"经过费力才能得到的东西,要比不费力就能得到的东西更能令人喜爱。"[①]通过费力的阅读探究事情真相,能给我们带来心灵的愉悦。

就拿"8341部队"来说吧。提起这支特殊的部队,许多人会觉得神秘。社会上流传着许多似是而非的说法,从网上至少可以搜到4种版本:

——红军长征到达某地时,毛泽东一行三人来到一座古庙。落座后,寺院高僧拿出一张纸,写下"8341"几个数字。多年后再看这几个数字,"83"暗指毛泽东享年83岁,"41"暗指毛泽东执政41年。

——毛泽东年轻时在湖南参加新军,领了一支步枪,枪的编号是"8341"。

——1949年,中共中央从西柏坡入驻北京香山。香山碧云寺住着一位高人,据说他让毛泽东抽签,签上的数字是"8341"。

——开国大典以后毛泽东派人访问一位老道,老道写了"8341"4个数字。毛泽东就把这组数字作为警卫部队的代号。

---

① 转引自张平治《美学趣谈》,黄河文艺出版社,1986,第44页。

为了寻求真相，2024年8月12日我阅读了中共党史出版社出版的《张耀祠回忆录——在毛主席身边的日子》，终于弄清了"8341部队"这个代号的来历。

1953年5月的一天，中央警卫师政委张廷桢对张耀祠说："汪东兴同志有事找你，你上午去中南海。"张耀祠当时是中央警卫师副政委。到了中南海中央办公厅警卫局局长办公室，汪东兴对张耀祠说："中央决定成立中央警卫团，负责保卫党中央领导核心，保卫五大书记，住中南海内的政治局委员和住在中南海内党、政、军领导机关及住玉泉山、新六所中央领导同志和机关的安全任务。""现在调你来中央公安部九局任副局长兼中央警卫团团长。"张耀祠到职后同中央警卫师一团团司令部机关同志们一道，一方面做好保卫五大书记——毛泽东、刘少奇、朱德、周恩来、陈云的安全，完成好保卫政治局委员和党、政、军机关，玉泉山、新六所首长和机关的安全任务，一方面组建8341部队。

《张耀祠回忆录——在毛主席身边的日子》中写道：

"1953年5月上旬，以中央警卫师一团机关、部队为基础（一团的前身是延安中央警备团，这个团的干部资历比较老，部队军政素质也好），全团干部战士作了些调整，不够的从别的部队选调了一部分。中央警卫团按照编制组建起来了，这样，任务交接完了，部队也组建好了。

"我们向中央军委总参谋部作了报告。按编制序列，中央警卫团的代号为8341部队。机关对外联系工作，干部、战士写家信与亲朋、好友通信往来，都用8341部队的代号，不用中央警卫团的番号对外，以利保密。

"8341部队的代号就是这样来的，而并非像社会上传说的那样神，说什么'开国大典后，毛泽东派人访老道，老道写了"8341"4个字，毛泽东不详其意，就把它作为自己警卫部队的番号。直到毛泽东逝世后，人们才发现，原来这个数字有两个预示，一个预示毛泽东活到83岁，一个预示毛泽东在位41年'。细一推算，毛泽东确已活到83岁，从遵义会议到毛泽东去世也是41年。如果把'8341'这个代号分为两个数字来理解,纯粹是一个巧合,绝不是什么老道的灵验。毛泽东压根儿就没有派什么人去访过什么老道。"

我把阅读《张耀祠回忆录——在毛主席身边的日子》所作的摘记传给几位朋友,其中一位朋友回复说:"这个话题非常有趣!这么多年了,我听到好几种关于'8341部队'的传说,张耀祠的说法是其中之一。因为张耀祠具有'中央警卫团团长'的身份,所以增加了这种说法的权威性。"通过阅读把社会上传得沸沸扬扬、莫衷一是的事情弄清楚了,我心里非常高兴。

2. 打破"眼界局限"的乐趣

《增长的极限》一书中有这样一段话:"一个人的眼界局限于太小的领域,是令人扫兴而且危险的。一个人全力以赴,力求解决某些刻不容缓的局部问题,结果却发现他的努力在更大范围内发生的世界面前失败了。"由此可见"眼界局限"束缚着人们的自由。一旦打破这种"眼界局限",人们就会享受到获得自由的乐趣。

2004年2月,中共中央在中央党校举办省部级主要领导干部"树立和落实科学发展观"专题研究班。为了把握科学发展观的内涵和本质,我阅读了美国学者莱斯特·布朗写的《B模式:拯救地球 延续文明》一书。作者认为,以化石能源和线性的物质过程为特征的传统发展模式,即"一切照旧"的A模式已走到了尽头,变革的方向是以可再生能源和物质再生性为特征的可持续发展的B模式。作者提出,到2020年,全世界应减少80%的二氧化碳净排放;世界人口应稳定于80亿人或者更少;要努力消除贫困,尽快恢复地球的自然生态体系。作者还认为,B模式的本质不是不要发展,而是从追求更大的发展转变为追求更好的发展。

长期以来,一谈经济发展,人们的眼睛就会盯住"国内生产总值"的增减,而对于经济和社会发展目的、发展规律、发展道路、发展原则、发展方法、发展战略、发展模式、发展方针等重大问题则关注不够、研究不透,调查研究工作还有许多"盲区"和"盲点"。由于知识欠缺,对社会发展中的一些新现象"视而不见""听而不闻"。比如,对开发区和城镇建设滥占耕地问题看得比较清楚,而对汽车占用土地这一潜在威胁则未予足够重视。《B 模式:拯救地球　延续文明》的作者断言,如果中国有朝一日达到日本每两人一辆汽车的拥有率,那么,全国汽车总量将增加到 6 亿多辆,仅新修道路和停车场两项,就需要占用 1300 万公顷土地,折合 1.95 亿亩,占全国现有耕地总面积 10% 以上。读了这些篇章,我感到震撼。对于十几亿人口的发展中大国来说,能否实现科学发展和可持续发展,关系到国家和民族的兴衰成败。通过学习新知识,打破了"眼界局限",可以用比较宽广的视角观察世界、观察社会,这的确给人带来了乐趣。

3. 提升人生境界的乐趣

人为什么工作？怎样生活才有价值？对于诸如此类的问题,不同的人会有不同的回答。

2005 年,在保持共产党员先进性教育活动中,我重读了马克思 1835 年中学毕业时写的一篇题为《青年在选择职业时的考虑》的作文。马克思写道:"如果我们选择了最能为人类而工作的职业,那么,重担就不能把我们压倒,因为这是为大家作出的牺牲;那时我们所享受的就不是可怜的、有限的、自私的乐趣,我们的幸福将属于千百万人,我们的事业将悄然无声地存在下去,但是它会永远发挥作用,而面对我们的骨灰,高尚的人们将洒下热泪。"

写这段话时,马克思只有 17 岁。后来,马克思投身于无产阶级革命事业,对共产党人的价值观有了更为深刻的阐述。《共产党宣言》指出:"过去的一切运动都是少数人的或者为少数人谋利益的运动。无产阶级的运动是绝大多数人的、为绝大多数人谋利益的独立运动。""为绝大多数人谋利益",这 9 个字既是无产阶级革命运动的宗旨,也是马克思、恩格斯对革命人生观和价值观的高度概括。学习了这些论述,我对人生价值有了新的认识。作为一名党员领导干部,要实现自己的人生价值,有三重境界:

第一重境界是埋头苦干、默默奉献。20世纪80年代中期,我从新闻工作的实际出发,为新华社总编辑室起草了《互勉信条》,其中一条是"吃亏、吃苦,任劳任怨,不争功、不诿过",讲的就是这层意思。回顾几十年间的所作所为,基本上达到了这一人生境界。

奉献有"有效"和"无效"之分。只有"有效奉献"才能称得上是作出了贡献;只有"有效奉献"才能给最广大人民带来利益;只有"有效奉献"才能激起人们的成就感和自豪感。力求实现"奉献与贡献的统一",这是共产党人追求的人生价值的第二重境界。在这方面,联系自己所从事的新闻工作,的确存在着明显差距。新闻战线贯彻团结稳定鼓劲、正面宣传为主的方针是坚定的,但是,有些正面报道缺乏吸引力和感染力,未能充分发挥激励全体人民保持昂扬向上的精神状态的作用。中央提出要"充分发挥新华社在对外宣传中的主导作用,进一步扩大国内新闻对外报道的覆盖面,加大对国际新闻的报道力度,加强驻外记者站建设,统筹安排,整合力量,建立健全遍布全球的信息采编网络,为国内外媒体提供丰富的信息资源,在与世界各大通讯社的竞争中增强影响力",尽管前些年新华社的对外宣传取得了不小的进步,但是在全世界的总体影响力还不够大。只有正视这些差距,扎扎实实地工作,才能为党、为祖国和人民作出更大的"有效奉献"。

共产党人的价值观不仅包含着默默奉献和有效奉献,而且包含着能力和造诣的提升。从奉献到贡献是一次飞跃,但是,这还不能解释为什么许多共产党员一辈子乐于奉献、以苦为乐。要回答这个问题,就要研究如何实现"奉献、贡献、造诣相统一",这是党员领导干部追求的第三重境界。

要达到"奉献、贡献、造诣"相统一的人生境界,必须加强理论学习。学习不仅可以增强为党和人民工作的本领,而且有利于陶冶情操、提高道德修养。思想境界提高了,道德修养加强了,对个人的名誉、地位、利益等问题就会看得淡一些,容易做到"堂堂正正、别无所求",就能为国家富强和人民幸福勤奋工作。在新闻工作岗位上履行职责,可以说是"苦不堪言",但忠实地履行职责可以得到慰藉。之所以说"苦中有乐、乐在苦中",正是因为在履行职责过程中可以体验到奉献的乐趣、贡献的乐趣和提高造诣的乐趣。有远大生活志向的年轻人,应该通过学习,自觉追求"奉献、贡献、造诣相统一"的人生境界。

4. 拓展"认知空间"的乐趣

古希腊哲学家芝诺用大圆和小圆比喻人所获得知识的多寡。他说,大圆的圆周比小圆的圆周大。同样道理,掌握较多知识的人,比掌握知识较少的人所接触到的无知范围要大。知识越多,越容易感到自己不懂的东西多。爱因斯坦把芝诺的这一比喻作为座右铭。他说:"用一个大圆圈代表我所学的知识,但是圆圈之外那么多空白,对我来说就意味着无知。而且圆圈越大,它的圆周就越长,它与外界空白的接触面也就越大。由此可见,我感到不懂的地方还多得很呢!"学习可以把"小圆"扩充为"大圆";持续学习可以填补"大圆"外面的空白。这种无止境的追求,蕴含着极大的乐趣。

2013年12月11日,作者在郑州大学新闻与传播学院作"把择业压力转化为学习动力"的报告时,给学生讲解关于"大圆"和"小圆"的问题

2010年7月,全国人大常委会委员长吴邦国在巴黎出席中国全国人大与法国国民议会合作委员会第一次会议,我作为中法议会委员会中方主席,带领一个分团出席这次会议。代表团分团团员侯义斌,是北京工业大学副校长兼软件学院院长,长期从事新型计算机交互技术、嵌入式软件与系统、中文信息处理的研究,曾获中国青年科技创业奖,荣获国家有突出贡献的中青年专家等称号。这是近距离学习计算机和互联网知识的好机会。于是,我向侯义斌教授请教。

侯义斌从早期东方计算工具"算筹"与"算盘"讲起,谈到1946年2月在美国宾夕法尼亚大学问世的第一台电子计算机。我头一次听说这台计算机使用了18 000个电子管和86 000个其他电子元件,组装起来以后,竟然有两个教室那么大。

侯义斌教授不仅介绍了晶体管计算机、集成电路计算机,还介绍了光速计算机、量子计算机,展望了物联网和云计算的发展趋势,使我眼界大开。

回到北京以后,我找了一本《计算机发展史》,仔细阅读。我还搜集了一些关于世界互联网发展趋势的资料,翻阅了国务院新闻办公室主任王晨撰写的关于我国互联网发展和管理专题讲座的讲稿。通过学习,了解了世界互联网的三个发展趋向:

一是传统互联网加速向移动互联网延伸,移动通信和互联网两大信息产业融合的步伐进一步加快。世界各国都在抓紧建设移动互联网,国际知名手机生产商和互联网企业加快技术研发,意图抢占移动互联网领域制高点。随着移动通信技术的日益成熟、手机智能化程度不断提高以及移动上网资费大幅下调,移动互联网将迅速普及。

二是物联网将广泛应用。物联网的理念来源于每一个电子设备都可以成为一个终端,都可以通过互联网连接起来。电视、电脑、空调、热水器、电磁炉等设备出厂的时候,里面都放置带有IP地址的芯片,通过无线嵌入互联网或移动互联网,从而把所用的设备都连接起来。人们可以通过互联网对这些"终端"进行控制。物联网是互联网发展的一个全新阶段,将对人们的工作方式、生活方式产生重大影响。

三是"云计算"技术将使网民获取信息的方式越来越快捷。"云"就是计算机集群,将很多位于不同地点的计算机集合起来,为企业或个人用户提供计算服务。每个计算机集群包括几十万台甚至上百万台计算机。网络用户通过计算机的简单功能上网租用"云空间",由大型数据处理中心帮助保管个人数据和记录,限定的人群可以分享这些数据。目前,一些国际互联网大公司都投入巨资加紧"云计算"技术的研发,在一些关键技术上已经取得突破。

向专家请教之前,我对世界互联网发展趋势知之甚少;请教之后,掌握了一些新知识,填补了"小圆"外面的部分"知识空白",怎能不感到高兴呢?

为了把知识的"小圆"扩充为"大圆",进而填补"大圆"外面的"知识空白",应该注意以下几点:

(1)任何时候都不要认为自己什么都懂。不管别人怎样称赞你,夸奖你的知识多么渊博,都要有勇气承认自己是一个门外汉。当对方看出你真想从头学起时,才会把他的专业知识告诉你。

1964年,我刚从事新闻工作就接受了采访武术和射箭锦标赛的任务。当时我对于射箭运动一无所知,甚至连"单轮""双轮"这样极普通的赛场术语都听不懂。至于武术,更觉得生疏。北京门惠丰表演的杆子鞭、北京方世绵表演的龙头大拐、四川陈定富表演的风火轮、安徽徐淑贞表演的纯阳剑,别的记者讲得头头是道,我却说不出名堂。为了学习武术和射箭运动的基本知识,我去找大会副裁判长,如实告诉他我对这些运动项目一窍不通。副裁判长拿出一张弓,告诉我这张弓有多少磅,怎样瞄准,怎样测定成绩,怎样计算环数,还帮我分析了每个射箭运动员的特点。我还请教了北京晚报社体育记者和大众日报社文教记者,他们给我讲了许多关于武术及射箭运动的常识,帮我弥补了这方面的知识缺陷。

(2)要大胆地提出你需要了解的问题,善于追问、探索,直到把自己不懂的东西弄明白为止。美国有一句谚语:"没有令人受窘的问题,只有令人受窘的回答。"南斯拉夫也有一句谚语:"没有愚蠢的问题,只有愚蠢的回答。"我们不必为自己提出难以回答的问题而抱歉。

(3)不要向别人卖弄自己的知识。以新闻工作者为例,采访对象大都是忙人,他们时间有限。要想在短时间内多学习一点东西,就要"少卖弄,多倾听"。假设一次访问的时间是两小时,记者用一小时炫耀自己的知识,那么,在这次采访中就丧失了一半的学习机会。而且,在多数场合,这种炫耀会带来两种不利后果:一是对方以为你什么都知道了,没有必要再去重复你已知道的东西;二是炫耀会引起对方的反感。一旦出现这种尴尬的局面,就什么也别想学到了。

(4)千方百计扩大自己知识的"入口处"。我们经常可以接触一些有专长的人。只要时间允许,要尽量让他们多谈一些与他们的专业有关的知识。如能长期坚持这样做,就会由不知到知,由知之甚少到知之较多。弥补知识缺陷的过程,是一种愉快的享受。

三、学习激情靠学习成果来点燃

有的年轻朋友问:"我们也知道学习重要,可就是'三分钟热度'。怎样才能克服这种毛病?"

学习激情不能靠外部约束来维系,主要靠思考成果来点燃。我对"以小见大"表现手法的学习和思考就说明了这一点。

1977年9月,我以新华社山东分社记者代表的身份,参加在北京前门饭店召开的新华社国内分社工作会议。这是粉碎"四人帮"以后新华社召开的一次规模较大的国内工作会议。与会的100多名代表认真学习中央有关方针政策,联系实际揭批"四人帮"。在讨论文风问题时,与会同志列举了"假(话)、大(话)、空(话)"的种种表现,剖析恶劣文风对新闻界的影响。比如,媒体经常使用"损失最小最小最小,成绩最大最大最大"。有一篇社论竟然用了几十个"最最最",让人读了感觉不知所云。媒体远离实际、远离生活、远离群众,大量刊播全国性综合消息和以省、地、市为单位的综合经验,来自基层的典型报道越来越少,严重脱离了人民群众。

我一边参加讨论一边思考:既然人民群众对"假、大、空"的文风深恶痛绝,能不能不去写那种空泛的、大面积的综合报道,而是直接深入村庄、农户,去发现基层发生的生动、感人的变化呢?

这个念头萌生之后,我想起1964年4月我国著名美学家、北京大学教授宗白华先生曾经到郑州大学讲学,我听过他的专题讲座。宗白华先生曾经引用北宋沈括《梦溪笔谈》中关于"以大观小"的论述。当时我的笔记本和相关资料都留在新华社山东分社,只好利用午休时间到西单新华书店找了一本《梦溪笔谈》翻阅,在该书第十七卷"书画"篇,我查到了宗白华先生讲过的那段话:

"李成画山上亭馆及楼塔之类,皆仰画飞檐,其说以谓'自下望上,如人平地望塔檐间,见其榱桷'。此论非也。大都山水之法,盖以大观小,如人观假山耳。若同真山之法,以下望上,只合见一重山,岂可重重悉见……"

李成是五代宋初的著名画家,擅长画山水。他画山上亭馆及楼塔之类,都是仰画飞檐,突出地表现亭馆、楼塔的一个角落。别人问他为什么要这么画,他说,画画就像人站在平地上望高塔,自下望上,当然只能看见塔的一角。沈括认为李成的这种看法是错误的。他主张"以大观小,如人观假山耳"。如果跟真山一样,以下望上,只应看见一重山,怎么能一层一层全看得见呢?沈括最后得出的结论是:"李君盖不知以大观小之法。"

为了弄清沈括和李成谁是谁非,我研究了宋朝其他一些画家的主张。

南宋画家马远，其曾祖父、祖父、父亲都是画院画家。他继承家学，擅长画山水，取法李唐，能自出新意，下笔遒劲严整，设色清润，多作"一角"之景，也就是说他着力表现事物的一角。因为构图别具一格，当时人们称马远为"马一角"。南宋画院还有一位著名画家，叫夏圭，也擅长画山水，多作半边之景。因为构图别具一格，有"夏半边"之称。这两位画家在真实描写客观事物的前提下，结合自己的深切感受，对现实生活进行大胆的概括和剪裁：画山，常画山之一角，画水，常写水之一涯。至于其他景物，也常常是通过描绘局部来表现全体，从而使画面上所表现的艺术形象比自然景色更集中、更突出。他们所采用的表现手法与李成有许多共同之处。

经过学习和思考，我悟出了一个道理，就是应该把李成的"以小观大之法"同沈括的"以大观小之法"有机地结合起来，把以小见大、以下望上作为新闻的主要表现手法。于是，从20世纪70年代末开始，我把以小见大作为改进文风、增强新闻作品感染力的突破口，进行了一些试验和探索。

1979年冬天，长期吃国家统销粮的山东省菏泽地区东明县基本上实现了粮食自给。东明县是我比较熟悉的地方。1973年9月，黄河生产堤（内堤）决口，我曾到东明县的一些灾区采访。当时，黄河滩区的许多村子被滚滚的黄水包围。我乘坐前来救援的舟桥部队的橡皮舟划水进村，只见灾民有的坐在大树上，有的睡在草垛里，有的用地排车绑成"筏子"，到坡里收割刚刚露出水面的高粱穗，聊以充饥。一位老大爷对我说："自从1958年'吃食堂'，年年都得吃国家的统销粮。"就是这样一个出了名的穷县，1979年竟然基本上摘掉了吃统销粮的帽子，这件事使我受到鼓舞。

我是1979年12月3日到达东明县的。东明县委书记和县委办公室主任向我介绍了情况，概括地谈了党的十一届三中全会以来这个县的变化和经验。根据这些材料，可以写一篇《落实党的方针政策使贫穷的东明县基本实现了粮食自给》的消息。但是，我觉得这样处理不够劲，还想亲眼看一看这个县的农户究竟发生了一些什么变化。

12月5日,我离开县城,走村串户。在黄河大堤东面的柳里大队,我看见一个社员站在街上吃饭,就走了过去,同他拉起了家常。这个社员叫李宝朋,他告诉我:"上年春天,孩子他娘还带着几个小的到河南讨饭,没想到今年就吃上了'一块面'(不掺杂粮的馒头)。"我走进李宝朋的家里一看,桌椅板凳全都破破烂烂,只有粮囤是新的:一囤麦子、两囤黄豆、一囤高粱,还有好几口袋谷子和玉米。刨去卖给粮管所的1000多斤黄豆,剩的粮食足有2000多斤。我指着一排粮食囤问:"这些囤子是今年新添的吧?"李宝朋的爱人说:"囤底是自个儿编的,芡子是今年秋天才买来的。"她又说:"家里本来有两个放粮食的篓子,可是,前些年总提着小口袋到粮管所买统销粮。粮食还没买回来,锅早在那里等着了,哪能用得上粮食囤?上年缺草,我把两个篓子撕巴撕巴烧了锅。今年粮食一进家,真后悔不该把粮食篓子当柴烧。"

在第四生产队,我访问了职工家属赵三雨。她有6个孩子,大的20岁,小的4岁,人多劳力少,可是家里的粮囤却不少,6个囤子,存放着3000多斤小麦、黄豆和各种小杂粮,大口小口均扯,每人合400多斤。赵三雨说:"我嫁到柳里22年,只有一年没吃统销粮。"我问:"哪一年没吃?"她说:"就今年呗!"她指着扒在门边的孩子们说:"我的6个孩子都是吃'牛皮纸'长大的。"一旁的县委办公室主任向我解释说:东明县的"购粮证"是用牛皮纸做的,老百姓把吃统销粮叫作吃"牛皮纸"。

下乡以前,城里不少人担心实行家庭联产承包责任制以后,农村鳏寡孤独户的日子不好过。在刘楼公社耿堂大队,我专门看望了"五保"(保吃、保穿、保烧、保教、保葬)老人韩学堂和马艾芝。老两口都年过70,无儿无女。我问大娘收了多少粮食,大娘两手一摊,说:"哪里还有粮食,这不,就剩下这么一点了!"她把一个小筐里的粮食端给我看。正说着,队长进来了。他一看大娘有顾虑,就说:"人家是新华社记者,来看看咱够不够吃,不是来给你要粮食的。"队长最摸老"五保"的底细,他把床板一掀,床底下大盆小缸,全是粮食,估算了一下,有1000多斤。大娘有点不好意思,反过来埋怨我说:"你这个同志不会看。要看粮,先看草。麦秸、豆秸、高粱秸,光草就垛了半院子,收的粮食还会少啦?你大爷给队里看场,每天3分工,年底队里还得再分给咱500斤粮食呢!"大娘还说:"过去是没啥吃,找会计;没啥烧,找队长,成天在队部哼哼唧唧要粮要草。如今不同了。不信你问俺这个队长,你大娘这大半年找过他一回没有?"

农户的粮囤冒了尖,集体的粮囤更是气派。在耿堂第二生产队的仓库里,我看到圆周十来米长的大囤子,一囤就是好几万斤黄豆。生产队保管员对我说:"往年这个仓库不用挂锁,敞着门不怕贼偷,老鼠饿跑了,叫鸡鸡也不来!"

我一连跑了4个公社、4个大队,走访了20多户,家家大囤满、小囤流。我想,既然社员家中的粮囤能够使我感动,那么,如果把这一具体变化再现到读者面前,是不是同样具有感染力呢?经过一番构思,我决定不加修饰,真实而具体地描述这次下乡的所见所闻。最后写成一篇小通讯,题目叫《看粮囤》,透过农民家中"粮囤"的变化,从一个很小的侧面勾勒出一幅中国农村的风情画。

没有料到,这篇只有1500多字的通讯,竟然引起复旦大学新闻理论研究人员的关注。他们找到我,让我结合这篇作品的采写过程,谈自己运用"以小见大"表现手法的体会。1980年新华社召开新闻业务改革座谈会,穆青社长让我就"以小见大"问题作专题发言。这次尝试的成功,点燃了我围绕"以小见大"问题学习和探索的激情。

1980年秋天,我再次来到东明县,采写了一篇《政策牵动故乡情》的通讯,主要反映"五风"("共产风"、浮夸风、命令风、干部特殊化风、瞎指挥风)迫使农民离乡背井,党的十一届三中全会的正确政策使外流户重返家园。这是运用"以小见大"表现手法的又一次尝试。

"外流户返乡"这一主题在我的脑海里酝酿的时间比较长。我最早接触社员外流问题是 1966 年。那时,我参加了社会主义教育工作队,住在山东省日照县城关区大古城大队。春天,青黄不接,本来就十分贫苦的社员,不少户断了炊。工作组的同志商量:全都到断炊户去,把自己每月的伙食费买成糠和地瓜干,和社员同吃。第五生产队副队长孙彦民实在熬不下去了,找到我说要"闯东北"。我左说右劝,他答应不再去东北了,可是 3 天以后他还是偷着走了。外流东北的头一天晚上,他们夫妻哭了半夜。这件事,在我的心里留下了深刻的印痕。1975 年我在山东省胶南县搞调查时,又详细了解了三年困难时期这个县社员外流的情景。"五风"过后,胶南县大批农民流落东北。当时,县里在胶县火车站、王戈庄汽车站设立了 6 个"劝阻站",负责劝阻和收容外流的社员,仍然制止不住。1978 年 11 月,我到山东省诸城县采访县委书记王树芳的事迹时,再次接触到外流户的问题。前些年,在极左思潮的影响下,这个县的一些社、队把社员外流看作"资本主义倾向"。菏泽地区有的县印发了"资本主义倾向的 20 种表现",把社员外出讨饭也列在其中。有的公社举办了外流人员家属学习班,又扣口粮又罚款,依然制止不了社员外出讨饭问题。

1980 年秋天,当我采访中共山东省菏泽地委书记时,他告诉我,党的十一届三中全会以后,全地区有 7 万多名外流的社员返回了自己的家乡。

"劝阻站"没有把他们劝回来,"大批资本主义"也没有把他们批回来。党的十一届三中全会以后,随着农村经济政策的落实,菏泽地区的农村像一块巨大的磁铁,把散居在全国各地的"外流户"吸引回来了。这本身就是一条很有价值的新闻。按照菏泽地委书记的介绍,可以写一篇菏泽地区 7 万外流人口返回家园的综合消息,但是,我觉得那样会糟蹋了材料。

为了具体再现这一历史性的变化,1980 年 9 月 22 日,即农历八月十五前夕,我来到耿堂大队。这是位于黄河边上的一个小村庄,70 多户人家,1000多亩耕地,合作化时期还比较富庶,1958年"五风"刮过之后,连片的土地荒芜了,150多头牲口死光了,许多人不得不忍痛离开养育自己的故乡,外出谋生。

"水流千里归大海,人走千里思故乡。"耿堂人无论流落到哪里,在开初的几年都不盖房子,不添箱柜,有的连水缸也不买,总盼着有那么一天家乡发生变化,自己可以重返家乡。可是,年复一年,从家乡传来的消息,不是"旱了",就是"涝了",一次又一次地使他们失望。我访问了外流返乡的社员阎荣尧。三年困难时期,他讨着饭走到兰考,偷扒上了一辆拉煤的火车,被拉到河南西部的灵宝县,在寺合山区落了脚。阎荣尧最初并不打算在这里安家落户,总盼望着有一天能重返耿堂。直到后来,看到耿堂大队实在没有指望了,他才把心一横,花了80元钱买了一口杨木棺材,准备"埋骨他乡"。

粉碎"四人帮"以后,这个曾经使流落他乡的农民多次失望的耿堂大队起了变化。耿堂村人先是引来了黄河水淤灌,把1000多亩沙荒地改造成良田。1978年,大队按政策重新划分了自留地和饲料地,接着,又实行了联系产量计算报酬的生产责任制,长期以来受到压抑的劳动积极性迸发出来了。耿堂以出人意料的速度变化着:1978年粮食总产量13万斤,1979年增加到46万斤;1978年还吃国家统销粮,1979年每个社员的平均口粮就超过了700斤。1980年春天,生产队卖出几万斤黄豆,买回两台25马力的拖拉机,还添置了许多新农具。

"耿堂变了!"这消息,通过一封封书信,传给了"外流户"。有一个外流的社员叫彭致明,三年困难时期,他妻子到外面讨了点干粮,送他上了路。他流落到湖北省的钟祥县。10多年间,他三次回耿堂探家。有一次,正赶上麦收,他看到乡亲们在场里分麦子,不动秤,是用手捧着分开的;还有一次,适逢春节,大年初一许多人家吃的是红薯面饺子。每次探家,他都是失望而去。1980年春节,彭致明第四次回到耿堂,住在哥哥家里。哥哥一家三口人，囤子里有500多斤小麦，1000多斤黄豆，过春节割了十几斤猪肉。他到侄儿家一看，家里有200多斤白面馍，还放着50多斤猪肉。彭致明走东家，串西家，家家碗里不见杂面气儿。他感慨地说："真是有头发不肯装秃子。要是早像今年这样，谁肯离开耿堂！"到了麦子黄梢，彭致明就把全家老小从湖北迁回了耿堂。

太出人意料的变化，往往使人不敢相信。在黑龙江待了20年的杨素莲，从小孩他姑那里听到家乡巨变的消息。她叫丈夫阎国章回耿堂探个虚实。阎国章回去对妻子说："耿堂真的变了，一亩地能打好几百斤粮食。"杨素莲一听，说："你说旁的地方我不知道，耿堂的老沙窝我还不知道，亩产几百斤，你能骗得了谁？"丈夫劝她回耿堂，她不愿意，说："离家20年，回去连个放要饭碗的地方都没有。把闺女给我留下，要回你回。"后来，亲戚邻居多次来信相劝，她的心活动了。1979年5月，杨素莲跟着丈夫回到阔别20年的家乡。进村一看，村西的大沙窝、村南的茅草荒，全都变成了红淤土。她这才相信耿堂确实是变了。杨素莲来了劲头。她天不亮就起床，很晚才回家，拼命干活。回耿堂半年，全家就分了6000多斤黄豆，不到一年，就盖起了四间宽敞明亮的大瓦房。

在耿堂村，我访问了7户外流户，尽管每户都有各自不同的"外流"和"返乡"的曲折经历，然而有一点是共同的，就是"五风"迫使他们背井离乡，党的正确的方针政策使他们重返家园。十多年来多次在我的脑海里隐隐约约地萌生过的一个念头，到这时，越来越清晰了。像是被一种无形的力量促使着，一回到菏泽地委招待所，我就铺开稿纸，很快写成了一篇题为《政策牵动故乡情》的通讯，从一个很小的侧面展示中国农村新生活的一角。这篇只有1400多字的通讯被《人民日报》等多家报纸刊用，被评为"全国农村改革十年农业好新闻"一等奖。

第二章　忙人学习主要靠自我加压

一些年轻同志问我:"你工作那么忙,哪有时间读书?"

"忙"的确可以成为不读书或者少读书的借口。2009年,人民论坛杂志社组织了一次"万名党政干部阅读状况调查"。在回答"您在读书中最大的困扰是什么"的问题时,40%的人选择了"工作太忙,抽不出太多时间读书",22.7%的人选择"应酬太多,读书时间被挤占"。

忙人究竟有没有时间读书?要回答这个问题,有必要对忙人支配时间的特点和规律作一点分析。

一、忙人支配时间的公式

各条战线都有忙人。他们一年到头忙个不停,即使节假日也不例外。然而,换一个角度来观察,忙人几乎每天都有大量长短不一的"缝隙时间"。如果把这几分钟、几十分钟的"缝隙时间"积攒和利用起来,那么,就会挤出许多可供读书的业余时间。

忙人的时间有3个特点:

一是不完整性。他们的时间大都被一个接着一个的重要事情切割得支离破碎。他们不可能像专家、教授那样,一连几个月专心致志地研究一个课题,只能在繁忙的工作间隙想方设法利用一些零星时间。

二是不均衡性。有时可供支配的时间多一点,有时可供支配的时间少一点,不仅年与年不同、月与月不同,就是一天和一天之间,可供支配的时间长度也不一样。

三是不规律性。忙人的时间没有一定的周期和规律,往往呈现出很不规则的状况。

根据上面谈到的特点,忙人应该在实践过程中探索出适合自己的支配时间的公式。这个公式可简要表述如下:

24 小时 $-(A+B+C+D+X)=Y$

A = 每天上班时间

B = 用餐时间

C = 睡眠时间

D = 从事必要家务劳动的时间

X = 无故消耗掉的时间

Y = 每天实际用于学习和写作的时间

在这个公式中,一天的 24 小时是固定不变的;每天上班时间、用餐时间、睡眠时间、从事必要家务劳动的时间等 4 项基本上是一个"常数",具有相对稳定性。经常变动的只有两项:一是用"X"表示的无故消耗掉的时间;二是用"Y"表示的每天实际用于学习和写作的时间。

假设一个人每天上班时间为 8 小时、用餐时间为 2 小时、睡眠时间为 8 小时、从事必要家务劳动的时间为 2 小时,根据支配时间的公式,可以推算出 $X+Y=4$ 小时。也就是说,每天除去上班、用餐、睡眠、从事必要家务劳动之外,还有 4 个小时的剩余时间。在这 4 个小时中,一部分用于学习和写作,一部分被无故消耗掉了。时间观念越强,对时间越珍惜,无故消耗的时间就越少,留给我们可供支配的学习时间就越多;反之,无故消耗掉的时间越多,留给我们可供支配的学习时间就越少。

20 世纪 90 年代,我还向新华社的年轻人介绍过另一种支配时间的方法:

每周时间总和是 168 小时；

实行五天工作制以后，每周上班时间是 40 小时；

成年人每周用于睡眠的时间大体上是 56 小时；

每天用于吃饭、午间休息和从事必要家务劳动的时间因人而异，但具体到某一个人，这 3 项基本上是一个"常数"。假设这个"常数"为 4 小时，每周需要 28 小时；

从每周的 168 个小时中减去上班、睡眠、吃饭、午休和从事必要家务劳动的时间，净剩余时间为 44 小时。全年 52 个星期，每人每年总剩余时间为 2288 小时。

要想挤出时间学习，就应该集中研究这 2288 小时总剩余时间的利用问题。

总剩余时间的绝对数对于每一个拥有它的人来说，都是公平的，但是不同的人对剩余时间的有效利用率则大不相同。勤奋的人，剩余时间的有效利用率比较高；不太勤奋的人，剩余时间的有效利用率比较低。权且设定一个"平均值"，假设某个人全年剩余时间有效利用率为 50%，那么，他在一年当中可以有效利用的业余时间是 1144 个小时。这 1144 个小时，就是学习知识必不可少的"时间条件"。这些时间如果用来读书，按照每小时阅读 20 页的平均速度计算，全年可以阅读 22 880 页，也就是说，仅仅把剩余时间的一半利用起来，每年我们就可以阅读 114 本平均每册 200 页的各类书籍。这些时间如果用于写作，按每小时写一页稿纸、200 个字的低速度计算，全年可以写出 228 800 字的各类文章。遗憾的是，一些同志不仅白白流掉了压根不打算利用的 1144 个小时，就连打了一半折扣、理应有效利用的 1144 个小时，也没有充分地利用起来。

"时间就是金钱 效率就是生命"，这句口号是被誉为中国"改革试管"的蛇口工业区创建人提出来的。1984 年邓小平考察深圳之前，这个口号被制成巨型广告牌，矗立在蛇口工业区比较显眼的地方。此后，这句口号就流传全国,不少人都喜欢引用"时间就是金钱"这句口号。但是,引用归引用,是否当真,则是另一回事。试想一下:丢了钱,会感到心疼;丢失了时间,有多少人会感到心疼?一些人经常抱怨:"这个星期不知道干了些什么,稀里糊涂就过完了!"和金钱一样宝贵的时间就在这样的抱怨声中消耗掉了。

有的家庭建立了收支明细账,有志于读书的年轻人能不能也建立一本"剩余时间利用情况明细账"?有了这本时间利用明细账,过一段时间,可以把账本翻出来,检查一下自己业余时间的利用率是高还是低,有没有白白浪费的时间。要确立这样一个理念:"支出了时间,就必须学到新的知识!"要收大于支,不要支大于收,更不能只有时间支出,没有知识收获。

有了惜时如金的理念,时间利用率就会显著提高。当时,由于对外交往的需要,我出国访问的机会相对多了一些,到非洲、欧洲一些国家,坐飞机要十几个小时才能到达。为了利用空中时间,我把《红与黑》《巴黎圣母院》《简·爱》《老人与海》《茶花女》《汤姆叔叔的小屋》《少年维特之烦恼》等世界名著朗读本以及"世界历史""中国历史"音频资料输入"MP3"和"MP4",飞机起飞以后,就戴上耳机"听名著"和"听历史"。一位空中小姐看到我一路上都在听"MP3",就对我的秘书说:"你们总编辑很新潮,这么爱听音乐!"其实我是利用新潮的"MP3"和"MP4",在学习世界名著和世界历史。

1996年7月12日,我从北京飞往纽约,在飞机上要度过十几个小时,相当于两个工作日。这么长的时间,不充分利用实在可惜。正好坐在我身旁的是美国集思通公司总经理刘天立。我对这位总经理说,我是新华社记者,已经9年没有去美国了,你能不能利用在飞机上的这点空闲时间,向我介绍一些关于美国的情况。这位总经理非常爽快地答应了。于是,在10 000多米的高空,我们开始了一次特殊的交谈。

刘天立是一位研究生,有20年的工作经验,在公司的年薪是12万美元,每年视公司的经营状况,工资上涨 3%～5% ,如果公司盈利较多,年终从税后纯利润中拿出 3% 奖励总经理。以上 3 项相加是 20 多万美元。大学刚毕业分配到公司当秘书的工作人员年薪是 3.5 万美元。此外,每个员工每年由公司支付医疗保险费 2400 美元到 4800 美元不等;每人每年放 3 周假,度假期间工资照发。

这位总经理还向我介绍了美国的税赋情况。在美国所得税分联邦税、州税和市税,收入 10 万美元以下的征收 30% 的所得税,最高的税率可达 73% 。美国的税收制度很特别,他们出了许多研究税收的书,专门告诉人们怎样"避税"。他们鼓励人们研究税法,谁懂税法,谁就可以找到避税的办法,从而可以少交税;谁不懂税法,谁就要多交税。

这位总经理还告诉我,美国普通家庭开支的顺序是:食品、教育、汽车、保险、房屋。美国人不喜欢到银行存款,因为利率太低了,现在的年利率只有 2%～4% ,扣除 40% 的利息税,差不多等于白存,这是经济不景气而股市上扬的一个重要原因。

当我问到美国政府是否向企业提供帮助时,这位总经理说:"美国政府制定了一个辅导中小企业的规定,企业如果搞得好,美国政府可以向企业提供一定数量的贷款,但是,多数企业很难拿到这笔贷款。集思通公司是靠自己的信誉担保,从银行直接取得贷款的,按 12.5% 的年利率偿付。美国政府机构里面的官僚太多,政府的规划局很少搞像样的规划,甚至连基本的经济发展资料也不向企业提供。企业界人士的共同感受是:企业出了事,政府就会找你;企业有了困难,政府绝不会管你。我们常开玩笑说'美国政府是专门找碴子的机构'。"从美国政治、美国经济到美国文化,这位总经理向我介绍了许多有价值的材料。

乘飞机的时间可以利用,乘坐长途汽车的时间同样可以利用。我曾多次带领调研组到基层作涉外立法专题调研,还多次率领代表团出国访问。为了利用好"公路上的时间",只要条件允许,我就诚恳地邀请代表团中的专家、学者向大家普及相关学科的知识。中国科学院数学与系统科学研究院时任院长郭雷院士,用外行人听得懂的语言,向我们介绍了数学与交叉学科、复杂系统与反馈控制、信息与自动化系统以及飞行器控制等方面的知识;中国民主促进会时任副主席王佐书讲述了培养记忆力、观察力、注意力、想象力的重要性;国防大学原校长裴怀亮上将回顾自己戎马一生,讲述了堂堂正正做人、认认真真做事的道理;北京大学国际政治系博士生导师李义虎对台海局势作了透彻的分析;经济学家吕薇就房价走势和人民币汇率问题,谈了自己的独到见解。在颠簸的汽车上,专家、学者所作的"科普报告",使我们增长了知识、开阔了视野、受到了启迪。一些年轻同志开玩笑说:"我们的代表团真成了'学习型代表团'!"

二、总体规划与"化零为整"

鉴于忙人的时间大都是零碎的、不均衡的、不规律的,为了充分利用这些零碎时间,应该制订出学习的总体规划,以达到系统学习某一门学科的目的。

以学习《列宁选集》为例。列宁主义是帝国主义和无产阶级革命时代的马克思主义。在新的历史条件下,列宁把马克思主义与俄国国情结合起来,丰富和发展了马克思主义的基本原理,把马克思主义推进到一个新的历史阶段。

萌生了通读《列宁选集》的念头之后,我计算了一下全书的总页码:第1卷858页,第2卷1005页,第3卷933页,第4卷765页,4卷合计3561页。由于日常工作任务繁重,不可能脱产读书,业余时间又比较零碎,要在短期内读完这四大本书,是很困难的。1973年元旦,我从自己的实际情况出发,拟订了一个总体学习计划:每天抽出1个小时阅读《列宁选集》,每小时平均阅读速度为10页。按照这个速度,大约需要356个小时即可将《列宁选集》1—4卷通读一遍。有了这个总体规划,每天的零碎时间就像珍珠一样,被串起来了。实践的结果是,只用了6个月的业余时间,我就将《列宁选集》通读了一遍。

列宁主义包括帝国主义理论、无产阶级革命理论、民族殖民地问题理论、无产阶级专政理论、建设社会主义的理论、新型无产阶级政党的理论。我最感兴趣的是列宁倡导的新经济政策。新经济政策允许农民自由使用土地和在苏维埃监督下出租土地、雇佣工人。在流通方面,苏维埃政权通过关于交换的法令,宣布实行产品交换。国家通过合作社组织工业品同农民手中余粮直接交换。同时,允许私人在地方范围内进行商业往来。在工业方面,一切涉及国家经济命脉的重要厂矿企业仍归国家所有,由国家经营;而中小企业和国家暂时无力兴办的企业则允许私人经营。1920年11月,人民委员会发布租让法令,允许外国资本家在苏俄经营租让企业或同苏维埃国家组织合营股份公司。新经济政策的实施,使1921年俄国春天的危机迅速消失,生产稳步恢复,受到广大农民工人的欢迎。新经济政策积极探索在小农国家里建设社会主义的途径和方法,推动了生产力的发展。对于如此重要的理论,读一遍是远远不够的。1973年下半年,我把关注点放到十月革命以后列宁的论著上,用了3个月的业余时间,将《列宁选集》第3卷和第4卷重读了一遍,对新经济政策有了较深入的理解。

采用总体规划和"化零为整"的学习方法,每天用来学习的时间并不多,但9个月挤出了526个小时的阅读时间,相当于脱产学习两个多月。这种学习方法可以叫作"化零为整",也可以说是"缝隙时间的利用"。

《列宁选集》书影

零碎的业余时间可以集中使用,完整的时间段更可以集中使用。2007年8月30日,我辞去了新华通讯社总编辑职务。2008年春节,是我自1986年1月担任新华社总编辑室总编辑21年以来第一个既不值班、开会,又不审阅稿件的休闲式春节。为了利用好春节假期时间,我拟订了一个计划:除了陪伴家人,剩余时间集中从网上公益性图书馆下载有参阅价值的数字图书。7天时间,我下载了《大脑如何思维:智力演化的今昔》《成功金字塔》《全部知识学的基础》《未来时速——数字神经系统与商务新思维》《幸福是一种心态》《有困难不上交》《统帅决胜之道》《迅速制敌:一场真正的军事革命》《道德情操论》《健全的思想》《精神现象学》《数字化生存》《认识与谬误》《享受宁静:雅肯静坐心理学》等204部著作,分别存储在"个人数字阅览室"的19个大类之中。

读书是这样,写作也是这样。要想利用业余的零碎时间写作,同样需要有一个总体计划。1982年5月,《济南日报》举办编辑、记者训练班,要我去谈一谈新闻采访中的问题。当时工作比较忙,白天没有时间准备,就利用晚上的点滴时间翻阅自己过去写的一些学习札记。在此基础上,考虑了一个题为《采访10论》的写作提纲,拟订了总体写作计划。按照这个计划,每天晚上写一段或者数段,用了10多个夜晚,终于写成了22 000余字的《采访琐谈》。如果没有总体写作计划,不注意"化零为整",这篇新闻学论文是挤不出来的。

三、自觉支配与强制支配

首先谈自觉支配。许多著名的人物,自觉支配时间的观念是很强的。居里夫人在提炼镭的艰苦日子里,承担着比她丈夫劳动量要大得多的工作,搬运矿石,搅拌溶液,连吃饭也顾不上离开实验室,时间利用率是极高的。有一次,她写信告诉别人说:"一年以来,我们没有拜访朋友。"1903年,数学家科尔证明2的67次方减去1是个合数,解开了200年来一直被人当作质数的谜。别人问他:"解决这个问题花了多少时间?"科尔回答说:"三年内的全部星期天。"这些著名人物支配时间主要靠自觉。

但是,根据我的体验,像我们这样的普通人,自觉性是有限的。劳累了一整天,有时夜晚还要加班处理疑难问题,回到家,腰酸腿疼,我也非常想斜靠在沙发上,拿着遥控器,频频换台。学习与其说是靠"自觉",不如说是靠"自我加压",说白了,就是要"自己跟自己过不去"。

以《眼界与财富》为例。这篇"沂蒙山书简",就是"加压"之后"榨"出来的成果。

1983年,我到沂蒙山区采访,回到新华社山东分社以后,因行政事务缠身,一直没有时间动笔。后来《瞭望》杂志编辑部一再来信催促,并规定了交稿日期。有了压力,就有了"动力"。我翻出几次到沂蒙山区的采访本,发现了许多可以利用的素材。

1977年冬天,我在山东省沂源县张家庄住了几天。采访任务完成后,大队保管员用独轮小车推着铺盖送我。20里山路,我们边走边聊。我问:"队里一年能分多少钱?"他说:"不大分钱。"我说:"那你打油买火的钱从哪里来?"腼腆的老保管低着头,好一阵才说:"我有'私'字。"经再三询问,他才告诉我,他在家门口的地堰上栽了10棵花椒树,有粪就上,有尿就浇,一年能换回300多元。我的心颤动了:"四人帮"早已被粉碎了,可是在这消息闭塞的沂蒙山区,"靠山吃山"仍然像是一件很不光彩的事情。

回到沂源县城,我把老保管种花椒的事告诉县里的干部。我说:"10棵花椒树300元,一道地堰的收入能顶上千斤粮食。沂蒙山层峦叠嶂,沟壑纵横,若是把荒山荒坡全利用起来,能创造出多少财富啊!"县里的同志对我说:"难啊!山里的干部,谁还不知道山是宝?可是,上级只认得粮食,亩产过了'江'('过长江',即亩粮食超过800斤),开会坐头排,又发奖旗又提拔,'指标'压着头,谁还有心思在'山'上做文章?"

1983年夏天,当我访问中共沂源县委书记彭立江时,他的认识同前几年大不一样了。他掏出笔记本,向我介绍了一大串调查统计数字:1982年以来,县里拿出200多万元资金扶持社员搞山区建设,还为开发"五荒"的承包者调剂了69万株用材树苗、100万株桑树苗和29万株果树苗。全县投入开发性承包的农户13 800多户,承包荒山12.9万亩,荒滩6350亩,荒沟1175条。承包小型水库、塘坝、汪池600多座,还划分了14万亩自留山和24万亩荒坡。入春以后,造山地林5.8万多亩,造河滩速生林9万多亩,栽桑树180多万株。此外,还利用荒水放养鱼苗52万尾,养鹅、鸭3万多只。彭立江说:"过去总把'五荒'当包袱,觉得山区致富无门路;现在看,'五荒'不是'包袱',是'财富'!"

在山东省莒县,我访问了于家店子大队。这个大队位于沭河一条支流的北岸,121户、502口人,只有317亩耕地,人均6分粮田。从干部到群众,两眼全盯在粮田上,结果,粮食产量上不去,社员人均分配水平也很低。1976年,林业部门到于家店子搞速生丰产林试验,说是"科学营林,三年成檩,五年成梁",许多人不相信。他们说:"一年长一寸,十年长成推磨棍,'成檩''成梁',瞎吹!"在林业部门的帮助下,试验终于搞起来了。1981年,他们轮伐了24亩健杨丰产林,每亩74株,平均树高18.4米,胸径18厘米,木材蓄积量16.05立方米,扣除成本,年平均纯收入550元,相当于当年每亩粮田纯收入的5.37倍。搞起丰产林的7年间,全大队粮食总产增长了近1倍,社员人均分配增长了4倍多。

于家店子靠荒沙滩致富的消息,在沂蒙山区传开了,成千上万的人拥到于家店子参观。1982年,全区的速生丰产林发展到17万亩,1983年又发展到36万亩。当时据林业部门预测,到1987年,沂蒙山区的速生丰产林有可能发展到120万亩。如果实现了这一计划,全区工业用材和民用木材可全部自给。

莒县县委负责同志郑承泰领着我沿着沭河岸看了一天速生丰产林。他说:"从前,受小农经济思想的束缚,一提'农业',就是'粮食'。党的十一届三中全会以后抓调整,眼界稍微开阔一点了,把公式改为:农业=粮食+经济作物。现在,眼界才开始超出耕地的框框,看到了山、水、田、土都是财富。"我觉得这几句话描绘出了一些领导干部在指导农业生产上的三个"境界"。

当人们的眼界被框在狭窄的地块上的时候,荒山秃岭仿佛不值分文;一旦冲破了这种小农经济的狭窄眼界,山区简直遍地是宝了。在沂蒙山,我看到漫山遍野的酸枣林。扁圆形的酸枣仁是一种性质很平和的安神药,又有滋补强壮的功效,适用于失眠、健忘、心悸、头晕等症,中药铺里离不了它。可是前些年,许多社员把酸枣树砍下来编织自留地的篱笆,有的把它连根拔掉,晒干了当柴烧。20 世纪 80 年代初,情况大不一样了,有的县人民政府接连下达了《关于保护酸枣资源的通知》《关于加速发展酸枣生产的通知》,有的县还专门召开了酸枣生产会议,研究保护酸枣资源、发展酸枣生产的具体措施。于是,日渐稀疏的酸枣林又繁茂起来了。我来到蒙阴县小山口大队,只见一道道地堰上全都长着嫩绿的酸枣树。一位大队干部告诉我,1983 年雨水好,估计酸枣核的收入抵得上党的十一届三中全会以前社员从集体分配的总和。

沂蒙山人的感人事迹一幕一幕地呈现在我的眼前,我的心里好像有许多话要说。1983 年 7 月,我提笔给《瞭望》编辑部写了一封很长的信,讲述自己在沂蒙山区的所见所闻。信中写道:"党的十一届三中全会的正确方针不仅解放了农村的生产力,也解放了过去无法利用的广大的自然界。只要我们的领导干部都能放开眼界,那么,千山万水就会举手献宝,社会财富就会像沂蒙山的泉水一样,大量涌流出来。"《瞭望》编辑部把这封信全文刊登出来,起了个题目,就是《眼界与财富》。

1982 年 5 月,我在《新闻业务》上发表了一篇《"向散文式的方向发展"的八点设想》。辽宁日报社新闻研究所的编辑看到这篇文章后,接连给我写了几封信,要我结合自己的新闻实践进一步谈谈新闻报道"向散文式的方向发展"的问题。交稿时间日益迫近,我却患了感冒,发起烧来。因为有截稿时间督促着,我不敢懈怠,躺在床上口述,让我的妻子陈瑞芬帮助记录、整理。

我的"口述"围绕着新闻作品的立意展开。唐代诗人杜牧在《答庄充书》中说过："凡为文以意为主，气为辅，以辞采章句为之兵卫。"王夫之在他所撰的《姜斋诗话》中也说过："意犹帅也。无帅之兵，谓之乌合。"一篇文章没有高远的立意，好比军中失去了主帅，只不过是一群乌合之众。

新闻记者成天在生活的花丛中采蜜，深入基层的时间并不比散文作家少，为什么写出来的东西不如有些散文作品给人留下的印象深刻呢？其中一个重要原因就是习惯于就事论事，在所写的新闻作品中，仅仅告诉人们生活中发生了什么事情，出现了什么人物，产生了什么动向，而没有对这些事情、人物和动向深入开掘，没有从中获得带有独创性的、深刻的认识，没有酿成新鲜活泼的、令人感奋的思想。一句话，就是缺乏明晰的、新颖的、深刻的立意。

我开始琢磨新闻作品的立意是 1978 年秋天，当时我到沂蒙山采访。沂蒙山是我常去的地方，头一次到沂蒙山是 20 世纪 60 年代中期。我背着铺盖卷，从一条山峪到另一条山峪，徒步采访，行程千余里，听到了许多过去艰苦岁月里党和人民鱼水相依的故事：在沂河西岸，几位被誉为"红嫂"的农村妇女，用自己的乳汁救护八路军的伤员；在红石峪，老区委书记面对日本侵略者的东洋刀，宁可跳崖牺牲，也不说出我野战医院隐藏的地点；在蒙山深处，有的老大娘为了掩护革命干部，不惜献出亲生儿子的生命。我的心被深深地打动了。可是，当我第二次来到沂蒙山时，这里的百姓却在遭受苦难。"棒子队"戴着柳条帽，掂着"水火棍"，四处"扫荡"，横行乡里。老大娘抱着老母鸡，提着包袱到处"跑反"。谁家的孩子哭闹，只要说一句"棒子队来了"，就会立即停止啼哭。后来，"棒子队"虽然解散了，但党群关系却遭到了严重破坏，有的干部对根据地的人民感情淡薄了，有的甚至侵犯人民群众的利益。人民群众非常怀念革命战争年代的好传统。

1978年秋天,我再次到沂蒙山腹地的蒙阴县住了一段时间。旧地重游,我强烈地感受到粉碎"四人帮"以后沂蒙山区发生的深刻变化,尤其是干部作风的变化。我觉得心里有许多话要向外倾吐。一天深夜,我披衣而起,铺开稿纸,信笔写下了这样几段话:

"在艰苦的岁月里,老百姓冒着生命的危险给我们送水;如今,政权在我们手里,财权在我们手里,30年了,连山区老百姓的吃水问题都没有解决,作为一个党的工作者,我们能够心安理得吗?

"破坏和糟践一种好的传统,不需要花费太大的气力,恢复和发扬一种好的传统,却要付出艰苦的努力。

"得民心者治天下,失民心者乱天下。在极其艰苦的战争年代里,我们凭借着同人民群众血肉相连的'鱼水关系',打垮了日本侵略者和国民党反动派。今天,在新的长征中,只要我们不忘记曾经为革命作出过巨大贡献的人民群众,时时处处关心他们的利益,那么,沂蒙山人民将会像战争年代一样,为早日实现'四个现代化'贡献出自己的一切!"

一个多小时,一气写了9段札记。后来,我写了一篇题为《鱼水新篇——沂蒙山纪事》的通讯,把其中的5段札记原封不动地用了进去。这些札记,就是我对所采访到的新闻题材的理解,也是我写这篇通讯的"立意"。正因为有了明晰而深刻的立意,这篇通讯才会有感人的力量。

在口述文章时,多次到沂蒙山的情景历历在目。我断断续续地谈了一个多小时,妻子陈瑞芬把这些内容记录整理成一篇题为《新闻作品的"立意"——再谈"向散文式的方向发展"》的业务论文,寄给辽宁日报社新闻研究所。

在实践中,我还摸索到一种"自我加压"的方法。"自我加压"也属于一种强制支配。

1981年,我在中共中央党校新闻班学习。党校藏书较多,是学习的好地方。为了在有限时间里多读一些书,我给自己施加了一点压力:把全学期的150天划分为50个单元,3天为一个单元,每个单元要读2本书。如果遇到特殊情况,或者书比较厚,3天读不完2本,可以与上、下两个单元合并计算,即9天必须读6本书。为了确保阅读质量,我还给自己规定了记卡片的任务:每天记卡片不少于10张,完不成任务就早起床、晚睡觉。党校给每个学员发了1本电影票,每个周末都有电影。为了抵御电影的诱惑,我把所有的电影票都退掉了,让自己想看也看不成。吃过早饭,只要不上课,就钻进党校图书馆的专业阅览室,阅读与新闻学有关的书籍。自我加压的结果是:半年时间读了104本与新闻学有关的书籍,记下了4000多张新闻学资料卡片。这个带有强制性的学习计划压出了潜力,让我迅速扩大着自己的知识领域。

1981年7月31日,中共中央党校新闻班学员结业留影,后排右起第4人为作者

这次带有强制性的支配时间的结果,使我体会到人的潜力是很大的,甚至可以说每个人都具有一种潜在的"爆发力"。在平常的日子里,这种

"爆发力"并不为人所注意,也不被自己认识。一旦外界给了自己一种压力,或者自己给了自己一种无法撤回的压力,就会置之死地而后生,从而爆发出意想不到的力量。如果我们一方面注意提高支配时间的自觉性,一方面想方设法给自己寻找一种"压力",我们的时间利用率就会成倍提高。

1960年12月25日,毛泽东在自己67岁寿辰前夜,约请几位亲属和身边工作人员吃便饭。他联系自己的亲身经历说:"人就是要压的,像榨油一样,你不压,是出不了油的。人没有压力是不会进步的。"许多朋友问我读书的秘诀,如果真有什么"秘诀"的话,那就是要像榨油一样学会"自我加压"。

第三章　断绝退路才能置之死地而后学

人的本领有大小,获得本领的途径无非是两条:一是自觉学习,二是外部加压。根据我多年的体验,人的多数本领都是被逼出来的。

一、"三下肥城"逼我闯过采访关

1964年8月我从郑州大学中文系毕业后,被分配到新华社山东分社政治文教组担任见习记者。第二年春天,山东分社政文组组长魏文华对我说:"现在实行'两种教育制度',肥城县有个百尺农业中学,听说办得不错。你到肥城去一趟,看能不能写一篇反映'半农半读'优越性的稿子。"

领受采访任务之后,我当天就赶到肥城县。在肥城县教育局,我首先了解全县兴办农业中学的概况,接着就到百尺农中所在地调研。我问一位老大爷:"咱村的农业中学办得怎么样?"老大爷说:"好啊。"我问:"怎么个好法,能不能说得具体一点?"大爷说:"不孬!"盘问了半天,也没把老大爷的话匣子打开,这次采访失败了。

回到济南,魏文华帮我分析采访失败的原因,还教给我一些采访方法。他说:"你再到肥城去一趟,多掌握一些第一手材料。"

我第二次到肥城搜集了不少素材,但依然理不出头绪,憋了两天,稿子还是写不出来,没法向魏文华交账。这时,我对自己能不能当记者产生了怀疑。我没有读过新闻专业,交际能力不强,到基层不知道如何提出问题,这些都是记者成长的不利因素。有一天我拉开抽屉,看到了记者证。我想,如果有一天真的要把我的记者证收回去,将是终生遗憾!

魏文华曾经在新华社总社文教组当编辑，对"两种教育制度"的来龙去脉了解得比较清楚，对"半农半读"学校很有感情。1964年魏文华以《咱们的庄户学校》为题，报道了两位知识青年创办的临淄城关农业中学的事迹，刊登在《人民日报》上。他对我说："农业中学的兴办符合农民的心愿，你再去一次，争取完成任务。"

俗话说"再一再二不再三"，第三次到肥城真有点磨不开面子。政治文教组老记者姜文品见我有点儿为难，对魏文华说："别让小南去了吧，换一个题目让小南试试。"魏文华说："对年轻人就是要'逼'，不'逼'成不了大器！"退路被堵死，我只好硬着头皮三下肥城。

这一次我没有在县城招待所停留，而是直接下到城关公社百尺、罗窑等生产大队采访，从农户中了解农业中学学生的典型事例。

百尺农业中学实行走读制，学生学习在校、劳动在队、食宿在家，每年有5个月左右的时间同社员一起劳动，许多学生把生产队当成家，对集体的事情越来越关心。三年级学生张法增，经常同外号"管得宽"的老贫农王玉生在一块劳动，受到感染。1965年春天甘薯育苗时，张法增主动要求为生产队照看甘薯苗床。他白天在农业中学学习，夜里负责测量甘薯苗床的温度，给苗床喷水，一夜要起来好几次，眼都熬红了。1964年夏收以后，百尺大队第八生产队表扬了4个维护集体利益的模范社员，其中有3个是百尺农业中学的学生。1965年春天甘薯育苗时，十几个生产队都把看管苗床的工作交给农业中学的学生。贫下中农说，农业中学的孩子和集体长的是一个心眼儿，重要的活交给他们俺放心！这一年，百尺农业中学应届毕业的39名学生中，有35人被社员选中，要他们毕业后担任生产队的会计员、保管员、技术员。百尺大队第八生产队的农民代表说："像这样思想好、技术高的学生，谁不喜欢要！"

经过补充采访，我写成了一篇题为《农中学生和生产集体一个心眼》的记者来信。稿件经魏文华同志审改、签发，寄送人民日报社。1965年

7月14日,《人民日报》第5版刊登了这篇"记者来信"。在这一版上,编辑部还撰写了一篇题为《怎样看待教学质量?》的编后记。编者写道:"检验半工半读、半农半读学校的教学质量,是要看培养出来的毕业生,是不是能文能武,是不是既能从事体力劳动又能从事脑力劳动的新型劳动者、新型知识分子。"

"三下肥城"的痛苦经历使我对学习的紧迫性有了感性认识。恰在这时,新华社山东分社从山东大学招收了两名大学生:一位是待人诚恳、勤于思考的潘广武;一位是谦虚好学、热情憨厚的杨凤山。我们3个人几乎同时对哲学产生了兴趣。我们学得最多、议论得最多的是毛泽东的《矛盾论》和《论持久战》。

《矛盾论》是毛泽东继《实践论》之后写的一篇哲学论文。毛泽东抓住事物的矛盾法则,即对立统一的法则,对两种宇宙观、矛盾的普遍性、矛盾的特殊性、主要的矛盾和主要的矛盾方面、矛盾诸方面的同一性和斗争性、对抗在矛盾中的地位等问题,进行了深入浅出的论述。我们把学习重点放在矛盾的转化上。我把《矛盾论》中关于"转化"的论述制成"卡片",反复阅读,力求把握"转化理论"的思想内涵。

对《论持久战》的学习也是如此。《论持久战》是毛泽东于1938年5月26日至6月3日在延安抗日战争研究会上的讲演。毛泽东首先分析日本方面的情况:日本是一个强的帝国主义国家,它的军力、经济力和政治组织力在东方是一等的;由于日本社会经济的帝国主义性,就产生了日本战争的帝国主义性,它的战争是退步的和野蛮的;日本国度比较小,其人力、军力、财力、物力均感缺乏,经不起长期的战争;日本虽能得到国际法西斯国家的援助,但同时,却又不能不遇到一个超过其国际援助力量的国际反对力量,这是失道寡助的规律。紧接着,毛泽东分析了中国方面的情况:中国是一个弱国,我们在军力、经济力和政治组织力各方面都显得不如敌人;因为抗日战争是正义的,能唤起全国的团结;中国又是一个很大的国家,地大、物博、人多、兵多,能够支持长期的战争;由于中国战争的进步性、正义性而产生出来的国际广大援助,同日本的失道寡助又恰恰相反。

在分析了中日双方的优势和劣势之后,毛泽东得出了中日战争将是一场持久战的结论。这场持久战将具体地表现于三个阶段之中,即敌之战略进攻、我之战略防御的时期;敌之战略保守、我之准备反攻的时期;我之战略反攻、敌之战略退却的时期。毛泽东写道:"中国由劣势到平衡到优势,日本由优势到平衡到劣势,中国由防御到相持到反攻,日本由进攻到保守到退却——这就是中日战争的过程,中日战争的必然趋势。"抗日战争的实践证明了毛泽东上述判断的正确性。

《论持久战》共有120节,我们逐节研读,并同毛泽东的《矛盾论》和列宁的《谈谈辩证法问题》结合起来思考,力求从中把握矛盾转化的规律。

有一次我和杨凤山、潘广武到济南千佛山下散步,边走边讨论"矛盾转化"问题。我说:"既然事物无不在一定条件下向其相反的方向转化,那么,对新闻工作不熟悉可以转化为比较熟悉,对新闻工作不适应可以转化为基本适应,关键在于确定转化的目标、把握转化的方向、创造转化的条件。只要能够驾驭'转化规律',并且扎扎实实地创造促成转化的条件,就一定能够把自己锻炼成为一个合格的新闻工作者。我们应该有这种自信心!"杨凤山说:"人这一辈子不可能只干一种工作。懂得了'转化规律',有了自信心,今后无论组织上交给哪项工作,哪怕是非常生疏的工作,都知道怎样去熟悉它,也知道朝着哪个方向'转化',再大的困难也不会害怕!"

千佛山下的议论使我们对"转化规律"有了清晰的认识。刚参加新闻工作,对采访业务不熟悉,对实际工作不熟悉,这些弱点都是客观存在的。既然一切矛盾着的东西无不在一定条件下向其相反的方面转化,那么我们完全可以创造条件,促使弱点向其相反的方向转化。这种"转化"有三层含义。

一是在自身存在的许多弱点之中,必然有一个最主要的弱点,它阻碍着自己业务能力的提高。克服了这个弱点,就会前进一大步。我们应该紧紧抓住这个主要弱点不放。

我担任农村记者以后最大的弱点是对农村不熟、对农业不熟、对农民不熟,这一弱点成为阻碍我前进的最大障碍。根据弱点转化规律,我采取了5项措施:

(1)集中时间和精力解剖几个农村生产大队。1975年6月下旬,我和胶南县新闻报道组许衍刚骑自行车下乡搞调研,每天骑行10~30公里不等。每到一个公社先找党委书记了解基本情况,再深入一两个村开座谈会,除了大队党支部书记,还要找生产队队长、会计和社员代表,也开过只有社员参加的座谈会。我们用了20多天时间,比较系统地调查了在土地改革、互助组、初级社、高级社、人民公社等不同阶段中农民的思想状况,历次运动中发生过一些什么矛盾和斗争,都是用什么方法解决的,哪一个阶段党的政策为大多数群众所拥护,哪一项政策遭到多数群众的反对和抵制,哪一个阶段农业生产发展得快,哪一个阶段农业生产发展得慢,原因是什么,怎样才能调动起广大干部、社员的生产积极性。像这样的调查每年都搞一点,材料越积越多,我对农村的事情也就懂得多了一些。

(2)拜农民为师。凡是自己弄不明白的事情,就虚心向农民请教。1977年以前我很少接触农业生产责任制问题。为了弄懂这个问题,我向泰安县徂徕公社许家庄大队会计请教。他20世纪50年代初就担任初级农业生产合作社的会计,几十年的账本全都藏在办公室的阁楼上。他把这些账册摊在床上,我提一个问题,他用算盘一扒拉,就回答一个问题。我的一些关于农业生产责任制的知识,有不少是从这位大队会计那里学来的。我撰写的《怎样搞"五定一奖"?》《农业生产责任制》两本书中的一些数据,也是这位老会计帮我算出来的。

(3)到农村蹲点,解剖"麻雀"。1956年9月25日,毛泽东同拉丁美洲一些党的代表谈过一次话,其中讲到解剖麻雀的问题。他说:"麻雀虽然很多,不需要分析每个麻雀,解剖一两个就够了。总书记调查一两个农村,心中有数了,就可以帮助同志们去了解农村,弄清农村的具体情况。""党的领导机关,包括全国性的、省的和县的负责同志,也要亲自调查一两个农村,解剖一两个'麻雀'。这就叫作'解剖学'。"我觉得作为一个农村记者,也应该学会这门"解剖学"。

1977年我在山东省齐河县沙李大队蹲点时,曾经对齐河全县解放以来农业生产发展的情况作了初步了解,对桑梓公社的农业基本情况进行了一些调查,包括全公社的行政区划、民族、面积、人口、土质状况、河流和交通情况等。为了对全公社的农业生产有全面的了解,我逐年统计了全公社的小麦、玉米、地瓜、水稻、棉花、花生的单产和总产,并与全省、全县的平均水平作了比较。我还调查了全公社林业情况、牧业情况、副业情况、渔业情况、农田基本建设情况、农业机械化情况以及工业生产情况。为了尽快熟悉农业,我在搞农村调查的同时,还学习了不少农业科学知识,从小麦播种、冬灌、冬管到返青以后的划锄、追肥、浇水、疏苗,一个环节一个环节地学习。

(4)大量阅读反映农村生活的长篇小说和短篇小说,尤其是李凖、马烽、王汶石等人的作品,间接地了解新中国成立前、土地改革、初级社、高级社、人民公社等各个历史发展阶段农村的实际状况,以及农民群众的思想情感和音容笑貌。这虽不是熟悉农村的根本方法,但对于像我这样从小远离农村的农村记者来说,的确有效。

(5)认真学习马克思、恩格斯、列宁关于农民的论述和《毛泽东论农业》。对于农业是国民经济的基础、农业"八字方针"、农业机械化、农业科学实验、农村劳动管理、农村财务管理、农村收入分配、农村文化建设等问题,一个专题一个专题地研究。

由于采取了上述5项措施,我对中国农业、农村和农民问题渐渐熟悉起来了。

二是要研究弱点的转化所需要的条件,千方百计地创造这些条件,扎扎实实地促使弱点向其相反的方向转化。

我刚参加工作的时候,知识面比较窄。促使这一弱点转化的条件就是广泛阅读,逐步扩大自己的知识领域。20世纪60年代中期,我利用星期日和节假日到山东省图书馆抄写有关资料。开始时,吸收知识限于文教、体育两个方面,后来渐渐拓展,先后阅读了《山东省乡土地理》《山东省乡土历史》《五四运动在山东》《义和团运动在山东》等,还翻阅了《山东省地方志》,摘录了山东省的名胜古迹介绍,搜集了山东各地的民歌、民谚,汇集成一本《山东风情》。我还选读了《农业科学知识》《小麦栽培》《农谚集》《农业气象知识》等。这些知识对于新闻采访与写作都有一定帮助。

三是在一定时期内,一个弱点被克服,另一个影响自己进步的新的弱点又会暴露出来。要及时抓住自己身上存在的新的弱点,创造条件,促使其转化。

经过一段时间,我又发现自己身上存在的新的不足,这就是对新闻学缺乏系统的学习和研究。尽管也采访、写稿,但基本上是盲目实践,没有从中找出规律性的东西。这个弱点阻碍了我业务能力的提高。从1978年4月开始,我下决心克服这个弱点,千方百计地弥补新闻学方面的缺陷。我利用业余时间,先后阅读了20世纪中国、英国、美国、德国、日本、苏联的一些新闻学著作,积累了近万张新闻学资料卡片,撰写了一些新闻理论方面的文章,对新闻改革中的一些问题提出了自己的一些看法。在《寓教于乐》一文中,我分析了新闻的指导性与生动活泼的表现形式之间的辩证关系,提出了新闻作品应该既劝谕读者,又使读者喜闻乐见的主张。1982年春天写的《"向散文式的方向发展"的八点设想》《新闻作品的"立意"——再谈"向散文式的方向发展"》等文章,对新闻作品的立意、意境、结构和文体风格等问题提出了自己一些粗浅的看法。边实践、边总结,边学习、边研究,自己在新闻理论文章中提倡的东西,也正是自己在实践中努力尝试的东西;实践证明是成功的东西,又成为自己进一步学习和研究的课题。这一弱点的克服,使我有可能在原来的基础上前进一步。

我早期从事新闻工作的实践和学习经历,体现在新华出版社出版的《我怎样学习当记者》一书中。1983年夏天,新华社四川新闻研究所寄来一封聘书,约我到山城重庆给四川省新闻干部进修班学员讲两个星期的新闻专业课,课程表上开列的题目是《我的新闻实践》。接到"聘书"以后,我有点为难。论年头,我当了20年新华社记者,不能算"短",但是谈到"经验"却没有积累多少。我自知无力承担《我的新闻实践》这个大课题,于是,便提笔给新华社四川新闻研究所写了一封信,请他们将课程表上的题目改为《我怎样学习当记者》。这么一改,我觉得比前一个题目容易得多了,从头到尾讲自己在学步过程中的心得体会,既包括成功的经验,也包括走过的弯路,回旋余地比较大。

从1983年7月下旬开始,我用了40多个夜晚,回顾、思索,匆匆草成了14万字的"讲稿"。去重庆之前,我对这次讲课能否收到预期效果没有把握。我不知道自己感受到的这些东西,是不是中青年同志共同感兴趣的问题,也不知道按照这样的纲目结构去讲,能否给大家提供帮助。新闻干部进修班的学员给了我信心和勇气。他们在听完最后一课之后,在教学楼办了一期墙报,摘登了我关于怎样学习当记者的主要观点。学员们还撰写了几十篇体会文章,谈自己听课之后的收获。一部分学员自发组织起来,分头整理我的讲课录音,用复写纸复写多份,装订成册。有的要求刻印这份讲稿,有的建议尽快把"讲稿"整理出版。1985年10月,《我怎样学习当记者》由新华出版社出版发行,第一版第一次印了24 000册,很快销售一空;第二次印了20 000册,又卖光了。直到现在仍有一些年轻新闻爱好者来信询问从哪里可以买到《我怎样学习当记者》。2018年,清华大学出版社纪海虹编辑《南振中文集》,把《我怎样学习当记者(增订本)》收入其中。纪海虹同志在其撰写的"简介"中写道:"这本书是他(作者)20年记者生涯的经验总结。30多年前本书第1版出版后,受到新闻学界和业界的好评,陆续被清华大学、郑州大学等高等院校新闻与传播学院列为学生必读书目或选读书目。根据读者的要求,增订本补充了原书引用的新闻作品,以便于读者将采访写作方法与实践成果对照浏览。"

1991年12月10日,首届中国新闻奖、范长江新闻奖颁奖大会在人民大会堂举行,李瑞环、宋任穷、胡乔木、雷洁琼、王忍之、艾知生等向获得首届范长江新闻奖的艾丰、江志顺、刘效礼、杨登榜、南振中、俞新宝、郭梅尼、曹仁义、樊云芳等9人颁奖。中华全国新闻工作者协会主席吴冷西说,首届范长江新闻奖是我国中青年新闻工作者的优秀成果奖。范长江新闻奖评委会主任穆青说,这些获奖者都是近10年来在编采工作中有重要成果的编辑、记者。

1991年11月,新华社原社长吴冷西(左一)、时任社长穆青(中)与作者(右)合影

范长江新闻奖评委会在《首届范长江新闻奖获奖者事迹简介》中写道:在中国农村改革的巨变中,南振中经常深入贫穷的鲁西北地区和沂蒙

山区蹲点调查,同农村干部群众一起探索和总结摆脱贫困的经验,采写了大批讴歌农村改革,反映农村变化的新闻通讯。他的有关农村的报道,题材新颖,有深度。他担任总编辑工作以后,负责组织指挥全社国内外宣传报道工作,着力把握报道思想和报道方针,并能挤时间下基层调查研究,不断地改进和加强新华社的宣传报道工作。

多年来的新闻实践,使我懂得了"弱点的转化"是成长的"杠杆"。如果能及时发现自己的弱点,积极创造条件促使这些弱点向其相反的方向转化,就会在原来的水平线上取得突破性进展。沿着这个阶梯不停地攀登,只要舍得花费气力,每个新闻工作者都有可能到达光辉的顶点。

二、学电脑是被逼出来的

2005年2月,《中国传媒科技》记者向我提出了一个问题:"多次从《新闻联播》中看到,在参加一些会议时,您经常用笔记本电脑做记录。您是什么时候开始学习使用电脑的?"我如实告诉他,学习使用电脑并不是一种自觉行为,而是被逼出来的。

1984年在美国洛杉矶举行的第23届奥运会上,新华社参加采访的记者没有电脑,只能用笔在纸上写中文稿件,由报务员用凿孔机将稿件发回北京。德新社记者在一篇报道中讽刺说:"参加奥运会报道的7000名记者,只有中国记者使用纸和笔写他们的新闻。"

这件事对新华社的刺激很大。洛杉矶奥运会之后,新华社下决心抓通信技术建设。1985年4月,新华社业务技术大楼被列为国家重点建设项目,技术部门用了5年时间,对编辑系统和发稿系统进行了技术改造,安装了先进的计算机,开发了新闻编辑处理系统、新闻通信处理系统、资料检索系统、通信控制调度系统。到1990年第三季度,新华社编辑、记者已经可以通过新的计算机系统直接编发英文、西文、阿拉伯文、法文、俄文等外文稿件。这在新华社的历史上是一个很大的进步。

遗憾的是，直到1990年9月22日第11届亚运会在北京开幕之时，新华社采写中文稿件的记者依然离不开纸和笔。我们深切地感到，如果不尽快闯过这一关，编辑、记者的电脑操作技术滞后，将会成为新闻事业发展和技术进步的制约因素。亚运会报道一结束，新华社就制订了一个计划，要求各编辑部用2年时间，让全体编辑、记者熟练地掌握电脑操作技术，习惯于在电脑上编辑处理中文稿件，争取1992年年底实现"无纸化操作"。

1992年7月上旬，我们对"无纸化操作"计划进行了一次检查，结果让人大失所望。一年多的时间过去了，编辑、记者中只有少数人可以在电脑上撰写或者编辑处理中文稿件，一大批人仍然不熟悉键盘操作，不会输入汉字，不会使用电脑编辑处理中文稿件。

我找了一些同志了解具体困难在什么地方。技术部门的同志告诉我，汉字不属于"键盘文字"，不能直接输入电脑，需要转换成与键盘字母相对应的"编码"，才能顺利输入。这一特殊性给编辑、记者学习和掌握电脑操作技术设置了很大障碍。

几十年间，新华社有个不成文的规定：要让大家干的事情，领导同志必须带头去干。为了推动中文稿件的电脑输入工作，我下决心从头学起。1992年7月，新华社让我担任第25届奥运会新华社报道组组长；7月17日，在飞往巴塞罗那的飞机上，我借用摄影记者周确带的"快译通"，用汉语拼音打出了"今天飞赴巴塞罗那"8个字。尽管没有"速度"可言，但是，这8个字向我展示了一种前景：只要下功夫，掌握中文电脑输入技术是完全可能的。

回到北京以后，我请通信技术局的同志帮助找了两本关于电脑操作的书，我用了两个晚上，把书通读了一遍，将其中对自己有用的内容摘抄下来，编写了一本《电脑操作指南》。这份"指南"包括键盘设置、启动电脑步骤、新建稿件步骤、整理文稿方法、打印文件方法等内容。有了《电脑操作指南》，操作起电脑来就方便多了。剩下的问题是如何尽快熟悉键盘。我把键盘上比较常用的30个字符编成6句"五言口诀"，不仅熟读，而且力求做到"烂熟于心"。为了练习指法,我找了一张"键盘纸",贴在写字台的边上,一有时间,就坐下来练习。就这样,用了一个星期的业余时间,我学会了用键盘输入汉字。第一天每小时只能输入 300 个汉字,第七天每小时就能输入 1300 个汉字。

直到这时,我才把新华社国内部、国际部、对外部、摄影部、体育部等编辑部的负责同志叫到总编辑室。我说:"我已经学会使用电脑。我今年 50 周岁,能不能以我的年龄画线:比我年龄大的,我们实行宽容政策,鼓励学习,实在不愿意学,不必强求;比我年龄小的编辑、记者,必须学会使用电脑。"

这次会议开了 5 分钟。几个编辑部主任回去以后,把我的话原原本本地传达下去。新华社通信技术局积极配合,连续举办了几期编辑、记者使用电脑培训班,许多中青年记者踊跃参加。不到半年,新华社绝大多数从事中文稿件采编工作的同志学会了电脑操作。1992 年 12 月,新华社如期实现了"无纸化操作"目标。

2000 年 5 月,《新闻出版报》记者在中国记协五届理事会二次全体会议上抓拍了作者的一张照片,标题是《总编辑的"笔"》

《中国传媒科技》记者提出的第二个问题是:"听说您用电脑写作和记录的速度比较快。请问,您是怎样练就中文电脑输入本领的?"我的回答是,这种快速打字的本领也是被逼出来的。

每年两会,都有几场重要的记者会,有的记者会的内容授权新华社全文向海内外播发。为了做到准确、及时,新华社需要派 10 多名记者,每人带一台录音机,现场录音。记者会结束以后,对照录音分段整理成文,然后交给编辑处理。一篇几千字的稿件,往往需要好几个小时才能完成。

为了提高报道时效,1998年3月我向新华社通信技术局负责人提了一个建议,希望他们选拔、培养两名熟练的录入员,在记者会现场采用"听打"方式,将全文录入电脑,交由编辑处理。通信技术局局长很快就挑选了两名年轻录入员,经过强化培训,1999年3月让他们参加两会,负责重要稿件的录入工作。为了提前"演练",录入员把上一年记者会的录像带拿出来播放,跟着记者会的进度"听打"。可是,接连试了几次,录入速度都赶不上记者会的进程,"演练"失败了。

令我不解的是,当时专业人员的录入速度已经达到很高的水准。早在1992年9月19日,海峡两岸举办中文电脑输入技术表演赛时,来自山东烟台的一位选手就创造了每分钟输入简化汉字259.7个字的纪录。我算了一笔账:按照这样的输入速度,每小时可以输入15 582个汉字。电视播音员的语速为每分钟240个字,每小时播出14 400个汉字,一般人讲话的语速大都慢于播音员。从理论上分析,熟练的录入员是可以用"听打"方式做到同步录入的。为什么有的同志认为难以做到呢?我同新华社通信技术局负责同志和录入员探讨了这个问题。通信技术局的解释是:专业录入员使用的是按照字形编码的输入法,录入员看着稿子,打得非常快;一旦离开稿子,只听声音,有些字就不知道该怎么打。

在郑州大学学习期间,我学过《语言学概论》,还读过斯大林的《马克思主义和语言学问题》。这两本书的作者认为,思维是有意识的头脑对客观世界的反映,这种反映借助语言来实现。概念是语词的思想内容,语词是概念的表现形式。专业录入员使用的五笔字型或新华码,尽管重码较少,容易做到既快又准,但汉字的字形与概念和语词没有对应联系,只听发音、不看字形,很难快捷地输入汉字。这是通信技术局录入员不能实现同步录入的重要原因。这一年两会记者会只好放弃"同步听打"的设想。

然而我和许多编辑、记者使用的并不是按照字形编码的输入法,而是拼音系列输入法。这种输入法通过键盘,把编辑、记者思维过程中的概念同语词联系起来,容易做到"怎么想就怎么写、怎么写就怎么敲击键盘",思维不必在语音和字形之间来回转换。使用拼音系列输入法能不能实现"同步听打",还应该再进行试验。

两会结束后,我到中共中央党校省部级干部进修班学习,带了一台笔记本电脑,在课堂上练习"听打"。1999年5月28日,一位中央领导同志到党校作报告,我采用"新全拼"输入法,现场记录,不到两个小时,记下了9284个汉字,尽管未能做到"全文照录",但讲话的要点被记录下来了。下课以后,我立即把试验结果告诉了新华社通信技术局负责同志和有关编辑部的同志。不少年轻同志对"听打"产生了兴趣,不到一年时间,新华社总编辑室几个秘书和国内部几十名编辑、记者学会了快速听打。再后来,新华社有关编辑部和国内外分社更多的年轻人学会了快速听打。

《中国传媒科技》记者希望我向年轻人介绍一些用电脑学习和写作的体会,我逐一回答了他们提出的问题:

1. 关于网络时代对知识结构提出的新要求

新世纪新阶段,信息技术就像在铁路上高速行驶的特别快车,在每一个站点都要紧紧跟上。不仅要熟悉电脑写作和编辑、处理稿件技能,而且要熟悉数码照相机使用、传输技术;不仅要熟悉局域网,而且要熟悉国际互联网。这是时代对编辑、记者提出的新要求,一旦搭乘不上这趟特别快车,就很难跟上时代的步伐。

当今世界,知识更新速度明显加快,要想与时俱进,必须善于利用网络吸收新知识。2009年3月,北京市统计局向社会公开发布的《北京市居民时间利用情况调查报告》显示,北京市城镇居民在其可自由支配的时间里,日均阅读书刊时间22分钟、上互联网时间32分钟。2010年"4·23"世界读书日期间进行的第七次国民阅读调查显示,2010年前3个月,中国电子阅读器销量已占全球市场的20%。当时据业界预测,到2020年,我国90%的图书品种将同时采用数字和纸张两种方式发行;到2030年,将有90%的图书采取网络版本,传统的纸质读物有可能降至10%。这两份报告都说明,互联网阅读已经成为一种吸收知识的渠道和方式,不论赞成还是反对,都难以扭转这种发展态势。"适者生存",要谨防自己被新技术、新知识淘汰出局。

2. 关于使用电脑写作的好处

使用电脑写作的好处是提高了时间的利用率。在纸上写作的基本规律是从头写到尾,文思不宜频频中断。写作过程中,一旦受到其他事情的干扰,下一个工作时段只好"从头再来",很难充分利用空隙时间。电脑写作就大不相同,它打破了传统的写作顺序,可以从头写到尾,也可以从尾写到头;可以先写稿件的提纲,再往里面充实内容,也可以先输入各种素材,再加以提炼,理出文章的骨架;可以先把思考成熟的段落输入电脑,然后自由地移动和插入各种背景资料。电脑写作的便捷,使我们有可能利用不完整、不均衡、不规律的短暂时间。哪怕只有几分钟,也可以坐在电脑前写一段导语,或者输入一段素材。过去人们常说要充分利用"业余时间"。使用电脑写作以后,我向一些年轻人提出要善于利用"空隙时间",原因就在这里。用电脑写作实际上是"人机对话"。面对电脑,只要有了新的想法,就应该立即输入电脑;只要发现一些新素材,也要立即输入电脑。作为编辑、记者,脑要勤、手要快,要坚信"捡到篮子里就是菜"。坐在电脑屏幕前面,千万不要"端坐发呆"。

3. 关于建立"个人数字阅览室"

我在互联网上阅读,是20世纪90年代初养成的习惯。我觉得互联网阅读方便、快捷、高效,面对屏幕,容易激发对相关问题的联想与思考。

建立"个人数字阅览室",必须研究自己的知识结构。无论从事什么专业,要想取得成就,都必须具备广博的知识。广博的知识是一个人获得成功的基础。在事业上,成就愈辉煌,基础愈应宽广、坚实。这有点像盖高楼大厦,基础不坚实,大厦就不可能坚固。但是,一个人想以有限的生命去穷究无限的知识,也是不可能的。因此,在吸收知识时,要冷静分析各种类型的知识与自己所从事的专业的联系,尽量吸收对提高思想水平和业务能力有较大帮助的知识。

我的"个人数字阅览室"分为"马克思主义经典著作""新闻学著作""经济学著作""心理学著作""管理学著作""法学著作""中外历史""领导科学""外交与外事""国际战略研究""人权理论""道德情操""生活方式""宗教与哲学""古今中外文学名著""古今中外军事著作""人物传记与成才规律""新兴学科纵览""百科知识"等73个大类,每个大类下面又分若干小类。比如,"马克思主义经典著作"文件夹中又分为"马克思恩格斯著作""列宁著作""毛泽东著作""邓小平著作"等。网上有一些公益性的免费数字图书馆,不少数字图书对我们都有一定参考价值。要尽量利用零碎时间下载数字图书,分别存储在各类目录之下。

网上阅读与纸上阅读不同。过去阅读纸质图书,总是先把有价值的内容摘抄下来。网上阅读恰恰相反,最好把没有明显参阅价值的内容大段大段地删除。比如,一部30万字的专著,用一两个小时,把对自己帮助不大的29万多字删去,留下对自己有启迪作用的几千字,仔细阅读、思考,并撰写学习笔记。在"个人数字阅览室"中,同名保存两个文件:一个是这本书的全文,一个是阅读这本书的摘记。美国俄勒冈大学科学家的一项研究成果证实,人的形象记忆并不依赖于大脑中额外的储存空间,而取决于人们忽略不相关事物的能力。快速地、果断地把无用信息过滤掉,有助于增强我们对有价值信息的记忆力。这是在有限时间里大量吸收新知识的有效方法。

4. 关于建立"个人电脑资料库"

"个人电脑资料库"建设比较复杂。我的做法是从工作需要出发,"急用先建、无用删除"。目前,我的电脑资料库包括方针政策资料库、世界形势资料库、国内形势资料库、专题报道资料库、新闻理论资料库、新闻作品库。在每一个资料分库中,还可以建立若干个"子目录"。比如在"新闻作品库"下面可以建立"写作素材库""报道思想库""半成品库""未定稿库""定稿库""已发表作品库""已结集出版作品库"等。"写作素材库"主要储存有可能在写作时加以利用的素材;"报道思想库"也可称作点子库。在阅读和工作过程中受到某些人和事的启发,对于生活中某些事件有了新认识、新体验、新感受、新联想,要把这些突然想到的东西存入自己的"报道思想库"。这些"札记"类的材料,不仅可以帮助我们理解生活、深化主题,而且有些"札记"可以直接用到新闻作品中,使新闻报道增色。"半成品库"里存储的是在一定思想支配下,运用已经掌握的素材,搭起的作品框架。"未定稿库"是基本成形的各类作品,只是在语法、逻辑、修辞等方面还需要进一步加工,主题思想还需要进一步深化,文字还需要进一步删节。

"个人电脑资料库"不是一成不变的,应该随着工作变动和需求变化而调整。我到全国人大常委会和全国人大外事委员会工作以后,在资料库中新增了7个子库:"全国人民代表大会制度基础资料库""全国人大代表工作资料库""全国人大常委会工作资料库""全国人大外事委员会工作资料库""议会双边交流资料库""涉外立法资料库""向外宾说明中国资料库"。在"议会双边交流资料库"下面,按照我承担的外事工作任务,细分为"撒哈拉以南非洲资料库""西亚、北非资料库""西欧、西南欧资料库"。我分管的34个建立了议会友好小组的国家,每个国家都有一个"资料分库"。有了明细的资料库,应用起来就方便多了。

比如在"中法议会定期交流机制资料库"中存有"法国王朝年表"。有一次应全国人大中法议会委员会的邀请,法国国民议会法中友好小组主席、法中议会委员会法方主席米歇尔·埃尔比永率法国国民议会代表团一行5人到上海市参观访问,我作为中法议会委员会中方主席全程陪同。这几位法国朋友对中华文化很感兴趣,提出希望参观上海博物馆。

上海博物馆位于上海市黄浦区人民大道,一楼为中国古代青铜馆,二楼为中国古代陶瓷馆,三楼为中国历代书法和绘画馆,四楼为中国古代玉器馆。我们首先来到中国古代陶瓷馆,工作人员向法国朋友详细介绍了展出的陶瓷精品。当讲解员介绍到一件隋代陶瓷展品时,埃尔比永问:"隋代是什么时候?"讲解员作了一番解释,埃尔比永好像仍不太明白。我插话说:"中国隋代的起止时间是公元581年至618年,相当于法国'墨洛温王朝'的中后期,具体讲,介于法国希尔佩里克一世和克洛塔尔二世之间。"埃尔比永说:"你这么一说我就明白了。"

在陶瓷馆,法国朋友看到一件"元景德窑青花瓜竹葡萄纹菱口盘",就停了下来。讲解员介绍说:"这件展品胎骨细腻、釉质白润、色泽鲜艳,是元代青花瓷的代表作。"埃尔比永又问烧制年代。讲解员告诉他是中国元代烧制的陶瓷珍品。我从旁解释说:"中国元朝的起止时间是公元1271年至1368年,相当于法国卡佩王朝后期至瓦卢瓦王朝的前期。"

2010年8月24日,作者(右二)在北京人民大会堂接待厅会见法国国民议会法中友好小组主席米歇尔·埃尔比永(左二)、参议院法中友好小组主席让·贝松(左一)

参观结束了,埃尔比永在博物馆一层大厅买了一本《上海博物馆藏品精华》赠送给我,他说:"非常感谢你通俗的讲解!你的脑子简直像个'知识仓库'!"

在任何一个单位,工作人员掌握知识的多寡都不尽相同,会有"穷""富"之分。划分"穷"与"富"的重要标准,就是素材积累、生活积累、思想积累的厚实程度。要使自己由"穷"变"富",应该充分利用电脑技术,尽可能多地向"个人电脑资料库"输入、存储各种有价值的信息资料。

三、"临阵换将"学习指挥重大战役性报道

"临阵换将"是兵家大忌,可 1990 年第 11 届北京亚运会前夕却发生了"临阵换将"的事。

1990 年 9 月 15 日,采访第 11 届北京亚运会的中国记者动员大会在北京中山公园音乐堂召开,中央宣传部副部长徐惟诚在讲话中强调亚运会是一件大事,要把亚运会宣传作为当前宣传报道的中心,下最大力气搞好;要宣传运动员的拼搏精神,及时应对重大突发事件,维护团结和稳定,严格遵守宣传纪律。徐惟诚说:"这次运动会涉及的问题非常复杂,运动会还没有开幕,就发生了两起违反宣传纪律的事件:一位摄影记者把采访亚运会的证件借给了别人;一家报纸刊登了明显不妥当的稿件。有关部门已经取消了这两位违规记者采访亚运会的资格。这两名记者在别的方面表现是很好的,我们也曾想再给他们一次机会,但现在离亚运会开幕只有 7 天,来不及了,只好'挥泪斩马谡'!"

早在一个月前新华社亚运会报道团已经组建,团长、副团长也已确定。这次动员大会之后,中央宣传部负责同志要我亲赴第一线,担任新华社亚运会报道团团长。

受命之后我突击阅读了亚运会发展史,研究了第 11 届亚运会面临的国际形势,联系亚运会报道的组织指挥问题阅读了一些军事学著作,从中

受到 3 点启示：

（1）"兵无强弱，强弱在将。"这是我国清代学者魏源的观点。徐向前对这个问题的表述更加直白，他说："只有不能打仗的官，没有不能打仗的兵。"

（2）指挥员的品格。古罗马的塔西佗说："适于将军的条件是：果断、慎重。"拿破仑说："诸将的第一个条件便是头脑冷静，如此方能认识事情的真相。"

（3）指挥就是预见。苏联什捷缅科将军说："卓越的统帅都有高度的预见性。"

亚运会报道团把以上 3 条作为各级指挥员的"为将之道"。带兵打仗与观战不同。观战的人把自己放在作战部队之外，带兵打仗的人则把自己放在"兵头"的位置上，各级指挥员都应同编辑、记者一道研究亚运会的程序性报道、典型报道、热点问题报道和重大突发事件报道，直接参与撰写重点稿件。

新华社亚运会报道团要求各编辑部高度重视首战，力求做到首战必胜。1990 年 9 月 23 日，在北京地坛体育馆举行的女子举重比赛将产生本届亚运首枚金牌，海内外 500 多名新闻记者提前拥到赛场，上百架照相机对准了举重台。当 17 岁的中国选手邢芬走上举重台时，场上立刻响起照相机的马达声。抓举 70 公斤，挺举 95 公斤，总成绩 165 公斤，不负众望，邢芬摘取了本届亚运会第一枚金牌；95 公斤的挺举成绩打破了 92.5 公斤的亚洲纪录。新华社编辑、记者和通信技术人员紧密配合，于 14 点 14 分

1990 年 9 月 22 日，作者在第 11 届亚运会会场审改开幕消息

发出邢芬夺得第一枚金牌的快讯,合众社紧随其后报道了邢芬夺得金牌的消息,新华社比合众社快了9分钟,难怪《新闻出版报》刊文赞扬新华社参加亚运会报道的记者,把《"新闻战"中的"第一枚金牌"》放在《中外记者在亚运会》专栏的头条位置。在北京亚运会报道颁奖大会上,新华社播发的《第十一届亚洲运动会隆重开幕》消息荣获一等奖。

新华社亚运会报道团的另一个着力点是摄影报道。早在1986年,穆青同志就指出:"没有图片报道,新华社就不能成为一个世界性通讯社。一个图片,一个文字,是新华社腾飞的两翼,缺少一个都飞不起来……图片报道征服读者的力量相当强大,它比文字更有说服力。"北京亚运会期间,报道团按照"两翼齐飞、图文并茂"的要求组织摄影报道,从9月18日到10月7日亚运会闭幕,新华社共发图片1617张,发稿数量打破了历次重大活动摄影报道纪录。《人民日报》《中国日报》负责亚运会报道的同志赞扬新华社"亚运会摄影报道搞得不错,照片有新意"。在亚运会组委会举办的"亚运之光"摄影比赛中,新华社摄影记者官天一荣获金奖,周确、曾志坚获得银奖。

亚运会期间还有一个小插曲:开幕第二天下午,国际奥委会主席萨马兰奇突然来到亚运会新闻中心看望新华社亚运会报道团的编辑、记者。新华社租用的发稿中心面积不大,只在入口处留了一间大约4平方米的休息室,我们只能在这个狭小的空间接待萨马兰奇。萨马兰奇询问了新华社亚运会报道团每天的发稿情况,还询问当天能决出几块金牌。他对新华社记者的拼搏精神和工作成效表示满意,并祝愿新华社亚运会报道团再接再厉,把亚运会的报道搞得更好。

1992年7月,我又受命担任新华社第25届奥运会报道组组长。1988年汉城奥运会之后,国际形势发生了剧烈的变化。东德与西德合并、海湾战争、南斯拉夫内战和苏联解体,这一系列重大事变引起全世界的关注。世界旧的格局已经终结,新的格局尚未形成,正朝着多极化的方向发展。第25届奥运会就是在这样的国际形势下举办的。人们急切地希望看到世界发生剧变之后几大体育强国在奥运舞台上的激烈竞争。应该把这一届奥运会放到国际大背景下来观察。

第25届奥运会是比赛规模较大、参赛国家和地区较多的一届奥运会。在这之前,有几届奥运会或者是苏联、东欧国家抵制,或者是一些西方国家抵制,参赛运动员常常失去最主要的竞争对手。巴塞罗那奥运会参赛国家和地区有169个,比以往几届奥运会明显增加,比赛项目也由上届的25个增加到28个。参赛运动员有9367名,采访奥运会的记者队伍也在不断扩大。可以说巴塞罗那奥运会是近20年来所有体育强国在同一个舞台上进行激烈争夺的世界级体育盛会。新华社报道组一开赴巴塞罗那,就同西方四大通讯社展开了激烈的竞争。

1992年7月17日,作者(前排左一)率领新华社巴塞罗那奥运会报道组离京飞赴西班牙,新华社社长穆青(右二)、副社长郭超人(右一)等到首都机场送行

1992年7月26日,奥运会战幕正式拉开,这一天要决出第一枚金牌,这是几大通讯社志在必抢的重大新闻。不料,射击场上爆出了冷门;名不见经传的韩国选手吕甲顺摘走了金牌。在不熟悉的地点,遇到了不熟悉的运动员,要抢时效的确有不少困难。新华社的编辑、记者克服了这些不利条件,全力拼抢,结果是:新华社关于奥运会第一枚金牌的快讯于格林尼治时间9时01分发出,法新社是9时01分58秒,美联社是9时34分,合众社是

9时49分。碰巧的是,这四家通讯社报道的内容都是三行字。此后的第二条消息,新华社发出的时间是9时05分,法新社是9时15分,另外两家通讯社的后续报道更晚一些。首战告捷,士气大振。编辑、记者坚信:在重大新闻的时效方面,新华社可以同四大通讯社一比高低。

有了这样的信心,编辑、记者就像在战场上打红了眼,快了还想快。1992年8月1日,奥运会进行最激烈、最精彩的男子100米世界飞人决战。提前两天,中、英、西文编辑就进行了动员,对搞好这一报道的人力作了安排。8月1日晚7时50分,距决赛时间还有10分钟,胡根康、王永荪、义高潮、金绍卿四位英文编辑就上了机位。由于世界超级明星刘易斯缺席,这场世界飞人间的较量根本无法预测。谁将夺走金牌,完全取决于10秒钟的较量。晚8时,运动员各就各位。发令员举起了枪,伯勒尔不等枪响就抢跑;第二次各就各位,米切尔举起手臂,表示因故不能起跑。两次发令均不成功,强烈的刺激,使新华社新闻中心的气氛高度紧张。为了看清每一个细节,看清谁最早闯线及第一名的成绩,薛寿元坐到了电视机前。赛场上,采访田径项目的记者杨明打来电话,新闻中心告诉杨明不要放下听筒。从晚8时起,田径场和新华社的新闻中心就由这条热线连接在一起。发令枪终于响了。谁也没有料到,前50米几乎不占优势的克里斯蒂,竟然第一个跑到终点。胡根康迅速地将快讯发了出去。田径场上的杨明又在电话里报告了第一名运动员的成绩。于是,第二条快讯又抢发出去。就这样,当组委会提供的男子100米决赛成绩公报传到新闻中心时,新华社已根据自己记者的现场观察和电视屏幕显示,连发了几条快讯。

我们的编辑、记者和技术人员就是这样协同作战,一条一条地同西方四大通讯社展开了时效争夺战。根据总社技术部门对西方四大通讯社和新华社新闻时效的监测,从巴塞罗那发出的关于奥运会重大新闻的英文快讯,新华社居第一位的占84%,与另外一家通讯社并列第一的占5%,居第二位的占7%,居第四位的占4%。也就是说,在同西方四大通讯社的较量中,新华社重大奥运新闻英文快讯居领先地位的达到了89%。

这次奥运会新闻大战,发生在邓小平同志在武昌、深圳、珠海、上海等地的谈话要点发表之后,改革势头锐不可当。体育新闻涉及的敏感问题不多,奥运会报道应该成为新闻改革的试验场。新华社奥运会报道组克服了过去表现形式单一的毛病,除组织采写快讯、详讯、人物介绍和花絮之外,着重经营了《奥运之星》《奥运随笔》《奥运述评》《奥运预测》《奥运信箱》《名家点评》等栏目,新闻报道的花色品种比往届奥运会明显增加。

奥运会报道还有一个突破,就是对服用兴奋剂这类突发事件不再半遮半掩,而是及时、客观地向海内外播发消息。

1992年8月4日,中国女排队员巫丹药检呈阳性的消息传到新华社奥运会报道组设在巴塞罗那的新闻中心。我对中国奥委会秘书长魏纪中说,"坏消息"是封锁不了的,与其让外界无端猜测,不如主动发布。魏纪中是一位开明的体育官员,他赞成我的意见,答应这件事一旦查实,立即交由新华社奥运会报道组向海内外播发消息。

魏纪中没有食言。根据中国奥运会代表团提供的准确情况,新华社于1992年8月4日20时52分8秒到54分50秒,连续播发了《中国女排队员巫丹药检呈阳性》《国际奥委会取消巫丹参加本届奥运会资格》两条消息。记者引用魏纪中的话报道说:"巫丹在7月31日中国与荷兰女排比赛前因为身体不适,服用中药,不知其中含有士的宁的成分。兴奋剂检查结果呈阳性。"魏纪中说:"中国国家体委和中国奥委会在兴奋剂问题上一贯采取严令禁止、严格检查、严肃处理的方针。对巫丹误服其中含有士的宁的中药一事,国际奥委会给予了处分。中国奥委会和中国排球协会执行这一决定,并以此例再次向广大运动员进行反对使用兴奋剂的教育。"

新华社的消息播发之后,国际奥委会医务委员会主任梅洛德亲王在新闻发布会上说:"巫丹身体不适,因此吃了一种既可止痛又可恢复体力的补药。……我想称它为一次不幸事件。不幸事件总会发生,我们不得不进行处分。"

在奥运会组委会举行新闻发布会前5分钟,新华社主动披露中国女排队员巫丹误服兴奋剂一事,减少了外界对这一事件的误传和误解。法新社转发了新华社的消息,突出了"误服"。这是将"后发制人"调整为"先声夺人"的一次尝试。

马克思在《印度起义》一文中写道:"战略的奥妙就在于集中兵力。"我国明朝军事家尹宾商也说过:"兵之贵合也,合则势张,合则力强,合则气旺,合则心坚。"奥运会新闻大战进一步显示了新华社这支队伍"合成作战"的能力。前方报道组在诸多不利条件下,顽强拼搏,超负荷运转,超常发挥,出色地完成了奥运会报道任务。

1992年8月,作者在巴塞罗那奥运会新闻中心审改新华社记者许基仁撰写的评论《体坛新纪元》

这次新华社前方报道组中,50岁以上、36岁到49岁、35岁以下各占三分之一。无论是年纪较大的同志,还是年轻人,为了弘扬奥林匹克精神,夜以继日地工作着,有时一天睡四五个小时,有时睡三四个小时。开幕后的第二天,有的编辑、记者、报务员和传真员只睡了一个多小时。为了减轻大家的疲劳,报道组在新闻中心放了3张折叠床,哪位同志实在撑不住劲儿了,就在上面躺10分钟,接着再干。新华社奥运会报道组租用的冲洗胶卷的暗房比较小,通风条件较差。从早到晚,摄影记者都有胶卷送回,有时一天要冲几十卷胶卷。20多天里,暗房工作人员曹安国始终坚守在自己的岗位上。有一次,温度计坏了,曹安国拿出了自己的"绝技":用手指测试水温,实践结果,几乎没有误差,确保了冲卷的质量。曹安国平时很少讲话,总结会上,他说:"我没有什么事迹,就是给大家冲卷,闲下来给编辑、记者送水。"前方报道组就是这样一个兢兢业业的战斗群体。他们在各自的工作岗位上,以不同性格、不同方式,奉献出自己的聪明才智。中文、英文、法文等文种之间,新闻业务人员和技术人员之间相互理解、密切配合、协同作战,产生了一种新的生产力。

张百发同志从巴塞罗那回到北京以后说,这次我们对奥运会的宣传报道工作做得十分出色,去巴塞罗那采访的记者工作热情高,吃苦耐劳,我很受感动。我们的记者比起外国记者的工作条件差多了。在巴塞罗那,我找中央电视台工作间没有找到,原来他们办公的地方太小,不足10平方米;新华社也是租用一个小办公间,人挤人。尽管如此,活儿干得真棒,真没想到这次报道能有这么高的效率。

1992年8月27日,中华人民共和国体育运动委员会特授予新华社奥运会报道组"体育事业贡献奖"。在北京召开的第25届奥运会新闻报道表彰会上,新华社许多编辑、记者受到国家体委的表彰和奖励。这是新华社前方、后方参战人员协同拼搏的结果。

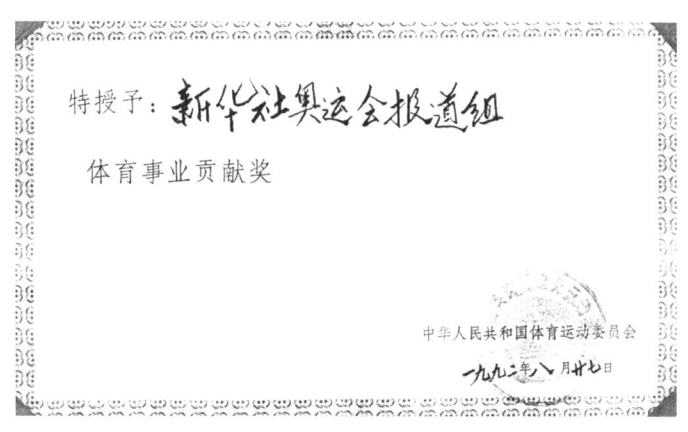

1992年8月27日,中华人民共和国体育运动委员会特授予新华社奥运会报道组"体育事业贡献奖"

第四章　学习主要是为了寻找启发

一些年轻同志问:"怎样将书本知识转化为自己的知识?"

"转化"就是变化和改变。一本400页的书,阅读之前,是一本普普通通的印刷品。阅读之后,读者从中受到启发,产生了新联想,有了新发现和新感悟,于是就产生了"阅读附加值"。"阅读附加值"越大,学习的有效性就越高;"阅读附加值"越小,学习的有效性就越低;没有产生"阅读附加值",就属于"无效阅读"和"微效阅读"。

"转化"有点像蜜蜂酿蜜。酿造1克蜂蜜,工蜂要采集1500至1600朵花的花蜜;制造1千克蜂蜜,需要采集150万至160万朵花的花蜜。如果工蜂不知道提炼和转化,原封不动地把数以百万计的花朵运进蜂巢,不仅没有益处,还会给蜜蜂世界带来灾难性后果。

"转化"有点像炼金。每吨金矿石的含金量超过10克,就算富矿。矿工之所以要开采1吨矿石,就是为了提炼其中蕴含着的10克黄金。如果不善于提炼和转化,原封不动地把金矿石堆放在那里,效益就会大打折扣。

同样的道理,我们之所以要阅读几百页、几千页的书籍,就是为了从中寻找宝贵的启发。谁懂得了这个道理,谁就领略了学习的真谛。

在学习过程中,要从三个方面寻找"启发"。

一、分清是非,认准方向

《毛泽东文集》第二卷《关于整顿三风》一文中有一段话:"一件事情,

这个人说是黑的,那个人则说是白的,一人一说,十人十说,百人百说,各人有各人的说法。"俗话说"黑白分明"。为什么一些人连这么容易区分的颜色也看不清楚?为什么面对同一件事情,会"各人有各人的说法"?我学习了毛泽东1955年7月31日作的《关于农业合作化问题》的报告,受到很大启发。

毛泽东说:"这些同志看问题的方法不对。他们不去看问题的本质方面,主流方面,而是强调那些非本质方面、非主流方面的东西。应当指出:不能忽略非本质方面和非主流方面的问题,必须逐一地将它们解决。但是,不应当将这些看成为本质和主流,以致迷惑了自己的方向。"分清本质和非本质、主流和非主流,避免纷繁复杂的社会现象迷惑了自己的方向,这是学习的重要目的之一。

最近学习《中国共产党历史》第二卷,其中一节描述党的十一届三中全会之前突破"左"的农村政策的尝试。粉碎"四人帮"以后,在揭批"四人帮"和农业学大寨的群众运动中,农业生产有了一定程度的恢复。但由于"两个凡是"方针的影响,农村工作中许多"左"的政策仍在延续着。全国农村许多地方继续以批判"资本主义自发倾向"的名义,限制农民的自留地和农村集市贸易。中央还继续推广大寨以生产大队为核算单位的做法。1977年11月,中央召开的普及大寨县工作座谈会提出:实现基本核算单位由生产队向大队的过渡,进一步发挥人民公社"一大二公"的优越性,是前进的方向,是大势所趋,各级党委应努力创造条件。会议还确定从1977年冬到1978年春,全国再选择10%左右的大队实行大队核算。但实际上,这一要求根本无法实现,因为相当多的生产队连简单再生产都难以维持,又无权允许农民自己设法解决生计问题,全国尚有2.5亿人没有解决温饱问题。在这种情况下强行搞以生产大队为基本核算单位,只能是破坏生产力发展的"穷过渡"。不少同志对此深感忧虑,强烈希望能够改变现行的农村政策。一些地方负责人开始从本地区的实际出发,对农村政策进行大胆调整,其中走在前面的是安徽省和四川省。

1977年11月,中共安徽省委制定了《关于当前农村经济政策几个问题的规定》,其主要内容是:允许生产队根据农活特点建立不同的生产责任制,尊重生产队的自主权;减轻社队和社员的负担;落实按劳分配政策;粮食分配要兼顾国家、集体和个人利益;允许和鼓励社员经营自留地、家庭副业;开放集市贸易;等等。其中最受欢迎的一条就是"尊重生产队的自主权"。

《关于当前农村经济政策几个问题的规定》的发布施行,奏响了安徽省农村改革的"序曲",调动了农民发展生产的积极性,受到安徽省广大干部群众的热烈欢迎。这一做法也引起全国上下的关注。有人说安徽省落实的农村经济政策是"为行小惠,言不及义",调动的是资产阶级积极性;有人说安徽省落实农村经济政策是在搞资本主义,方向道路有问题。山西省一家报纸计划发表评论文章,对安徽省的做法进行"不点名批判"。就在这一背景下,1978年4月新华社派我到安徽省农村作专题调研。

我从山东省济南市到安徽省合肥市,同新华社安徽分社农村记者沈祖润一起来到安徽省贫困的滁县地区。这个地区在"文化大革命"期间深受"左"的政策之害。省里一些领导人利用职权强迫命令瞎指挥,关闭集市贸易,逼迫社员卖"过头粮",大搞"一平二调",谁不同意他们那一套,就给谁扣上"右倾""复辟""回潮"的帽子。那些吹牛皮、搞极左、给革命事业和人民带来严重损害的人不仅没有受到严肃处理,反而"加官晋爵",这就搞乱了人们的思想,使一些人觉得"左"比右好,错误地认为"左"是方法问题,右是立场问题。当滁县地委按照安徽省委的部署拨乱反正、落实党的农村经济政策时,有些干部顾虑重重。

为了帮助干部群众划清是非界限、扫除思想障碍,滁县地委对全区401个不同类型的人民公社和生产大队进行调查,把"左"的表现一条条列出来,发动群众讨论。摆清事实,分清是非,落实农村经济政策的进度明显加快。从 1977 年冬天到 1978 年春天，半年时间，全地区就有 1.5 万个生产队制订了包括生产、收支、分配等项计划在内的"一年早知道"；1.6 万个生产队实行了基本劳动日、基本投肥制度。春耕大忙季节到来之前，各社队还整顿了社队企业，压缩了非生产人员，收回了外流劳动力。在两个月内，全地区就有 1.6 万多名精壮劳动力回到了农业生产第一线。春耕生产大忙开始以后，各社队又普遍加强劳动管理，建立、健全生产责任制。全地区 1.4 万多个生产队推广了定额管理制度，劳动生产率大大提高。

以尊重生产队自主权为例，在贯彻落实农村经济政策的过程中，有些干部对尊重生产队的自主权疑虑重重，担心生产队一旦有了自主权，就会自由种植，国家的种植计划就不能完成。尊重生产队自主权会不会破坏国家计划？为了用事实教育这些同志，中共滁县地委发动群众，认真总结 1978 年完成春播计划的经验。这个地区 1978 年的生产计划下达后，通过发动群众制订"一年早知道"，因地制宜地把计划落实到基层，使计划更加符合实际。1978 年虽然遇到严重的干旱，给春播带来很大困难，但计划种植的 50 万亩棉花基本播种完毕，50 万亩春玉米、8 万亩高粱也都超额完成了播种任务。由于严重干旱，完成原定的水稻种植计划有一定困难，他们本着"有水栽水稻、无水种旱粮"的原则，因地制宜地扩大了旱粮播种面积。实践教育了各级干部，使他们懂得了尊重生产队自主权同完成国家计划的一致性。时任中共安徽省委书记的万里同志说，不尊重生产队的自主权，是我们过去农村工作中许多错误的根源。尊重生产队的自主权，实质上是个尊重实际、尊重群众和发扬民主的大问题。尊重生产队自主权就是让生产者真正当家做主。只要生产队的自主权得到尊重，少搞一些瞎指挥，至少可以增产 10%。

鉴于当时围绕农村经济政策问题争论较大，为了分清是非曲直，我阅读了恩格斯的《法德农民问题》和列宁的《伟大的创举》。恩格斯在《法德农民问题》中写道："我们的法国同志有一点是完全正确的：违反小农的意志,任何稳固的变革在法国都是不可能的。不过我觉得,他们在试图接近农民时,杠杆没有使对。"①列宁说:"劳动生产率,归根到底是使新社会制度取得胜利的最重要最主要的东西。资本主义创造了在农奴制度下所没有过的劳动生产率。资本主义可以被最终战胜,而且一定会被最终战胜,因为社会主义能创造新的高得多的劳动生产率。""共产主义就是利用先进技术的、自愿自觉的、联合起来的工人所创造的较资本主义更高的劳动生产率。"②从这些论述中我认识到调动和保护农民的积极性,创造更高的劳动生产率是社会主义制度取得胜利的根本保障。

我还阅读了《斯大林全集》(第十三卷)收录的《在党的第十七次代表大会上关于联共(布)中央工作的总结报告》。斯大林说:"社会主义不是要大家贫困,而是要消灭贫困,为社会全体成员建立富裕的和文明的生活。"斯大林强调:"如果以为社会主义能够在贫困的基础上,在缩减个人需要和把人们的生活水平降低到穷人生活水平的基础上建成,那就愚蠢了。何况穷人自己也不愿意再做穷人,而是力求过富裕生活的。谁需要这种所谓的社会主义呢?这并不是什么社会主义,而是对社会主义的讽刺。社会主义只有在社会生产力蓬勃发展的基础上,在产品和商品十分丰富的基础上,在劳动者生活富裕的基础上,在文化水平急速提高的基础上才能建成。"③

通过学习和调研,我认识到安徽农村的这场变革符合农民摆脱贫困的愿望,反映了人民群众的意志,符合社会发展潮流。在滁县地委招待所,我提笔给妻子陈瑞芬写了一封长信,讲述在滁县地区农村的所见所闻,介

---

① 中共中央马克思恩格斯列宁斯大林著作编译局编译:《马克思恩格斯全集》(第二十二卷),人民出版社,1965,第579页。

② 中共中央马克思恩格斯列宁斯大林著作编译局编译:《列宁全集》(第三十七卷),人民出版社,2017,第18—19页。

③ 中共中央马克思恩格斯列宁斯大林著作编译局编译:《斯大林全集》(第十三卷),人民出版社,1956,第316、318页。

绍围绕落实农村经济政策展开的争论,谈了从经典著作学习中受到的启发。在信的结尾我写了这样一句话:"假如因为讲了真话而蒙受冤屈,要相信不是我的错!"

调研工作进行了一半,跟随万里在安徽省采访的新华社记者张广友来到滁县。他向我和沈祖润详细介绍了安徽省和山西省一些媒体围绕落实农村经济政策展开的争论,介绍了中共安徽省委《关于当前农村经济政策几个问题的规定》出台的背景。张广友说:"我已经把争论的情况向万里作了简要汇报。万里说:'我们干我们的,人家爱说什么就说什么。我主张多干少说,或者只干不说,让事实去作结论,让群众去作结论,让历史去作结论。'万里还说:'既然他们不点名地批评我们,我们也可以不点名地批评他们,各说各的,摆事实讲道理,以理服人。'"张广友建议我们3个人一起写一篇调查报告,介绍安徽省滁县地区落实农村经济政策的做法和经验,驳斥社会上流传的一些不正确的说法。他说:"合作采写稿件,分量会更重一些。"

我觉得张广友的建议很有道理,于是我们合作采写了一篇"落实党的政策,必须清除极左思想障碍"的调查报告,着重分析了五个问题:一是实行各尽所能、按劳分配的原则会不会出现两极分化;二是关心群众的物质利益会不会妨碍贯彻"三兼顾"的原则;三是尊重生产队的自主权会不会破坏国家计划;四是允许社员经营正当家庭副业和允许农村集市贸易会不会助长资本主义倾向;五是坚持自愿互利、等价交换的原则会不会影响大干。这篇调查报告由新华社播发通稿,《人民日报》全文刊载。原稿的副标题是"安徽滁县地区落实农村经济政策的一条经验",《人民日报》编辑部在"经验"之前加了"重要"两个字,变成了"安徽滁县地区落实农村经济政策的一条重要经验"。在农村第一步改革大潮中,理论学习帮我们分清了黑白,明辨了是非,把握住了农村改革的大方向。

20 世纪 70 年代末到 80 年代初,我在山东农村采访时经常听到一种议论:"这个办法好是好,能调动社员的积极性,就怕方向不对。""这项措施顺民心,准能多打粮食,就怕犯方向错误。"乍一听,觉得奇怪:怎么能把"方向"和"多打粮食"对立起来呢?听得多了,才知道这种忧虑是有原因的。

山东省沂蒙山区的蒙阴县有一个贫穷的小山村,实行"五定一奖"生产责任制以后,很快改变了贫穷落后的面貌。公社管理区负责同志批评这个大队的党支部书记说:"谁还不知道这个办法能多打粮食!管用是管用,方向不对就是不能用!"前些年,"方向不对"成为人们最害怕的一项政治帽子,只要沾上一点边儿,人们便会却步。

共产党人是有理想、有方向的。究竟什么是方向呢?有一本辞典解释说:方向是"正对的位置;前进的目标"。建设社会主义,奔向共产主义,就是我们正对的方向和前进的目标。社会主义建设总要使物资越来越多,人越来越富,不能叫人越来越穷。谁也不能说多打了粮食是资本主义,而饿肚子是社会主义。在社会主义条件下,"方向正确"和"多打粮食"应该是一致的,而且必然是一致的,因为社会主义制度的建立就是要最大限度地解放生产力,利用过去无法利用的自然界。

然而,为什么在一些地方和单位,这二者总是统一不起来呢?一个重要原因,就是极左路线给"方向"硬加进了许多荒谬的"条条""框框",把"方向"弄得神秘莫测、混乱不堪。比如,每户养两只鸡是社会主义的,多养几只,就变成资本主义的;养猪、养羊是社会主义的,养牛是资本主义的;村外的沙荒地、盐碱地,闲在那里长草,是社会主义的,分一些给农民耕种,让它长粮食,就成了资本主义的。这样一来,弄得干部群众成天提心吊胆,抬脚动手都怕错了"方向"。尤其是当干部的,最怕上这个"纲",一有风吹草动,就赶忙刹车。对于本来并不属于"方向""道路"问题的事情,动不动就提到"方向"上来,这是假社会主义流毒在作怪。"宁要社会主义的草,不要资本主义的苗",这话既荒唐又反动;宁要"方向",不要粮食,多少也有点"左"的味道!

为了从理论和实践的结合上搞清楚"方向"问题,我再次学习了毛泽东1945年4月24日在中国共产党第七次全国代表大会上的政治报告《论联合政府》。毛泽东说:"中国一切政党的政策及其实践在中国人民中所表现的作用的好坏、大小,归根到底,看它对于中国人民的生产力的发展是否有帮助及其帮助之大小,看它是束缚生产力的,还是解放生产力的。"衡量方向是不是正确,检验的标准就是看是促进了还是束缚了生产力的发展。只有坚持在实践中检验方向、认识方向、把握方向,才能解脱思想上的枷锁,打碎那些主观臆造的假社会主义标准,从而进一步解放生产力。

1980年1月28日至31日,中央宣传部在北京钓鱼台9号楼召开农村经济宣传座谈会。参加座谈会的主要是新华社和人民日报社负责同志。为了了解基层情况,中央宣传部从全国部分省、市新闻单位找了7名编辑、记者。我有幸参加了这次座谈会。

会议由朱穆之、穆青和中央宣传部新闻局局长王揖共同主持。1980年1月28日,王揖作"开场讲话",他说,党的十一届三中全会以来,全党工作着重点发生了转移,我们的经济宣传转移过来了没有?人民群众对我们的经济宣传满意不满意?一些同志反映我们的宣传报道还没有突破老框框,宣传工作在社会上的影响和引起的震动还不是很大。怎样使宣传报道工作同改革开放的形势相适应?这些问题都需要研究和探讨。

新华日报社总编辑樊发源第一个发言。他从江苏省的实际出发,谈了农林牧副渔工商各业的关系、领导干部与基层干部的关系等10个问题。接下来发言的是甘肃日报社总编辑刘爱之,他主要介绍甘肃农村改革的一些新情况和新问题。

轮到我发言时,我围绕"方向"问题,谈了自己在安徽、山东农村采访的见闻和感受。刚一讲完,坐在我旁边的人民日报社农村部主任李克林就对我说："小南,你讲得非常实在、非常生动。能不能把你刚才的发言整理出来,在《人民日报》上发表?"

李克林比我大26岁,喜欢让年轻编辑、记者称她"李老太"。"文革"结束后李克林出任人民日报社农村部主任,以极大的热情推动农村改革,是我崇敬的老新闻工作者。按照李克林的要求,我在发言稿的基础上写成了一篇题为《"方向"辩》的"农村杂谈",刊登在1980年4月28日的《人民日报》上。这篇"言论"被人民日报社评选委员会评选为优秀作品,编著者在评介文章中写道:

"这篇文章发表的时候,农村形势正在发生剧烈的变化。一部分人思想解放,已经沿着党的十一届三中全会制定的路线起步迅跑;另一部分人思想保守,总在心中嘀咕当时的政策有点'右',因而批评先行者们'方向'错了;大部分人处在思想矛盾之中,既羡慕已经走在前面的人,跃跃欲试地想要追赶上去,又害怕'方向错误'的棍子照自己的头顶打来,不得不收紧双脚,站在那儿左顾右盼。就在这思想混乱、人民迫切希望宣传部门就'方向'问题发表看法的时候,醒目的大标题《'方向'辩》赫然出现在报纸上,这确实是非常适时的。"

二、由此及彼,引发联想

要想把书本知识转化为自己的知识,必须培养联想习惯,提高联想能力。

阅读不是"单向吸收",应该是"双向互动"。面对书籍,阅读者不是"平静若水",而是时而兴奋、时而激动。一旦遇到能给自己以启发的新知识,千万不要轻易放过。要从不同角度、不同方向对这一问题进行深度思考,力求把所学的各类知识"串联"起来,由此及彼、深入开掘,引发新的联想,力求有新的发现。我撰写的《影响新闻发现力诸要素的分析》,就是在学习过程中由此及彼引发的联想。

1985年深秋,我随穆青同志到湖南张家界采访。这里奇峰连绵,怪石高耸,导游告诉我们,这一奇特的自然景观是20世纪60年代才被人发现的。

一根绣花针掉在地上,没有被人发现,比较容易理解;绵延三县的张家界武陵胜景,早在新石器时代就有人类活动,为什么这么晚才被人"发现"?简直不可思议。我向当地负责人提出了这个问题。

这位负责人告诉我们,张家界曾经有过繁华的年代。明朝洪武年间,这里设九溪卫,辖四大关口,盛极一时;后来撤销了九溪卫,兵荒马乱,加上山洪洗劫,人烟渐渐稀少,张家界就变成贫穷落后、神秘莫测的"世外桃源"。1969年1月,张家界范围内的慈利县举办"五七干校",几百名机关干部被下放到距县城190多公里的索溪峪。干校驻地虽有10户人家,但他们天天砍柴、种地,为衣食而发愁,根本没有闲情逸致观赏景色,也不知道这里的山水与别处的山水有什么两样。下放干部就不同了,他们中间不乏有识之士,劳动之余,苦中求乐,品评张家界的奇特风光,有的说有"桂林之秀",有的说有"华山之险"。"五七干校"撤销以后,这批"学员"大都回到原来的工作岗位,他们成了张家界迷人景色的义务宣传员。改革开放开阔了人们的视野。吃饱了肚子的人需要更加丰富的精神文化生活,越来越多的人意识到张家界的山水不仅具有观赏价值,而且具有旅游价值和经济价值。直到这时,"养在深闺人未识"的张家界才渐渐为人们所认识。

这件事对我触动很大。从张家界回到北京,我开始搜寻与"发现滞后"有关的资料。位于美国亚利桑那州西北部的科罗拉多大峡谷,被人们称为地球七大天然奇景之一。大峡谷以其蔚为壮观的地势、色彩斑斓的天空、风光明媚的景致闻名于世。大峡谷经历了漫长岁月,直到16世纪一支远征队来到峡谷的边沿,才初为人知。19世纪,美国陆军少校约翰·鲍华一行九人乘坐小艇,首次穿越大峡谷底部的科罗拉多河,真正揭开了大峡谷的神秘面纱。

"发现滞后"不仅表现在人们对自然界的认识上,在科学研究领域,也有大量"发现滞后"的典型事例。1901 年,德国物理学家伦琴获得第一次诺贝尔物理学奖,因为他发现了 X 射线。这一发现宣布了现代物理学时代的到来,同时引发了医学革命。伦琴发现 X 射线的消息传出以后,有人说伦琴是幸运的,X 射线首先来到他的实验室。其实,这种伴随着阴极射线产生的新射线,在全世界上百个物理实验室里已经存在了半个世纪。比伦琴发现 X 射线早 20 年,英国科学家克鲁克斯在进行一项实验时,发现放在实验装置附近的没有打开的照相底片突然变得模糊不清。克鲁克斯没有想到这是一种新的未知射线照射的结果,误以为是照相底片质量有问题,还让生产厂家退了货。"发现滞后",使这位很有才华的物理学家与 X 射线的发现失之交臂。

至于新闻工作者,"发现滞后"的现象更是不胜枚举。震惊中外的唐山大地震发生在 1976 年 7 月 28 日,震级为 7.8 级,震中烈度为 11 度,造成了大量人员伤亡,损失惨重。但是,在这次大地震中究竟死了多少人,很长时间,没有任何一个单位和个人向公众披露。直到 1979 年 11 月中国地震学会成立时,唐山大地震中人员伤亡的具体数字才透露出来。这一数字是新华社采访中国地震学会成立大会的记者从地震学会的报告中发现的。记者从全面介绍地震工作的报告中把这组数字摘引出来,写成一条短讯,题目是《1976 年唐山地震死亡 24 万多人》。作为新闻记者,能够做到这一点,已经很不容易了。但是,从大地震发生到伤亡人数的公布,时间相隔 3 年零 3 个多月,这不能不说是"发现滞后"。综上所述,"发现滞后"的确是一种"常见病"和"多发病"。

在新闻界,另一种"常见病"和"多发病"是"忽视发现"。新闻界大多数编辑、记者比较重视"发现"。无论是农村第一步改革的时候,还是在建立社会主义市场经济新体制的时候,一大批编辑记者深入生活第一线,发现了许许多多的新鲜事实,总结了不少对实际工作有较强的指导作用和借鉴价值的新鲜经验。然而,也的确出现了一种"忽视发现"的苗头。有的记者待在办公大楼里的时间越来越多,有的记者抄报纸、等请柬,热衷于参加"新闻发布会"。有一位记者还在文章中写道:"作为文字记者,有时坐在家中根据现场直播写新闻反而比亲临现场效果好,国际互联网络的普及更使得记者可以'大偷其懒'。"他说:"利用国际互联网络,记者一天可以浏览成百上千个新闻事件……若是记者亲临现场采访,纵有三头六臂,一天能采访几个新闻事件?"我并不反对适当地利用互联网广泛地了解国内外情况,也不反对适当利用报刊上有价值的文字资料编发、转发部分稿件,但是,用在互联网上抄新闻的便捷贬低新闻记者采访的必要性和重要性,放弃了新闻记者独立发现重大新闻的天职,这就违背了新闻采访的基本规律,造成了新闻理论上的混乱。

通过学习和思考,我认识到"忽视发现"有三个错误:

首先,新闻的一个重要特征是"新"。在大众传媒产生之前,新闻是人与人之间相互传递的最新的所见所闻;在大众传媒产生之后,新闻是大众传媒向广大受众传播的最新的重要信息。"最新"的基本要求是"第一个报道新闻事件"。互联网上的确有许多"第一个"报道出来的新闻,但那是别的新闻记者的劳动成果,"最新"的优势早已被别人占据。如果我们放弃了新闻记者的职责,不到现实生活中去,不到事件发生的现场去积极"发现",整天守着一台电脑抄来抄去,抄出来的新闻充其量是对陈旧信息的再加工,是一种"再生新闻",久而久之,这家新闻单位就会给人一种"专门从二手货市场捡新闻"的印象。

其次,从别人那里抄来的"再生新闻"容易以讹传讹。新闻的传播有一条规律,就是所有的新闻都有一个"起点消息源"。从"起点消息源"到新闻最终接受者的传播过程中,要经过许多个加工环节,每个加工环节都有可能使消息的准确性受到损伤。接近"起点消息源"的记者获取的信息受干扰较小，比较准确、可靠；反之，获取的信息受干扰较大，容易失真。有一次，我看到一则关于美国发现特大蝴蝶的消息稿，说是一个美国人坐在家里，突然听到一种很大的声音，出来一看，是一只特别大的蝴蝶。这只蝴蝶的翅膀有1米多长，像一架直升机。我立即同手头保存的资料进行核对，同时让人与中国科学院的昆虫学家取得联系，向他们请教。一位昆虫学家告诉我们，蝴蝶属于昆虫纲、鳞翅目。它的体格大小因品种而异，最小的蝴蝶展翅后只有1.6厘米长，大蝴蝶展翅可达24厘米，最大的也不会超过28厘米，这是由蝴蝶的身体构造特性决定的。昆虫学家断言，这种"直升机"一样的超大型蝴蝶，在地球上是不可能存在的。我把昆虫学家的意见告诉编辑，让他们向我提供这一稿件的"消息来源"。两个钟头之后，核查结果出来了：稿件是根据一张小报刊登的消息摘编的，这家小报上的消息是根据一本杂志上刊登的文章摘编的。至于这本杂志的消息是从哪里抄来的，我没有再追问下去。从这个事例中我们不难看出，东拼西凑，很容易"以讹传讹"。真实是新闻的生命。要珍惜新闻的生命，就应该尽可能地接近"起点消息源"，深入现实生活中去发现最有新闻价值的生动实事。

最后，一些人在写新闻时，往往会有意或者无意地隐藏一些东西、夸大一些东西。新闻记者如果不到事件发生现场去"发现"，单凭别人写的稿件编发新闻，就会成为新闻的"二传手"，这是很危险的。美国一所大学的新闻系曾经做过一次测验：当大街上发生游行示威时，教授新闻采访学的老师把学生分为两个小组，一组深入游行现场进行观察，依据事实来写新闻；一组坐在教室里看游行现场的电视实况转播，根据电视记者的报道写新闻。结果，在游行现场直接观察的学生发现游行队伍稀稀拉拉，气氛并不热烈；而另一组学生在消息中反映出来的气氛要比游行现场的真实气氛热烈得多。出现这种差异的原因是信息传播者在传达信息的过程中对信息进行了过滤，有意或者无意地对信息的某个局部进行了"强化"或者

"弱化"处理。我们应该尽可能地到事件发生现场去观察事件,而不应该根据已经"强化"或"弱化"了的"报道"来描绘事件。

对"发现滞后"和"忽视发现"的研究,引发了我对"记者发现力"的浓厚兴趣。所谓发现,就是经过研究、探索等,看到或者找到前人没有看到的事物或规律。如果说发现是看到前人没有看到过的事物、找到前人没有找到过的事物,那么,新闻发现就是把前人没有报道过的新的事物和新发现的规律及时准确地传播出去。

在北京市西城区绒线胡同新华书店,我翻阅了一本《世界发明发现大典》。当时我突然萌生了一个念头:假如有人编辑出版一本《新闻记者发现大典》,让全国的新闻记者自己推荐入选作品,我们究竟能选出多少真正称得上"有所发现"的新闻作品呢?我们会不会为自己"发现"得太少而感到愧疚和遗憾呢?为了少留下一些愧疚和遗憾,我们应该从哪些方面入手积极开发自己的"发现力"呢?经过一番学习和思考,我认为应该从以下七个方面去努力发现:

1.善于发现或者找到世界上迄今还没有通过大众传播媒介广泛传播的、鲜为人知的新鲜事实

发现的第一要义是要看到或者找到前人没有看到的事物。新闻发现必须是采访到国内外迄今尚未传播的新鲜事实。1994年4月17日,新华社记者张继民采写《我国科学家首次确认雅鲁藏布大峡谷为世界第一大峡谷》一稿,就体现了这种敏锐的"发现力"。

长期以来,中外不少地理教科书都把美国的科罗拉多大峡谷作为世界第一大峡谷。1993年10月,由中日两国队员组成的探险队赴雅鲁藏布大峡谷考察,日本队员武井义隆在雅鲁藏布江的支流——帕隆藏布江漂流时,由于江流水势太猛,他乘小艇刚一下水,就被激流卷入江中心,小艇翻了,人也被冲走,直至失踪。为了写这一探险故事,张继民借来有关雅鲁藏布大峡谷的资料仔细研读,其中有一篇杨逸畴、高登义、李渤生三人合

写的题为《雅鲁藏布江下游河谷水汽通道初探》的论文。当张继民读到文中描写雅鲁藏布大峡谷"形成几百公里长""峡谷平均深度在5000米以上"等处时,猛地一惊。在张继民的记忆中,被认为是世界第一大峡谷的美国科罗拉多大峡谷才两三千米深,如果科学家对雅鲁藏布大峡谷平均深度的描述是准确的,这将是深埋于科学论文之中的一条重大新闻。张继民把这一发现告诉中国科学院大气物理研究所研究员高登义、中国科学院地理研究所研究员杨逸畴。这几位科学家作了大量极其复杂的测量和计算工作。1994年4月16日,张继民还与几位科学家一起参加了关于雅鲁藏布大峡谷是不是世界第一大峡谷的科学论证会。论证结果表明:中国的雅鲁藏布大峡谷深达6009米,实际上是世界第一大峡谷;而素以世界第一大峡谷闻名的科罗拉多大峡谷,深为2133米,实际上是世界第五大峡谷。1994年4月17日,新华社向全世界公布了这一重大地理发现。中国科学院一位院士著文指出,确认雅鲁藏布大峡谷为世界第一大峡谷,是20世纪末全球一次重大的地理发现。

2. 善于发现或者澄清社会上众说纷纭、莫衷一是的重大事件的事实真相

1979年春夏之交,全国各地正在贯彻党的十一届三中全会精神。可是在部分地区,社会上出现了一股"倒春寒"。有的说:"党的十一届三中全会的政策过头了,要纠偏了。"有的说:"过去常说'阶级斗争,一抓就灵'。如今,地富反坏右一风吹了,资本主义的路也不让堵了,丢了纲,往后没个抓手,农业还怎么大上?"有的说:"过去批的,是现在干的;现在批的,是过去干的,这样下去,不就乱了套了吗?"一时间纷纷扬扬,闹得人心惶惶,莫衷一是。

为了弄清事实真相,当时在《辽宁日报》工作的范敬宜同志选择了曾经"插队落户"10年之久的辽西贫困山区建昌县调查研究。他从干部那里听到的几乎全是"现在农村乱套了"的议论,而一到老百姓中间,听到的就

是截然不同的声音。一提起党的十一届三中全会,农民一致叫好,他们认为新政策最大好处是"活起来了"。回到县城,范敬宜同志又同思想比较解放的几位领导干部座谈,最后得出的结论是:由于受"左"的思想束缚,许多干部对党的十一届三中全会路线很不理解,错把"开头"当"过头",错把支流当主流。于是,范敬宜同志写了一篇题为《分清主流与支流 莫把"开头"当"过头"》的新闻述评,在《辽宁日报》上发表后,《人民日报》在第1版突出位置转载,并加了编者按语,新华社也转发了这篇述评。范敬宜同志的"发现"对引导干部群众正确理解党的十一届三中全会精神起了积极作用。

3. 善于发现或者提炼出有助于解决当前各种困难和社会矛盾的新鲜经验

2004年12月16日,新华社播发了记者蔡国兆、周效政采写的《中国农民板凳上的民主体验》。在广东省阳东县平地村,村民每月至少一次带上自家的小板凳,找片树荫或空地围坐下来,热热闹闹地聊上甚至是"吵"上个把小时。这种被村民们称为"板凳会议"的活动之所以让人着迷,是因为村里的2100多位居民发现,它是大家讨论村里事务并求得共识的一条最直接有效的途径。自从2003年10月"板凳会议"出现以来,村干部感到村里的工作更好做了,因为通过"板凳会议",村干部能及时了解广大村民的意见,从而作出更加正确的决策。一些棘手的决定经过村民们事先的充分讨论,也更容易获得村民代表大会的通过。时任民政部部长的李学举看到新华社的报道,认为"板凳会议"是"化解农村矛盾,促进农村发展,维护农村稳定的治本之策",也是"构建社会主义和谐社会的重要基础"。

4. 善于发现和捕捉能给人以启迪的新思想,深刻地揭示改革开放大潮中人们观念上的新变化

2000年7月5日,新华社驻东京记者采写了一篇题为《日本计划构筑"失败学"》的科技新闻,我从中受到很大启发。近年来,随着知识经济的

发展，我国一些有识之士已经意识到"失败"是一种知识资源，并且开始对各个领域的"失败"进行初步的研究。但这种研究还停留在无组织、无计划的自发阶段。日本科技厅专门设立"活用失败知识研究会"，把科技领域里发生的事故和失败搜集起来作理论上的探讨，构筑一部"失败学"，这种做法，对我国有借鉴价值。在知识经济时代，许多新的知识和新的发现，都是建立在前人"失败"的基础上的。人们通过对失败的研究，可以开发出新的思路、新的知识和新的财富。我们国家不乏"事故资源"和"失败资源"，问题在于如何借鉴他山之石，尽快唤起各级领导干部研究和利用这种特殊知识资源的自觉性。应该鼓励编辑、记者在这一领域去大胆发现。这种发现可以给人以启迪，进而可以演化成全社会的共同财富。

5.善于发现和表现最能体现时代精神、对人们有较大激励和鼓舞作用的典型人物

1995年，新华社就《县委书记的榜样——焦裕禄》和《领导干部的楷模——孔繁森》两篇典型人物报道召开研讨会。大家认为，这两个典型人物的发现，都从宏观上把握住了时代的主旋律，抓住了整个社会围绕着转动的重大问题，抓住了全社会关注、迫切要求回答的重大问题。为什么说时代呼唤焦裕禄，时代呼唤孔繁森，答案就在这里。典型人物报道的成功离不开时代特色。这两篇人物通讯播发时间相差近30年。20世纪60年代中期，三年困难时期刚刚过去，在一些重灾区，人们的精神状态很难说"昂扬"，这就需要倡导一种蓬勃向上的精神。对领导干部也要提出一种要求，要树立一种为民族、为国家、为人民无私奉献的领导干部的形象。在这种形势下，穆青、冯健、周原同志发现了焦裕禄这一具有时代精神的重大典型。20世纪90年代中期，孔繁森这个典型能起这么大的作用，也离不开大的环境和大的时代。在社会主义市场经济条件下，社会生活对人们的人生观、价值观产生了相当大的影响。在这种情况下，作为共产党员，作为党的领导干部，还要不要真心实意地为人民群众谋利益，能不能

建立起与人民群众的血肉联系,能不能保持艰苦奋斗、廉洁奉公、廉政勤政的高贵品格,诸如此类的重大问题,全党都在思考,人民群众也在思考。就在这个时候,记者写出了孔繁森,的确抓住了整个社会关注的重大问题。这两篇报道的成功给我们的一个重要启示是:作为新闻工作者,不能忽视对典型人物的发现。要站在时代的高度,不断发现各条战线具有社会震撼力的重大典型,只有这样,才能反映出时代的主旋律。

6. 善于发现能够体现事物发展规律的新苗头、新动向,准确地预测和描绘事物发展趋势

有作为的记者大都善于发现苗头、发现趋势。以综合国力的竞争为例,时至今日,世界各国的决策者都意识到综合国力较量的重要性,可是在 20 世纪 80 年代,要想深刻地认识这个问题,就不是一件容易的事。1989 年,新华社记者李长久在一篇报道中就把这个问题鲜明地提出来了。他从综合国力的三大要素开始分析:一是国际贡献力,包括经济、金融、科技和财政实力,对外活动的一致性,在国际社会的活动能力;二是生存能力,包括地理、人口、资源、经济实力、防卫力量、国民意识、同盟国的关系;三是强制能力,包括军事力量、经济实力、外交能力。在对世界各国的综合国力进行了一系列的比较和分析之后,李长久写了一篇题为《综合国力的比较和竞争》的新闻分析。他写道:"和平与发展已经成为时代的主流。今后几乎所有国家都将利用有利的国际环境,加快国内的改革和调整,并且都将把增强综合国力作为发展目标。""随着世界形势从紧张转向缓和,今后相当长的时期内,各主要国家的发展战略,将着重于增强综合国力。"30 多年过去了,世界经济发展和竞争的实践,验证了这篇新闻分析对综合国力竞争趋势所作的预测和描绘。如果都能从战略全局的高度来认识世界、分析形势、把握规律,就会有许多独到见解和崭新发现。

7.善于发现和揭露"党和政府明令禁止、人民群众深恶痛绝"的不正之风

邓小平《在武昌、深圳、珠海、上海等地的谈话要点》中说:"现在有一个问题,就是形式主义多。""形式主义也是官僚主义。"1997年5月29日,新华社播发的《夏收何必搞仪式 小麦未熟遭"剃头"》,就是对形式主义的揭露和鞭挞。当时新华社记者张伯达、韩晓晖采访陕西省农机局主办的一个"小麦机械化'东进西征'收获活动开机仪式"。在关中东部大荔县朝邑农场开机仪式现场,记者看到一片上万亩的麦田里,12台大型联合收割机一字排开。上午10点40分,仪式开始,各级领导讲话、剪彩后,一台台收割机开始收割。30分钟后,参加仪式的人们陆续离开,这时,记者意外地发现3台尚未进地的收割机掉头离去,4台在麦田中间的收割机向回转向,5台收割了有400米左右的收割机也边收割边返回。

在"龙口夺粮"的"三夏",为何不一鼓作气持续收割?农场一位负责人告诉记者:"这儿的小麦还要三四天才能完全成熟,现在收割有点可惜。省农机局5月26日就派人来打前站,为了应付这个会,我们场140多名干部职工整整准备了3天,兄弟农场支援了5台收割机,向外单位借了6位礼仪小姐。从早晨7点,我们等了3个多小时。"一位在农场干了30多年的老师傅指着快装满的卡车对记者说:"麦子熟了才能割嘛,何必搞这个'仪式'。这样的麦子不光减产,还要费更大的功夫去晾晒。"记者根据第一手材料写了一篇题为《夏收何必搞仪式 小麦未熟遭"剃头"》的消息。

这篇批评性报道刚一播发,新华社总编辑室就收到领导机关转来的该省人民政府要求新华社撤销此稿的公函。我打电话给新华社陕西分社社长,让他立即对稿件涉及的事实逐一核对。零点过后,这位社长打电话告诉我,稿件列举的事实准确无误。既然没有失实,就没有撤稿的理由,这篇批评性报道是顶着压力坚持播发的。许多报纸在显著位置刊登了新华社记者采写的这篇稿件,有的报纸还配发了评论,认为这是一篇"鞭挞形

式主义的檄文"。《夏收何必搞仪式　小麦未熟遭"剃头"》一稿获得第八届中国新闻奖。

年轻记者大都热爱新闻事业,富有献身精神,不怕吃苦,愿意深入实际工作和人民群众的生活中去,这是培养和强化发现力的基础和前提条件。为了不断增强自己的发现力,防止发现力受到抑制而日渐萎缩,应该认真研究影响发现力的要素:比如观察意识与发现力、生活空间与发现力、大局观念与发现力、理论素养与发现力、知识领域与发现力、透视能力与发现力、预见能力与发现力、应变能力与发现力、创新意识与发现力、联想习惯与发现力等等。

以观察意识与发现力为例。每个人眼球后部视网膜上都有一个凹陷点,叫作盲点。这个地方没有视觉细胞,物体的影像落在这个地方也不能引起视觉。其实,在我们观察社会时,也存在着这种"盲点"现象。我们对于发生在自己身边的一些现象往往视而不见。比如,星期天上街买菜,只顾买菜,往往忽略对蔬菜市场的观察和研究;上百货大楼买东西,往往不注意观察客流量的变化以及商品滞销旺销的冷热变化;到学校参加家长会,往往不那么注意观察学生的情绪、教师的情绪和学校的气氛。其实,只要我们自觉地消除"盲点",随时随地注意观察和研究,我们就有可能发现一些很有价值的新闻。就拿上街买菜这件事来说吧,蔬菜关系到老百姓的生活保障和社会的安定,菜价是老百姓关心的重大问题之一,买菜不仅可以了解菜价,还可以听到社会各个阶层、各种人的意见和呼声。新华社播发的《菜价追踪》这篇通讯的主题就是在买菜过程中捕捉到的。

1994年3月下旬的一天,我同妻子一道到新华社附近的新文化街蔬菜市场买菜。我很少有工夫逛菜市场,一走进这条小街,我就开始打听各种蔬菜的价格。这里的蔬菜价格贵得令人吃惊:1千克小辣椒8元多,1千克圆白菜4元多,1千克黄瓜3元多。我同买菜的市民交谈起来,他们说新文化街的菜贩子最宰人;宣武门附近有个蔬菜市场,大都是菜农直接运菜进城，菜价比这里低得多。有的菜贩子一大早从宣武门菜市场买一点菜，用三轮车拉到新文化街，1元1斤的黄瓜卖到1.6元1斤，菜价陡涨60%。我想，这两个市场相距1公里多，"菜价落差"就这么大，从大钟寺蔬菜批发市场到新文化街，"菜价落差"是多少呢？从农村的蔬菜生产基地到新文化街，"菜价落差"又是多少呢？这个问题在我脑子里转了大半天。当天晚上，我找到分管国内报道的副总编辑曹绍平，告诉他最近京城菜价猛涨，有些菜比肉还贵，老百姓实在难以承受，我看到有的困难户在蔬菜市场捡烂菜叶子。菜价上涨，固然在一定程度上反映了供求关系的变化，但还有另一个重要原因，就是流通秩序混乱，中间环节太多。从菜农的"菜园子"到市民的"菜篮子"，形成了巨大的"菜价落差"。我对曹绍平同志说，这种"菜价落差"，就像"黄果树瀑布"，这是从计划经济向市场经济转变过程中出现的一种不那么合理的新现象，新华社要派记者跟踪调查，研究和剖析这种"菜价落差"。

新华社国内部负责同志很快就调集了力量，具体组织了这一报道。1994年4月2日凌晨，山东分社记者王进业赶到寿光蔬菜批发市场，抄录了当日蔬菜的批发价格。当天下午3时，王进业又搭乘寿光一家蔬菜购销公司的运菜卡车上了路。经过12个小时的长途跋涉，于次日凌晨3时进了北京的大钟寺。两个小时以后，记者所乘的运菜卡车上的蔬菜成交，每千克圆白菜和黄瓜的售出价比寿光的收购价高0.4元。扣去1400元的租车费、180元的蔬菜代购费，千里迢迢，1千克菜净赚一两角钱。

4月3日早晨7时，记者顾不上休息，又跟随一辆刚从大钟寺批发完蔬菜的三轮车，来到西城区新文化街农贸市场。记者发现大钟寺的蔬菜一到这条小街，价格猛涨，平均菜价上涨80%，最高的涨幅达125%。

随后，王进业同北京分社记者苏会志又采访了北京市有关部门，了解造成这一现象的深层次原因。两位记者从观察现象入手，最后触及事物的本质，提出建立价格调控机制、抓好菜园子建设、增设蔬菜销售点等具体建议。这篇2400字的通讯见报当天,许多读者就打电话给编辑说:"新华社记者坐运菜的大卡车跟踪采访,替老百姓说话,请代我们感谢这两位记者。"《菜价追踪》一稿获得第五届中国新闻奖一等奖。

如果通过学习,逐渐消除观察的"盲区"和"盲点",由此及彼、产生联想,就有可能做到"目光四射",就会有更多的符合人民群众愿望的重要发现。

经过认真研究和思考,我撰写的《记者的发现力》一书于1999年12月由新华出版社出版发行。穆青老社长应《新闻战线》编辑之邀,撰写了《用毕生去发现》一文。穆青同志写道:"南振中同志在这本书中探讨的问题,是新闻从业人员成长中的大问题,也是他从事新闻工作几十年来对这一问题思考的总结。时下,涉及记者如何发现新闻的书有不少,但是专门论述记者发现能力的著作却并不是很多,明确提出'发现力'这一概念,并专门加以论述的就更少了。南振中同志以在实践中生成的独到见解,丰富了新闻学理论。"

《南振中文集·记者的发现力(增订本)》书影

穆青同志接着写道:"《记者的发现力》出版后,引起广大新闻工作者和爱好者的浓厚兴趣。一些同志寄来了读后感想,有的同志还撰写了有关发现力的文章,与南振中同志切磋探讨,建议他构建一门'发现学'。我想,这正是这本书的价值所在,一方面它能给人以启发,引起新闻爱好者的兴趣;另一方面它提供了一种思考方法论,供人继续研究,共同把这一课题引向深入。""我相信,振中会用毕生的精力去把'发现力'这篇大文章做好。"

2018年3月,清华大学出版社出版《南振中文集》时,把《记者的发现力(增订本)》收入其中。为了表达对穆青老社长的感激之情,我把他撰写的《用毕生去发现》一文作为这本书的"代序"。

三、开阔思路,探寻方法

2000年4月,新华社主办的《经济参考报》和《半月谈》接连发生失误,受到上级主管部门的严厉批评。4月30日下午,新华社社长郭超人主持召开会议,就减少差错问题展开专题讨论。会议决定2000年5月14日至15日,举办新华社主办报刊负责人及终审发稿人培训班,以2000年1月1日以来新华社有关编辑部发生的差错为教材,通过对所犯错误的剖析,增强终审发稿人的政治意识、大局意识、责任意识和阵地意识。会议决定由我在培训班上作主旨讲话。

为什么在一段时间里会接连发生失误?怎样才能有效地防止重大失误的重复发生?从失误中我们能够汲取哪些有益的经验教训,能够取得哪些带有规律性的共识?为了回答这些问题,我首先学习了管理科学家拉尔夫·纳德对重复犯错误案例的研究成果。拉尔夫·纳德说:"重犯过去的错误的首要原因是'害怕':怕丢面子,怕受到责备。在犯了错误之后,许多人和单位忙着掩盖他们愚蠢的错误,正是在他们隐瞒错误的同时,也丢掉了学习的宝贵机会。"纳德向人们提出的忠告是:"你最好的老师是你过去的错误。"

为了开阔思路、探寻防止差错的有效途径和方法,我重新翻阅了《误诊学》和《失败论》。在许多名医研究诊断和治疗的成功医案时、在大量的"名医医案选"相继问世的时候,有人花费很大精力,撰写了一本79.7万字的《误诊学》,专门研究临床错误诊断发生的规律和防范措施。《误诊学》从诊断学的另一个侧面,分析、研究在诊治工作中未能获得正确诊断和及时、全面诊断的各种内在的和外在的原因。无独有偶,在许多人争相研究成功经验的时候,有人专门撰写了20万字的《失败论》。作者不仅分析了导致失败的主观原因和客观原因,还特别指出了人的"错误病"。作者认为,人世间的许多失败是由于人自身的错误病所造成的。错误病是人的思维系统和行为系统方面的疾病,是正常人所犯的毛病,是正常人在认识活动和实践活动中由于各种复杂的原因而发生的认识错误和实践错误。作者指出:错误的人生观、世界观和思维方式,对错误的固执态度,都可能成为将人导向失败的原因。

受《误诊学》和《失败论》的启发,2000年5月15日,在新华社终审发稿人培训班上,我以《新闻实践中的"堑"与"智"》为题讲了话。我认为,人们从失误中学习的能力有明显差异,大体可分为以下三个档次:

1."只吃堑、不长智",或者是"经常吃堑,很少长智"

失误是谁也不愿意发生的,当失误发生的时候,不同的人会有不同的心理反应和行为反应。其中危害最大的是防卫心理和防卫行为。他们往往对自己的失误采取不承认主义的态度,以为承认失误就意味着威信的降低。因此,他们往往花费较多的时间和精力为自己的失误辩解,把较大的失误说成是较小的失误,把导致失误的主观原因辩解为客观原因。停留在这一认识档次上的同志总结成功经验的能力较强,总结失误和教训的能力相对较弱。当重大失误发生之后,常常存有侥幸心理,以为只要编辑部不声张,上面也不一定就会追究;或者对上面的批评不那么服气,有时不得不写检查,可是检查报告交上去以后,对上面列举的改进措施并不想真正落实,自以为是、我行我素,结果导致同类失误屡屡发生。

2."吃了一堑,只长一智",不善于举一反三

发生失误之后,只有在同样条件下才能汲取这一教训,"吃堑"和"长智"的比例差不多是一比一。停留在这一档次上的同志,虽然也能"智"随"堑"长,但交付的学费太多,付出的代价太高。尽管对于一般人来说,能够做到"吃一堑,长一智"已经很不容易,然而,对于终审发稿人来说,则显得很不够,因为这样一比一地提高,与客观形势对终审发稿人的政治素质

和业务素质的要求很不适应，吃了一堑，只长一智，理论水准和把关能力提高太慢了。

3. 不仅自己吃堑时会增长智慧，而且善于借前人之堑长自己之智、借他人之堑长自己之智

这些终审发稿人真正领悟了举一反三的真谛，懂得由此及彼的道理，从一次失误中可以推知其余，从多次失误中可以产生带有规律性的认识。他们"以史为镜"，善于从过去的失误和教训中学习，增长自己的智慧；他们"以人为镜"，善于从他人的失误和教训中学习，增长自己的智慧；他们"以己为镜"，善于从自己过去的失误和教训中学习，防止重犯同类性质的错误。错误和挫折帮助他们，使这些终审发稿人进一步增强政治意识、大局意识、责任意识，进一步增强阵地意识，进一步增强国家通讯社意识和世界性通讯社的意识，因而能在较短的时间里扭转错误频生的被动局面，逐步取得把握正确舆论导向和驾驭全局的主动权。

回顾多年来的实践，错误的发生往往是"祸不单行"：头一天出了错，刚刚提醒过，第二天又出了错；一个部门出了错，正在总结教训，另一个部门紧跟着也出了错。过去虽然意识到这种连锁反应的多发性，但不知道为什么会出现这种奇怪现象。我研究了有关飞行安全的资料之后，豁然开朗。有一篇文章说，一起重大的飞行安全事故背后有29起事故征兆，每个征兆背后还会有300起事故苗头。我们过去只重视对事故本身进行总结，而不重视对"事故征兆"和"事故苗头"进行排查。这些未被发现的征兆和苗头，就成为下一次重大事故的隐患。各编辑部负责人如果对本单位存在的各种"事故征兆"和"事故苗头"经常进行排查，就有可能杜绝政治性、导向性差错，技术性差错也会减少到最低限度。

为了总结经验，我向编辑、记者推荐了"墨菲定律"。"墨菲定律"的大意是如果有两种选择，其中一种选择将导致灾难性后果，则必定有人会作出这种选择。这一定律是美国空军的一位工程师爱德华·墨菲上尉概括

出来的。1949年,墨菲参加美国空军的一项试验:将16个火箭加速度计悬空装在接受试验者的上方。当时有两种方法可以将加速度计固定在支架上:一种是正确的方法,一种是导致灾难的错误方法。令人不可思议的是,竟然有人将16个加速度计全部装在错误的位置上。于是,墨菲提出了被称为"定律"的著名论断。后来有人把"墨菲定律"简化为"只要存在着出错的可能性,就一定会出错"。"墨菲定律"至少可以给我们两点启示:一是当现实生活中存在着"两种选择"时,要保持清醒头脑,尽量不要作出"将导致灾难性后果"的错误选择。比如,对重要稿件的处理,存在着"按照程序"和"违反程序"两种选择。剖析1992年以来新华社发生的重大失误,一个重要原因就是当事人作出了"违反程序"的错误选择。二是任何时候都不要轻视发生失误的"可能性因素"。"可能"是指事物具有的"能够成为事实的属性"。尽管"可能"并不等于"事实",但"墨菲定律"告诫我们:"只要存在着出错的可能,就一定会出错。"因此,要想杜绝新闻报道中的重大差错,必须从消除导致差错的"可能性因素"入手。

通过学习和研讨,与会同志对导致失误的主观原因和客观原因有了比较切合实际的认识,也找到了一些防范失误的方法。集思广益、举一反三,把一个人的失误变成了大家的教训,把不自觉的经验上升为比较自觉的经验,这就是《误诊学》和《失败论》给我的最大启示。

第五章　既读有字的书，又读"无字天书"

1938年3月15日，毛泽东同志在抗大三大队毕业典礼的讲话中谈到"无字天书"。他说："社会是学校，一切在工作中学习。学习的书有两种：有字的讲义是书，社会上的一切也是书——'无字天书'。"

根据中共中央文献研究室原主任逢先知同志的介绍，毛泽东同志为了读好"无字天书"，一生中作了大量社会调查，这对于他了解中国的历史和现状，对于他将马克思主义普遍原理同中国革命实际结合起来，解决中国革命问题，起了重要的甚至是决定性的作用。我们应该学习这种求知方法，在刻苦读书的同时，注意向社会学习、向群众学习、向实践学习，读好这部"无字天书"。

一、"无字天书"回答现实问题

1981年3月至7月，我在中共中央党校新闻班学习期间，阅读了政治经济学的有关篇章，对社会主义条件下的商品生产和商品交换有了初步认识。

马克思、恩格斯认为，在社会主义社会，一切生产资料都将是社会全体成员的公有财产，整个社会将是一个统一的生产单位和统一的分配单位。因此，劳动产品将不再是用来交换的商品，耗费在产品生产上的劳动也不再表现为价值。19世纪末，列宁对于商品经济也持这种看法。1894年，他在《什么是"人民之友"以及他们如何攻击社会民主党人？》一书中说："要组织没有企业主的大生产，首先必须消灭商品的社会经济组织，代之以公社的即共产主义的社会经济组织。"

十月革命以后,列宁根据俄国最初几年的实践经验,对从资本主义到社会主义过渡时期的商品经济问题有了新的看法。列宁在《在共产国际第三次代表大会上关于俄共策略的报告提纲》中说:"粮食税自然意味着农民在完税后有支配余粮的自由。既然国家还不可能拿出社会主义工厂的产品来交换农民的全部余粮,余粮的买卖自由也就必然意味着资本主义发展的自由。""但只要运输业和大工业仍掌握在无产阶级手中,在上述范围内这样做对于社会主义一点也不可怕。恰恰相反,在一个经济遭到极度破坏的、落后的小农国家里,受无产阶级国家监督和调节的资本主义(即这个意义上的'国家'资本主义)的发展是有益的和必要的(当然只是在某种限度内),因为这样能立刻振兴农业。"①

在中共中央党校的学习,使我对社会主义商品经济产生了兴趣。但是,要想真正把社会主义商品经济问题搞清楚,还必须深入基层,向社会学习、向实践学习、向群众学习。从1982年到1984年,我用了两年多时间深入基层,学习这部关于农村商品生产的"无字天书"。

1. 从基层探寻发展农村商品生产的"突破口"

1982年冬天,我来到山东省诸城县。这个县是山东省重点产粮县,在170万亩耕地中,粮田约占73%。前些年,每年除向国家交售1亿斤左右的粮食之外,其他各业的商品率很低。1978年全县的农副产品采购总值只有7375万元,每个农业人口平均提供的商品额只有79.94元,社员人均分配70.85元,其中现金只有19.10元。

党的十一届三中全会以后,中共诸城县委发动干部群众围绕如何使农民尽快富起来的问题献计献策。有的主张抓林,有的主张开矿,有的主张

---

① 中共中央马克思恩格斯列宁斯大林著作编译局编译:《列宁选集》(第四卷),人民出版社,2012,第540—541页。

发展加工业。县委在对各种方案作了比较之后认为,诸城县作为粮食重点产区,发展畜牧业生产有更大的优势:

——粮食产区有丰富的饲料和饲草资源。全县100万亩粮田,每年除去征购、提留和社员口粮,还有三四亿斤可用作饲料;全县有10多条河流,30万亩山场、河滩和草场,加上作物的秸秆、藤蔓,每年可为畜牧业提供10亿多斤粗饲料;此外,还有大量的棉籽饼、豆饼和花生饼,发展畜牧业有物质基础。

——当地群众有养猪、养牛、养羊的习惯。加上畜牧业生产花钱少、见效快,不需要较多的投资和设备,一般几个月或者一年就能见到效益,适宜于千家万户搞商品生产。

——发展畜牧业经济效果好,社员富得快。以养鸡为例,两个劳力一年可喂肥3000只肉食鸡,每只纯利按1.2元计算,每个劳力平均每天创造价值4.93元。一个劳力一年喂30只种貂,按全县种貂平均产崽率计算,每年可产貂77只,一张貂皮售价75元,成本30元,全年可得纯利3465元,每天平均创造的价值为9.49元。1978年全县每个农业劳动日平均创造价值为0.64元,从事养鸡和养貂的社员每天创造的价值分别为每个农业劳动日创造价值的7.7倍和14.8倍。

1979年,诸城县委书记王树芳以诸城县肉食兔出口公司经理的名义到西德考察,了解到一些发达国家畜牧业在农业经济中所占的比重超过50%,有的高达80%以上。考察归来,诸城县委多次召开会议,号召生产队发展猪、牛、羊"三大群",社员发展鸡、兔、猪"三小群"。在条件较好的人民公社和生产大队还建立了500个鸡、兔、羊、貂、菜牛生产基地。诸城县制定了一系列奖励政策:社员养猪,由生产队划给2分饲料地或者实行"斤猪斤粮";饲养大牲畜,每头划给3分到5分饲料地或每天给1斤料、5斤草。政府有关部门还从资金、物料等方面积极扶持畜牧业生产。这些奖励和扶持政策促进了畜牧业的发展,全县农村猪羊满圈,鸡鹅成群,六畜兴旺。

1982年,诸城县委研究制定全县农业"翻番"的规划,预计到1985年,全县生猪收购量由1982年的32万头增加到50万头;肉鸡由1400吨增加到3500吨;家兔由260万只增加到450万只;畜牧业总产值由1982年的1亿元增加到1.5亿元,1990年畜牧业总产值要翻一番。诸城县委认为,实现这一目标,饲料、饲草条件是具备的,问题在于一家一户的原始饲养方式不可能为社会提供大量商品。他们算了一笔"鸡蛋账":

1982年全县农民饲养了80万只产蛋鸡,每个农户平均4只多,每只鸡全年平均产200个蛋,每个农户全年收蛋800个,每天平均收蛋还不到两个半。在这之前的几年,生产队不分钱,农民用鸡蛋换火柴,还能收上来一点鸡蛋。后来农民生活水平不断提高,老人、孩子要冲鸡蛋,来了客人要炒鸡蛋,鸡下的蛋不够自家吃的,1979年全县收购鲜蛋186万斤,此后两年,每年只收购120万斤左右。1982年国家收购的170万斤鸡蛋,是农民凭觉悟从嘴里省下来的。假如全县发展4万个养鸡重点户,每户平均饲养100只鸡,每只鸡年产蛋20斤,全年可产鲜蛋8000万斤,即使只把其中的一半出售给国家,也有4000万斤,相当于1982年全县商品蛋的23倍。"鸡蛋账"一算,干部、群众心里亮堂了。许多农户都想当饲养专业户。县委、县政府打算1983年在全县发展8万个饲养重点户,同时扶持一批年交售百头猪、千只兔、万只鸡、万斤蛋的高水平的专业户。

专业户把大量的畜禽产品提供给社会,同时也要求社会为他们提供一系列相应的服务。但是,社会化服务严重滞后,给专业户带来许多烦恼。

首先是饲料加工不适应。农民喂猪、养鸡,大都使用单一饲料,精料消耗量大,禽畜生长缓慢。以养鸡为例,诸城县饲养肉食鸡的肉料比例是1∶4,产蛋鸡的蛋料比例是1∶5左右;而采用"全价配合饲料"的养鸡场,肉料比例一般是1∶2.5,蛋料比例是1∶3。相比之下,当地农民每生产1斤鸡要多用1.5斤饲料,生产1斤蛋要多用2斤饲料。许多养鸡专业户很想采用"全价配合饲料",但是,这种饲料配方复杂,不仅需要玉米、豆饼、麦麸皮、鱼粉、骨粉,还需要矿物质、维生素和多种微量元素,没有专门的加工厂,一家一户很难配成这种饲料。

其次是良种不适应。这个县原有的种鸡、种貂、种兔品种严重退化,饲养周期长,经济效益差。用当地退化了的肉食鸡白洛克和新引进的良种鸡星布罗作对比:白洛克育肥到4斤需90天,星布罗只需70天,星布罗每只鸡的成本比白洛克低0.8元。农户喂养的老品种蛋鸡每只年产蛋100来个,新引进的良种鸡星杂288年产蛋250个,比当地鸡增加了一倍多。许多饲养专业户迫切要求县里多办一些良种场,为他们提供优质、高产、低耗的雏鸡、幼畜。

最后是疫病防治不适应。1980年春天猪病流行,全县死了5万多头猪,养猪户损失了几百万元。家兔死亡率一直在40%以上。如果防治工作跟不上,一旦疫病流行,饲养专业户就会"破产"。

为了解决饲养专业户和重点户在发展商品生产过程中所遇到的种种困难,诸城县着手建立健全饲料加工服务体系、良种繁育服务体系、疫病防治服务体系、技术推广服务体系。他们艰苦探索,逐步改变"老太太养鸡"的生产方式,把千家万户分散经营的畜牧业生产引上了专业化、社会化的轨道。

2. 在沂蒙山见证"觉醒了的'第三世界'"

1984年9月,我来到沂蒙山区之阴的蒙阴县,县委书记孙成顺对我说:"蒙阴是'第三世界'!"我来到蒙山之阳的费县,县委书记徐朋杰对我说:"费县是'第三世界'!"我觉得这绝不是"自谦之词",它反映了沂蒙山人民的新觉醒。

说沂蒙山区是"第三世界",并不是就种植业而言的。如果单看粮食和油料作物,新中国成立以来沂蒙山区并没有拖山东省的后腿。1949年山东省粮食总产174亿斤,临沂地区粮食总产23亿斤;1983年全省粮食总产610亿斤,临沂地区是90亿斤;34年间,全省增长了2.5倍,临沂地区增长了2.9倍。1949年山东省花生总产1082万担,临沂地区花生总产234万担;1983年全省花生总产3362万担,临沂地区是867万担;34年间,全省花生总产增长了2.1倍,临沂地区增长了2.7倍,粮食和油料作物的增长幅度均大于全省的增长幅度。

但是,如果看加工工业,那差距就大了。20世纪80年代初期,山东省以加工工业为重点的乡镇企业迅猛发展,到1983年年底,全省已有乡镇企业22万多个,总收入100亿元,其中以农副产品为原料的乡镇工业产值18亿元,比1978年增长3.8倍,有26个县(市、区)的乡镇企业工业总产值超过1亿元。而沂蒙山区每个县的乡镇企业总收入不过两三千万元,其中以农副产品为原料的加工工业的产值更少。如果拿临沂地区同烟台市作比较,差距更为明显。1983年烟台市有乡镇企业74 000多个,临沂地区有27 000个,只相当于烟台市乡镇企业总数的1/3;烟台市乡镇企业总收入29亿元,临沂地区是7亿多元,只及烟台市的1/4。烟台市乡镇工业总产值相当于临沂地区的3.4倍。

如此明显的差距,却被一些领导同志的自满自足情绪掩盖。不少同志喜欢讲粮食平均亩产增长了多少斤,人均分配增加了多少元,山区资源如何丰富,宜林山滩如何辽阔。山里人苦惯了,如今收入年年往上增,地瓜干换成玉米面,玉米面换成细白面,还有什么不满足的呢?

商品生产的激流冲击着沂蒙山:山外的"二道贩子"骑着摩托车、开着大卡车,成群结队地进山抢购山区的土特产品——苹果、山楂、花椒、兔毛、山羊板皮、名贵药材,他们什么都要,就连山里的陶土和石头,有人也肯出高价收买,大车小辆地往山外运。沂蒙山区的资源被他们贩出去以后,稍一加工,其价值就可以成倍增加。蒙阴县有丰富的陶土资源,据初步勘察,仅郑家乡一个小山包储藏的陶土就可供两个大隧道窑连续生产300年。这里的陶土纯净,含铁量低,适宜于烧制高级瓷器,可是当地老百姓却用来烧砖，1吨陶土制品的产值只有32元。1984年入春以来，不少"二道贩子"进山收购陶土，出价就是6元1吨，后来又提到8元，运到淄博，1吨可得46元。干部社员都觉得卖陶土合算，有一个单位一次就同山外签订了出售40万吨陶土的合同。

1984年5月，蒙阴县委副书记崔延恩同县陶瓷厂厂长公茂亮到淄博市淄川陶瓷厂取经，顺便参观了山东省陶瓷公司的"展品室"。展品室陈列着供高级宾馆使用的成套餐具和精致茶具，还有陶瓷桌凳和大花架，五颜六色、千姿百态，一层楼摆得满满的。据一位工程师介绍，沂蒙山的1吨陶土，在这里可以加工成价值上万元的陶瓷产品。

卖陶土1吨8元钱，加工成高档瓷器价值万元。这是1000与1之比。这个比例数对蒙阴县委的刺激太大了。他们开始懂得：不走加工增值的路子，单纯出卖原料、资源，沂蒙山区就只能当"第三世界"，整个山区经济就很难振兴。

在蒙阴县，我访问了盛产苹果的鸡宝峪大队。这个大队的果农要给苹果剪枝、施肥、浇水、治虫，从冬忙到秋，1斤苹果才卖2角钱；"二道贩子"往南方一运，1斤就变成了4角钱。我算了一笔账：沂蒙山区如果每年春节前后销往南方1亿斤经过储存的苹果，每斤的季节差价和地区差价按2角计算，沂蒙山的果农就可多得2000万元；如果加工成罐头、果脯、果汁、果酱、果干，果农的收入增加得更多。

一个又一个的事例，使沂蒙山区的干部群众悟出了一个道理：在商品生产迅猛发展的新形势下，农产品加工工业已成为山区经济的"命脉"。不加速发展加工工业，山区经济的命脉就会落到别人手中；有了强大的加工工业，沂蒙山区才有可能走上富裕之路。1984年9月24日，蒙阴县委作出了关于大力发展乡镇企业的"决议"，明确提出"要从单纯出售农副产品、资源原料转到产品加工、综合利用和多次增值上来"。许多县把建材业、饲料加工和食品加工业作为山区经济的"三大支柱"。

在费县，我问县委书记徐朋杰："为什么沂蒙山区的许多县不约而同地提出要抓'三大支柱'？"徐朋杰说："抓'三大支柱'，第一能发挥沂蒙山区的资源优势，第二能满足农村潜在市场的需要。"他联系费县的实际，畅谈了对发展农村建材工业、饲料加工工业和食品加工工业的总体设想。

费县地处蒙山以南，大理石、花岗石、石灰石、石英石、礁宝石、重晶石，单是能加工成建筑材料的石头就有十几种。这里有一种石头叫"泰山青"，黑中泛绿，亮光闪闪，建人民大会堂和毛主席纪念堂时都曾用过这种石头。据估算，全县"泰山青"的储量在1000万立方米以上。像这样好的资源，稍一加工，即可变成高级建筑材料。从农村消费趋势来看，农民对建筑材料的需求量越来越大。费县统计局当时曾对30户农民的经济活动作过调查：1984年上半年这30户农民用于住房建设的支出比1983年同期增长了将近1倍。社员说："吃不愁，穿不愁，就是盼着住新楼。"1984年上半年，全县大约1/3的农户集资备料，准备盖新房。砖、瓦、水泥、玻璃、钢材已成为农村房舍建设的急需品。全县17万农户初步设想到1995年全都盖起新住宅，每户平均投资1万元，全县就是17亿元，每年平均用于建筑、建材方面的消费支出1.5亿元。沂蒙山区发展建材工业，既不愁没有原料，也不愁没有销路。

再拿饲料工业来说，费县1983年粮食总产6.8亿斤，其中地瓜干总产3.4亿斤。这么多的地瓜干，社员不喜欢吃，国家不喜欢收，当时集市上每斤地瓜干的价格已经降到7分5厘。这些剩余的粮食是发展饲料加工业的物质基础。再从全县对饲料的需求来看，费县计划发动社员养50万头猪、30万只羊、10万头大牲畜、400万只鸡、100万只长毛兔。光这几样东西，一年就需要三四亿斤饲料。有了饲料加工业，就可以把剩余的粮食转化为肉、奶、蛋、皮、毛。

1984年费县已经成立了饲料服务公司，56个乡（镇）准备建饲料加工厂，有的专业户已经建起了饲料加工点，1985年计划加工1亿斤饲料，

1988年形成4亿斤加工能力。到那时,仅饲料加工业一项即可为乡镇工业增加8000万元的产值。

至于发展食品加工业,山区比平原的条件更加优越。1983年,费县生产了1800多万斤苹果、900万斤梨、500多万斤柿子、147万斤山楂、90万斤板栗、14万斤核桃,干鲜果品总产量接近4000万斤,此外还收购了大量的猪、鸡、鹅、鸭等家畜家禽,这些都可以加工成不同档次的食品供应市场。据典型调查,全县每个农户全年用于购买食品的消费支出是250元,17万农户就是4000多万元。徐朋杰同志说:大力发展这"三大支柱",不用出境,每年即可为乡镇工业增加2.7亿元的产值。更重要的是,有了这"三大支柱",就有了发展山区经济的主动权,再也不怕别人"卡脖子"了。

领导干部的觉醒,唤起了成千上万人的自觉行动,汇集成一股变革现实的力量。在沂蒙山区采访的日子里,我看到不少地方正在扩建陶瓷厂、水泥厂、石英厂、砖瓦厂和耐火材料厂,有的准备上大理石加工厂和花岗石加工厂;更多的区、乡(镇)在建设乳品厂、果酒厂、果脯厂、蜜枣厂、罐头厂和果干厂,有的正在集资筹建冷库和恒温库,大队和农户办的小型饲料加工厂在沂蒙山区星罗棋布。建材业、饲料加工业、食品加工业这"三大支柱"的迅猛发展,使沂蒙山区的资源优势逐步转化为产品优势和商品优势。这才是"觉醒了的第三世界"的希望所在。

3.听山里人讲"政治经济学"

1984年国庆前夕,我来到蒙阴县桃墟区委办公室,区委书记张文录正在绘制工农业总产值翻两番的规划表:山楂、苹果、核桃、板栗、牛、羊、兔、鸡、鹅、鸭,共有40多个项目,1990年发展到多少,20世纪末发展到多少,填写得一清二楚。

我问张文录:"发展这么多东西,就不怕卖不出去?"张文录说:"往后,这些东西越来越多,也越来越缺,越来越好销。"接着,他向我讲述了一大篇道理。

张文录说,党的十一届三中全会以来实行的"富民政策",解放了生产力,丰富了社会的物质财富,活跃了市场,老百姓的购买力越来越高。拿啤酒来说,过去是城里人喝,后来农村里的干部喝,如今,农民也"学会"了喝啤酒,修房盖屋,人来客往,没有啤酒,就显得很不"高级"。再拿苹果来说,过去城里的干部一筐一筐地买,如今,有些地方的农民也一筐一筐地留。这几年葡萄种植大发展,按理说应该"过剩"。但是,1984年每斤葡萄由3毛多钱涨到6毛多,为什么?就因为老百姓手里的钱多了,购买力高了。到2000年,全区人均收入要由现在的300元增加到1200元,那时购买力更高,需要的东西也更多。钱多了,东西要跟上。不发展商品生产,有钱买不到东西,就会"失调"。现在不是担心"过剩",而是担心到时候拿不出那么多东西来。

张文录同志的一席话,引起我的许多联想。到沂蒙山之前,我曾经听到一些关于"产品过剩"的议论。实际上,8亿农民富裕起来之后,中国的农村就成了巨大的消费市场,我们不必为商品的大量涌流而发愁。

以山东省为例,1978年每个农民全年平均纯收入105元。由于收入水平较低,每人每年只能拿出83元作为生活消费支出,全年人均消费食用油3斤3两、肉类6斤5两、蛋类1斤8两、棉花1斤、家禽2两、鱼虾1斤6两、酒3斤2两;1983年,全省每个农民全年平均纯收入368元,比1978年增加了2.5倍,人均生活消费支出也随之增加了2.2倍。1983年同1978年相比,全省6700多万农民全年多消费了2亿多斤食用油、3亿多斤肉类、1亿多斤蛋、2亿多斤酒、4000多万斤家禽、6000多万斤鱼虾。到1990年,随着农民收入水平的提高,对生活消费品的需求量将会成倍增加。

1984年蒙阴县曾对农民人均实物消费量作过预测:到1990年,每人全年将平均消费15斤植物油、60斤水果、24斤蛋、6斤鱼、24斤牛羊奶。按照这一消费水准推算,1990年全省农民需要消费10亿斤植物油、40亿斤水果、160亿斤蔬菜、32亿斤肉类、16亿斤蛋、4亿斤鱼、16亿斤牛羊奶。还应说明一点,即使消费掉这么多东西,每个农民每天从食物中摄取的营养成分刚刚超过中国医学科学院提出的蛋白质74克、脂肪73克、热量2400大卡的最低营养标准。如果要达到中等营养标准,那就需要生产出更多的肉、蛋、奶、蔬菜和各种水果。

然而,有些同志"穷"日子过惯了,当商品紧缺时,他们印发票证、定量供应是好手;商品稍微一多,就有点"惊慌失措",往往用"砍"的办法,限制商品生产的发展。沂蒙山区是全国主要的花椒产地。早些年,供销部门投了不少钱,扶持山区农民栽花椒树。那时,花椒是紧俏物资,连一些大工厂也抢购花椒,以便用花椒换取钢材和燃料。到了1980年下半年,花椒开始滞销,其中一个原因是全国搞清仓查库,许多企业纷纷把囤积的花椒抛向市场,造成了供过于求的假象。一些人误认为"花椒过剩",不仅在收购时压级压价,还动员农民把新栽的花椒树砍掉。山东省供销社曾拨给沂蒙山区16万元作为补偿费,蒙阴县分到了3.5万元。他们规定每砍一棵花椒树补贴5角钱,农民把这笔钱叫作"砍树费"。有的大队一砍几十亩,砍得农民心痛。正当一些同志为花椒而发愁的时候,一些"二道贩子"却把农民手里的花椒运到江苏、辽宁、吉林和黑龙江,帮助农民解决了卖花椒难的问题。后来又出现了"花椒热",土产公司、贸易公司、建筑队、"二道贩子"争相购买。仅蒙阴县岱崮区就设了200多个花椒收购点,收购起来的花椒还是满足不了需要。

最使山区农民伤心的是长毛兔。沂蒙山区从1966年开始引进长毛兔。经过十几年的发展,成为我国兔毛主产区。1982年,沂蒙山区有的县长毛兔数量达到100万只。到了1982年下半年,国际市场兔毛滞销,外贸部门开始压级、压价、取消奖售化肥,老百姓说:"挨了三棍子!"不少地方开始宰杀长毛兔。蒙阴县的兔子肉4角钱1斤,费县集市上降到2角多钱,兔皮5分钱1张。有的养貂专业户买长毛兔作貂食。1984年5月,新华社主办的《经济参考报》刊登了一篇题为《日本兔毛奇缺价格猛涨》的消息,国内也有几家毛纺厂开始用兔毛作原料,兔毛又成了紧俏物资。河南一家企业在蒙阴县设点收购,大批"二道贩子"也进山抢购,连等外毛也不放过。费县土产杂品公司经理邹士法说:"破坏容易恢复难。兔子宰了,哪来那么多兔毛!"

花椒和兔毛这两件事,给沂蒙山区各级领导干部很大的启示。他们认识到,对待山区日益增多的农副土特产品,不能采取限产的办法求得所谓的"供需平衡",而应该采用引导消费、搞活流通的办法,千方百计地为农民生产出来的东西找销路。要树立"一体化市场"观念,不仅开拓山区市场,而且开拓山外市场和国际市场,尽可能地扩大山区产品的销售范围。

以山楂为例。按照1984年的预计,费县1990年可产山楂1亿斤,比1984年增长20多倍。这么多的山楂,单靠山区市场显然消化不了。但是,如果放开眼界,把山外市场和国际市场的需求都考虑进去,那就不存在过剩的问题了。前来参加费县山楂矮化密植高产试验田验收鉴定会的几位专家,对山楂的销路问题作了分析:1984年全国山楂总产量1亿多斤,人均不到2两。将来生活水平提高了,假若每人每天吃一块山楂糕或者一串冰糖葫芦,全国每年就需要300多亿斤山楂;国际市场对山楂的需求量更大。有了"一体化市场"的观念,不要说增产20倍,即使增产200倍,也不愁没有销路。

1984年10月20日,中共十二届三中全会通过了《中共中央关于经济体制改革的决定》,明确指出社会主义经济是在公有制基础上的有计划的商品经济。1987年,中国共产党第十三次全国代表大会明确指出,从社会主义初级阶段的实际出发,必须大力发展有计划的商品经济。这些关于社会主义商品经济的论断,是对马克思主义政治经济学的继承和发展。我有幸较早地参与农村商品经济的学习和调研,应该感谢"无字天书"给我的启示。

二、"无字天书"撞击思想火花

1998年1月19日,在河南省第九届人民代表大会第一次会议上,我被选为全国人大代表。这一年3月我出席九届全国人大一次会议。在审议国务院总理李鹏作的《政府工作报告》时,我在河南代表团提出了发展"餐桌经济"、增加农民收入的建议。这一建议的萌生,就是"无字天书"撞击出来的"思想火花"。

1997年5月16日,我到江苏、浙江农村调研。在江苏省新沂市,我访问了北沟乡神山村的黑头鸭养殖专业户。户主叫陈世良,女主人叫陈艳。他们喂养了2000只黑头鸭,一年两茬,赚了16 000元。谈到下一步的打算,陈艳说准备搞养殖、加工、销售一条龙,比单纯饲养黑头鸭会赚更多的钱。在射阳县,为了实现产品增值,全县形成了6条年产值超过10亿元的产业链,建起了1万吨保鲜冷库,形成了4000吨脱水加工能力、2000吨速冻能力、1万吨腌制能力,9万人从事农副产品加工业生产,几万人从事营销工作。他们的目标是农民不仅参与农副产品生产,而且参与农副产品加工和销售,将制成品直送城里人的餐桌。

这次为期半个月的江苏、浙江之行,使我看到了社会主义市场经济条件下农村出现的新现象:过去我国发展的是"温饱型农业",以解决12亿人的吃饭、穿衣问题为主要目标。经过农村第一步改革,尽管吃饭、穿衣依然是国家的头等大事,但农业已经开始为"小康型农业"作准备。就农业生产者本身来讲,过去政府教育农民要为国家作贡献、为发展工业生产作贡献。这方面的任务丝毫没有减轻,但农业生产者已经有了市场经济观念,他们在经营农业时已经想到了"赚钱"。

让种地的农民多赚钱有三种选择:一是国家给农民让利,或者说是通过政策倾斜,让国家变相给种地的农民"增加工资"。新中国成立几十年,国家给工人提过工资,给教师提过工资,给机关干部提过工资,很少也很难给几亿农民提"工资"。再说,即使国家能够拿出几十亿元给农民,平均到每一个人头上,只是杯水车薪,无济于事。二是靠东部发达地区对中西部地区农村的经济支援。这不失为一种好途径,但是,在社会主义市场经济条件下,互利互补性的协作成为东部地区和中西部地区主要的经济交往形式,无偿支援会越来越少、越来越难。东部发达地区在面临商品积压的情况下,他们最感兴趣的是中西部地区农村的市场和丰富资源,这种合作对中西部地区固然有一定的好处,可最大的受益者还是东部地区。单纯靠东部地区的支援,中西部地区的农民难以尽快地富裕起来。那么,第三种也是最后一种选择,就是靠中西部地区农民自己的力量和智慧,尽可能地延长农产品的产业链,自己帮助自己尽快地富裕起来。

以小麦生产为例。1976年,我在山东省齐河县沙李村蹲点调研,曾经向农民学习种小麦。小麦从播种到收获,要经过耙压、施肥、除草、浇灌浆水和麦黄水、开镰收割等22个生产环节。农民辛苦大半年,每斤小麦赚到手的钱是以角和分来计算的。到了加工环节和销售环节,也就是第23、第24个环节,就开始赚大钱。饼干的主要成分是面粉、蔗糖和水。一斤面粉加工成的饼干,卖好几元钱。加上牛油、鸡蛋或者巧克力,改换一下包装,生产出香料味、巧克力味、花生酱味、核桃味的曲奇,身价就大不一样。由此看来,种地的农民要想赚钱,必须想方设法延长农产品的产业链,直接参与第23个环节和第24个环节。农民不仅要从农业生产中得到收益,而且要分享农产品加工环节和销售环节的利润。

在河南代表团全体会议上,我发言说:"《政府工作报告》提出要'稳定农业',种地的农民从土地上赚不到钱,农业就很难稳定;《政府工作报告》中提出要'加强农业',种地的农民从土地上赚不到更多的钱,农业就很难加强。为了让农民从土地上赚到更多的钱,应该大力发展'餐桌经济'。"紧接着,我算了一笔账:我国城镇居民家庭1997年人均消费性支出为4946元,一个3口之家,合计消费性支出为14 838元。国家统计局公布的同期恩格尔系数即用于食品消费的比例为46.4%,按此计算,一家人用于餐桌的消费额一年可达6884.8元。这就是说,1997年中国城镇居民"餐桌经济"总规模已经达到了8000多亿元。发展"餐桌经济"的建议就是这样提出来的。

九届全国人大一次会议闭幕以后,我把组织"餐桌经济"报道的想法告诉了新华社研究工业、财贸问题的记者吴锦才和研究农业问题的记者蒲立业,让他们对这个问题作进一步的调查研究。两位记者找了一些部门,搜集了大量的材料,终于把初稿写出来了。这组系列报道的开篇之作题目是《我国餐桌经济增长潜力巨大》。

记者写道:人们可能会不相信我国城镇居民的"餐桌经济"一年有8489亿元的规模。但这个数字是按国家统计局公布的恩格尔系数计算出来的。潜力巨大的餐桌经济可望成为中国农民提高收入的主要增长点。一些经济学家指出,老百姓的"吃",在中国始终是最具魅力的产业。全国城镇居民家庭的餐桌经济规模全年达8489亿元。农村的餐桌消费也有惊人的规模。据抽样调查,1996年农村人均食品支出为885.49元,按全国当年农村总人口计算,餐桌消费的总规模即7651亿元。

中国人的餐桌消费总量具有明显的增长潜力。啤酒、面包、方便面、奶制品、水果、饮料等多种食品的人均消费量都低于韩国、日本的水平。以方便面为例,我国人均年消费12包,日本为50包,韩国为70~80包,按2元一包计,如果我国人均年消费方便面达到日本的水平,那就意味着国内方便面市场将由288亿元扩大到1200亿元。

食品专家在研究适合国情的膳食模式时指出,今后在以植物性食品消费为主的基础上,将会适度增加动物性食品消费;在保证必需的谷类食品消费的同时,豆类、水果、蔬菜、马铃薯、植物油和食糖的消费将进一步增加;西方早餐中常见的营养成分比较均匀的快熟麦片配牛奶、果汁,也将会成为部分居民餐桌上的新食品。

记者最后写道:"随着人们收入不断提高,每一个新的餐饮品种的萌生和发展,都会为中国农民拓展上亿元甚至几十亿元的巨大市场。巨大的餐桌消费为农民增加收入提供了机会,使中国农业的发展有了强大的推动力。"

1998年6月6日,我给时任国务院研究室副主任的农业经济学家杨雍哲写了一封信,征求他对"餐桌经济"系列稿件的意见。他高度赞扬关于"餐桌经济"的提法。他说:餐桌就是农产品消费的终点站,餐桌上的食品真实地反映着消费者对农产品的需求和变化,所以,餐桌是农业生产适应消费需求的结合点。明确提出"餐桌经济",可以使农民站在田头、盯住餐桌,把生产和市场连接起来,从过去生产什么卖什么,到餐桌上需要什么就生产什么,从根本上解决生产与消费隔层、脱节的问题。发展"餐桌经济"有利于拉长农业产业链条,从田头拉到餐桌,使农业形成真正与第二、三产业协调发展的产业。

"餐桌经济"系列报道播发之时,有的省正在开农村工作会议,他们把这组稿件作为会议参阅文件印发给与会代表。中共中央宣传部新闻局编印的《专题评报纪要》第11期刊登了对《"餐桌经济"系列报道述评》的评析文章。作者认为,新华社推出的"餐桌经济"系列报道,视点新颖,观点鲜明,从深层次探讨了我国"餐桌经济"的现状和发展趋势,给人以知识,给人以启发。

学习"无字天书"是一个日积月累的过程,不能靠一时的心血来潮,要靠扎扎实实的生活积累、思想积累、素材积累。有时几十年前从现实生活中获得的知识,在特定环境中会突然迸发出来,点燃思想的火花。

2002年11月9日,党的十六大分组审议江泽民所作的报告。我在发言中建议报告增加克服形式主义和官僚主义作风的内容。我认为,报告明确提出反对形式主义和官僚主义作风,有利于全党和全国人民旗帜鲜明地铲除形式主义公害。

搞形式主义的人贪图虚名,不务实效,劳民伤财,其主要表现是空喊口号,做表面文章;搞"形象工程""参观工程";弄虚作假,报喜不报忧。有些地方的领导干部向上报虚假数字,向下压高指标、刮浮夸风;有的掩盖矛盾,编造"泡沫政绩",骗取荣誉,造成了极为不良的社会影响。

现实生活中的形式主义远不止于此。随着作风建设的深入开展,"形式主义"还会不断变换手法,以更加难以识别的形态出现。为了增强对形式主义的鉴别力,我研究和思考了党内形式主义的基本特征。在"大跃进"和"文化大革命"的特殊年代,山东省西北部一些农村让老百姓"挑灯夜战",推水车浇地。晚上黑咕隆咚的,浇地容易跑水,费力、费水又费钱。当地农民想出了一种办法:把水车的链子卸下来,推着空水车在井台上彻夜转圈。尽管水车不出水,但是可以起到应付上级"大检查"的作用。当村干部打着灯笼巡回督战时,老远就能听到井台上的水车响。剖析这种"不挂链子推水车"的做法,可以发现形式主义的三个典型特征:

(1)虽然推水车时没有挂链子,但与一点不干有明显区别,水车空转时照样能够发出推水车的响声,可以起到应付大检查的作用,也不耽误拍照片和"上电视"。

(2)不挂链子推水车,虽然看起来也"忙忙碌碌",但不是真推,既省力气,又能给上级派来的"检查团"留下良好印象。过去有人说"出力不讨好",不挂链子推水车可以说是"不出力,也讨好"。

(3)不挂链子,自然推不出水来,忽视了推水车本身的要求,忘记了推水车的根本目的,归根结底属于一种只有付出、没有效益的"应付性劳动"。我认为,现实生活中各种形式主义的做法,与农民"不挂链子推水车"没有太大的区别。

针对形式主义的典型特征,我建议在党内采取两条措施,使得热衷于搞形式主义的人"投机"不能"取巧":第一,搞形式主义的人的目的是搞虚假政绩,应付上级检查,想给上级留下好的印象。官僚主义逼出了形式主义,反过来,形式主义又来哄骗官僚主义,这是一种恶性循环。为了不给搞形式主义的人以可乘之机,各级党政部门要认真学习和贯彻《党政领导干部选拔任用工作条例》,严格按照党政领导干部必须具备的六项基本条件检验干部的德、能、勤、绩、廉,在党内形成一种正确的用人导向。要坚决地、毫不动摇地把那些热衷于搞形式主义、热衷于搞虚假政绩的党政领导干部排除在选拔任用之外,引导广大干部把心思用在扎扎实实的工作上,不断提高自身素质,增强为人民服务的本领,为党和人民的事业多作贡献。第二,搞形式主义的人的目的是上电视、登报纸。作为新闻宣传单位的同志,要增强对形式主义的识别能力,坚决不要为那些搞形式主义的人提供舆论阵地。在选择典型时,要仔细考察一番,看这些单位推水车时"链子"究竟挂上了没有,是真"推"还是假"推",他们做的工作到底"出不出水"。对于"不挂链子""不出水"的空转式的"工作经验",对于明显的"泡沫政绩",不仅不能作为正面典型加以宣扬,而且要通过适当的方式予以批评和揭露。有了这两条,喜欢搞形式主义的干部就失去了外在"驱动力",形式主义公害就有可能逐步得到抑制。

从"无字天书"中采撷的典型事例,有着较强的说服力和感染力。我的十多分钟的发言,在中央直属机关代表团小组会议上引起了共鸣,所提建议也被中国共产党第十六次全国代表大会主席团采纳。党的十六大报告第十部分增加了"防止和克服形式主义、官僚主义"的内容。这从一个侧面说明读好"无字天书"的必要性和重要性。

三、"无字天书"蕴含人生哲理

2003年7月,新华出版社希望我写一本与年轻人谈成才的书。

根据我对记者成才问题的观察,有一种"差异现象"值得探究:同一所大学毕业的几个年轻人,分配到新华社以后,最初两三年业务水平不相上下;三五年之后,差异开始显现;十年之后,就出现了较大差距。这到底是为什么？如果说是"智商"问题，那么，在学校里为什么"智商"就没有起那么大的作用？"天才"是没有的，"弱智"很难考上大学。大学毕业以后，经过笔试和面试，能够走进新华社大门的，恐怕"智商"都不会很低。分析来分析去，有一点带有规律性：进步较慢的记者"敬业精神"相对说来不那么强，在新闻工作岗位上常常"分心"；进步较快的记者"敬业精神"比较强，在新闻工作岗位上很少"分心"。假设人的聪明程度可以用从 1 到 10 的数字来表示，又假设有两位同一所大学毕业、同一年分配到新华社的记者，一位是"十分聪明"的人，一位是"九分聪明"的人。前一位因过于精明，小算盘打得很勤，只舍得把自己的"八分聪明"用到新闻工作中去，另外的"两分聪明"用到打小算盘上去了；后一位虽然在聪明程度上比前者差了一个等级，但杂念较少，舍得把自己的聪明才智全都用到新闻事业上去。几年之后，这两位记者哪一个进步得更快一点呢？当然是"九分聪明"的记者比"十分聪明"的记者进步得更快一点，因为他在新闻工作岗位上没有"分心"，实际用于新闻事业的聪明才智比"十分聪明"的记者多了"一分"。

2003 年 7 月 19 日、20 日是休息日，我利用这两天时间，把在新华社总编辑岗位上撰写的与成才有关的 64 篇文章汇集起来，按照内容分为三辑，这就是新华出版社出版的《与年轻记者谈成才》。

令我感动的是，82 岁高龄的穆青，以重病之躯，为《与年轻记者谈成才》一书撰写了一篇序言。《人民日报》原总编辑、清华大学新闻与传播学院原院长范敬宜，用了 5 个晚上，读完了这本 403 页的书。他为《新闻战线》撰写了一篇题为《春雨润物细无声》的评介文章。范敬宜写道："南振中同志在讲述自己的经验时，非常讲究吸引人听进去、读进去的艺术。这种艺术靠的不是华丽的辞藻，而是不同的读者都容易接受的道理，或用比喻，或用典故，或引名言，或算细账，或间杂以他特有的幽默。"其实，穆青和范敬宜同志对《与年轻记者谈成才》一书的赞许，并不说明我有多大能耐。我只不过是发现了蕴含在"无字天书"中的人生哲理,并将其提炼出来,与年轻朋友们共同分享。

以《警惕人生的"快活三里"现象》一文为例。2002年9月29日,新华社召开"社长、总编辑奖"颁奖大会,向荣获"范长江新闻奖""全国百佳新闻工作者""中国新闻奖""中国国际新闻奖"和新华社"十佳编辑""十佳记者"称号的同志颁奖。

"范长江新闻奖""全国百佳新闻工作者"以及"中国新闻奖""中国国际新闻奖",是全国新闻界的重要奖项;新华社"十佳编辑""十佳记者",是新华社编辑、记者的最高奖。受到表彰的几十名同志,在各自的岗位上采写或者编审了许多反映时代精神、在社会上产生较大影响的新闻作品。他们是新华社编辑、记者队伍的突出代表,是全社同志学习的楷模。

为了总结获奖者的经验,我调阅了几十份"十佳编辑""十佳记者"的推荐材料。我觉得中青年编辑、记者要想尽快成才,应当具备三个条件:一是对自己毕生从事的新闻事业有一种发自内心的热爱和行动上的执着。这种超乎寻常的敬业精神,会唤起自己强烈的社会责任感和历史使命感,即使在新闻实践中历经千辛万苦,也无怨无悔。二是淡泊名利,力求做到"堂堂正正、别无所求"。要以十分豁达的态度对待来自外部世界的各种干扰,抗拒不正当利益的诱惑,把"奉献、贡献、造诣的统一"作为孜孜以求的人生境界。三是始终保持与时俱进、开拓进取的精神状态,永不满足已经取得的成绩,不甘心在同一个水平线上长久徘徊,而是不断克服自身存在的薄弱环节,积极主动地迎接新的严峻挑战。每一次"重点突破",都会使自己跃上一个新的台阶。

对于年轻人来说,每个人都有取得突出成绩的机会。人与人之间差距的形成,并不表现在取得"第一轮突出成绩"之前,而是表现在取得"第一轮突出成绩"之后。在成绩和荣誉面前,有的人头脑清醒,眼睛始终盯着前面更加远大的目标,继续与时俱进、开拓进取,不断取得突破性进展;有的人则飘然自得，放松了对自己的要求，年复一年，水平依旧，看不出阶段性变化，进入了漫长的"平台期"。一些本来可以早日成才的年轻人，由于在"平台期""潇洒"的时间太久，创造性和进取精神被消磨殆尽，最终失去了成才的机会。这种人生的遗憾，使我联想到了"快活三里"。

我在新华社山东分社工作期间，13次登上泰山的顶峰。泰山中天门以北有个"快活三里"，又名快活山。这里有大约三里长的路相对平坦，四周都是青山，下临绝涧，气爽景幽。南侧是著名的"玉液泉"；西折而北有石笋如剑，上刻"斩云剑"；再往北，路东有巨石，上刻"蛟龙石"；石的北面是小龙峪，石峡飞泉自东而来，势若龙喷。这一带还有"云路先声""山辉川媚""人间天上""天下名山第一"等题刻。登山至此，忽逢坦途，凉风习习、景色宜人，游客忘记了疲劳，会产生一种"快活似神仙"的感觉。每次登山，我都看到在这里"歇脚"的人特别多。

"快活三里"有点像前面谈到的"平台期"。如果贪图轻松潇洒，在"快活三里"流连忘返，不想再攀登前面更加艰险的"十八盘"，那么，尽管一些获奖者很有天赋，基础也不错，但最终将难以到达光辉的顶点。每个获奖者都应警惕人生的"快活三里"现象。要更加自觉地保持"与时俱进、开拓创新"的精神状态，避免"半途而歇""半途而退""半途而废"。

2002年9月29日夜，我在办公室处理公务，一连接到几个电话，都是向我索要关于"快活三里"的资料。新华社副社长何东君也向我了解"快活三里"具体情况。《新闻业务周刊》刊登《警惕人生的"快活三里"现象》一文时，我特意附上一则《"快活三里"景点介绍》。由此可以看出，"无字天书"蕴含的"人生哲理"的确容易引起"共鸣"。

我们常说写文章要"深入浅出"。我理解的，"深入"就是虚心向"无字天书"讨教；"浅出"就是把"无字天书"中蕴含的"人生哲理"提炼出来，用通俗的语言加以表达。用这样的态度去读"无字天书"，就会发现"人生哲理"的宝库。

1999年8月4日,新华社举行新同志入社教育仪式。新参加工作的年轻人,从学校到工作岗位是人生旅途的重大转折。要适应新的工作、新的环境,单靠在学校学习的那一点点书本知识是远远不够的。为了提醒年轻人注意这一点,我在讲话中举了"嘎斯69"吉普车的例子。汽车设计师为了"嘎斯69"吉普车多跑一段路,不仅设计了60升的主油箱,而且设计了25升到30升的副油箱。在汽车出厂的时候,即使替你把主油箱和副油箱全都灌满,按照每升汽油跑7千米来计算,90升汽油跑630千米,充其量只能从北京跑到郑州。如果年轻人到了工作岗位以后不知道随时随地补充新的知识,就像汽车司机不懂得在运行过程中需要加油的道理一样。

新闻工作的一个显著特征是知识更新速度快。花费了很大气力才弄明白的东西,转眼之间就成了旧闻。新闻工作者经常面对着的是十分陌生的东西。要想成为一名合格的新闻工作者,不仅要努力掌握与自己业务工作直接有关的知识,而且要博览群书,哲学、政治、经济、法律、历史、文学等方面的书籍都应该读一些。要利用一切机会增加自己的素材积累、生活积累、思想积累,提高自己的"积累率"。谁不学会"途中加油",谁不追逐时代,谁不昼夜拼搏,谁就必然落伍。

1997年4月8日,新华社举办青年业务骨干培训班。有的年轻人向我提出了一个问题:"刚分配到新华社当记者时,业务上进步比较快,后来进步的速度明显地慢了下来,这到底是怎么回事?"为了回答这个问题,我也引用了从"无字天书"中领悟的"人生哲理"。

我告诉年轻人,每个人的情况不同,答案不会完全一样,但有一点带有共性,就是这些同志经过第一轮的飞跃之后,在业务上已经进入"简单再生产"的相对停滞阶段。生产过程在原有规模的基础上重复,剩余产品都用于个人消费,没有积累,无法进行扩大再生产。比如一个农户一年种8亩小麦,用50千克种子,收获2000千克,吃掉1950千克,结余50千克。

第二年,再把这 50 千克作为种子撒到地里,还是收获 2000 千克。年复一年,在同一水平线上波动。如果我们没有大量的素材积累、生活积累和思想积累,靠吃老本过日子,就会像这个农户一样,尽管每年都播种,也有收获,但在新闻业务上很难有明显长进,搞得不好,还可能产生"业务滑坡"。要想成为一名合格的新闻工作者,必须想方设法提高"积累率",不断增加自己的素材积累、生活积累、思想积累。

用"无字天书"中蕴含着的"人生哲理"与年轻朋友坦诚交流,鼓励他们脚踏实地、老老实实地补充新知识,比空洞说教的效果要好一些。

四、"无字天书"帮助提高素养

2020 年 7 月 21 日,"中国搜索"展示了一组数据:人一生会遇见 82 635 个人,会和 19 778 个人打招呼,会和 3619 个人比较熟悉,会和 275 个人比较亲近。不知这组数据是否可信,至少可以说明一点:一个人一生中会接触成千上万的人,这些人中不乏诚实正直、自信自律、勇于担当的优秀人才。我觉得每个优秀人才都是一本值得一读再读的"无字天书"。

农村第一步改革时期我经常到贫困的菏泽地区采访,结识了时任菏泽地委书记的周振兴。这个地区农村当时实行了联产承包责任制,有的穷村还把荒地包给农户。这些措施曾经受到各种非难:有的说"鲁西北资本主义泛滥了",有的说"三级所有体制乱了套",农村基层干部听到这些议论动了气,一位同志说:"饱汉不知道饿汉饥!饿他三天,看他还说这话不?"那时带领菏泽地区贫苦农民搞改革的就是周振兴。

1977 年冬天,北风呼啸。周振兴刚刚接任地委书记,就来到东明县小井村。他走进一户社员的家:一间半小北屋,阴暗潮湿,没炕也没床,三个光腚孩子睡在草窝里。篮子里放的是用高粱壳做成的窝窝头,他尝了一口,满嘴渣子,直塞牙。他接连走了几户,男女老少都没有笑容。周振兴心里十分难过。他对身边的干部说:"党把我们派到这个地方,我们连老百姓的温饱问题都不能解决,对不起党,对不起父老乡亲啊!"他不断思考着这样一些严肃的问题:"我们共产党人闹革命的目的是什么?""农业集体化的目的是什么?""我们在这个地区搞了一二十年,老百姓却依然受穷,用什么来证明我们的方针、政策是正确的呢?"他把自己的想法向地委讲,向各级领导干部讲,要大家到最贫穷的地方去,面对现实设身处地替群众着想,用实践来检验过去的一切。

从1978年开始,中共菏泽地委首先把前些年收归集体的100万亩自留地、饲料地和村头荒地退还给社员耕种,缩小了社、队规模,因地制宜地推行了各种生产责任制。有的同志担心这样干下去会犯错误。周振兴说:"个人利害得失是小事,全区几百万人民的温饱是大事。如果菏泽几百万人都有了饭吃、有了衣穿,就是我们真的被罢了官,也问心无愧!"

菏泽地区干部群众顶住了来自各方的压力,勇敢地探索摆脱穷困的办法,使这个地区发生了可喜的变化:1980年,棉花刚刚吐白时菏泽地区有关部门估产120万担,有同志担心估过了头,填表上报时改为80万担,口头表态"争取百万担",他们怎么也没有预料到全区棉花总产竟然会超过200万担。这个地区原来最穷的东明县,从1958—1978年20年间吃了国家6亿多斤统销粮,全县仓库容量只有4000多万斤,历年来大都用来存放调进的粮食。1979年,这个县粮、棉双丰收,花生、芝麻大增产。全县征购、议购、换购的小麦、大豆、花生、芝麻很快就把仓库塞满了,许多长期吃统销粮的社队转而向国家作贡献了。

我熬了几个通宵撰写了《多年愁容换笑颜——来自鲁西北的报告》,通讯中就记述了周振兴同志的感人事迹。人民日报社农村部主任李克林把这篇通讯送给副总编辑李庄,后来李克林同志告诉我,李庄看了"来自鲁西北的报告"很高兴,在印厂排好的大样上写了7个字:"看了一篇大好稿!"

周振兴这本"无字天书"让我读懂了"心系百姓、敢于担当"。

另一本值得细读的"无字天书"是山东省胜利油田时任党委书记李晔。1984年我和新华社山东分社记者杨凤山到胜利油田采访,听到许多关于李晔的传闻。有人说:"油是跟着李晔走的,他到东濮,东濮出油;他回胜利,胜利出油。"也有人不服气地说:"不是李晔有本事,是他运气好,油都叫他碰上了!"经过深入了解,我们发现不是李晔有什么"好运气",而是他善于把"权力"同"科学"有机地结合起来,有数以百计的科学工作者给他当"参谋"。

拿对地下油气资源的估计来说吧,李晔在作出决断之前都要召开地质座谈会或地质论证会,充分听取地质科学工作者的意见。1981年以来仅大型的地质座谈会和地质论证会就开了12次。李晔还经常到地质科学工作者的家里去"串门",谈论最多的还是地质。油田地质科学研究院更是他常去的地方。他经常请研究院院长给他找一些有"眼光"的人在一起交谈,还建议把思路开阔、勇于进取的地质科学家组织起来成立"战略研究室"。地质科学研究院下设的"勘探战略研究组"和"开发战略研究组"提出了许多带有战略远见的合理化建议,给油田党委提供了重要的决策依据。

李晔听取地质科学工作者的意见不是简单地"照抄照转",而是"兼收并蓄",经过"消化"和"再加工",将其中一些积极的、合理的意见转化为领导机关的指导思想。李晔从地质科学工作者那里主要吸取了三方面的营养:

(1)向地质科学工作者学习地质学方面的知识,学习国内外著名地质学家提出的新观点、新见解,了解美国、苏联、意大利、墨西哥等国各类油气田的勘探开发实例,从中寻找"启发"。

(2)依靠地质科学工作者提供的科学数据,对油田的勘探和开发前景作出实事求是的判断。

(3)把地质科学工作者提出的抽象纯技术指标"翻译"成具体、形象、催人奋进的奋斗口号。由于这些口号有科学家的严密论证作支撑,所以李晔往往能取得出人意料的成功。

李晔这本"无字天书"让我读懂了"尊重科学、慎用权力"。

对我来说最值得细读的一本"无字天书"是穆青。

穆青是一个性格内向的人,并不健谈,但许多同他接触过的人常常会被他吸引。他的魅力源于他高尚的人品、高尚的人格和高尚的情操。穆青曾经讲过这样一番话:"几十年的风风雨雨,几十年的奋斗、磨炼,再难、再苦,甚至再大的挫折,我始终对党、对人民、对新华社的事业充满着爱,充满着信念。我坚信一条:新华社的事业,是值得为之献身的、庄严豪迈而又充满艰辛的事业,能够为党的新闻事业贡献我的一切,这是我最大的光荣和愿望。"穆青一生激情澎湃、疾恶如仇,正是源于这种坚定的政治信念和堂堂正正的人格力量,这是穆青生命的灵魂。

穆青同志长期担任新华社的领导工作,但他笔耕不辍。在战争年代,穆青给人们留下了许多英勇指战员的光辉形象;在和平年代,他依然殚精竭虑地为"民族脊梁"立传。1966年2月,《人民日报》刊登了穆青、冯健、周原写的长篇通讯《县委书记的榜样——焦裕禄》;1972年1月,新华社播发了穆青、高洁等同志写的《铁人王进喜》;1978年3月,《人民日报》刊登了穆青、陆拂为、廖由滨写的《为了周总理的嘱托——记农民科学家吴吉昌》;1979年4月,新华社播发了穆青、陆拂为写的《一篇没有写完的报道》;1990年7月,新华社播发穆青、冯健、周原写的《人民呼唤焦裕禄》;1991年6月,新华社播发了穆青、孟宪俊写的通讯《改革大潮中的老支书》;1993年9月,穆青写了《泪洒偏关》,悼念自己的恩师——抗日战争中英勇牺牲的偏关县县长梁雷;1994年2月,新华社播发了穆青写的《两张闪光的照片》;1999年6月,穆青与陈大斌合作采写了《老书记与北干渠的故事》。这些人物通讯文风朴实、情思奔涌,充分展示了共产党人的高尚境界。有人评论说:"穆青笔下的典型人物,写一个,活一个,响一个,震撼了几代读者的心灵。"穆青晚年没有为自己写一部"自传",也没有整理回忆录,而是把一生撰写的人物通讯汇集成册,出版了一本《十个共产党员》。

穆青不仅是我们的老领导,也是我们人生道路上的良师。1964年的8月,我从郑州大学毕业后成为新华社山东分社的一名记者,当时就阅读了穆青同志的《新闻记者和调查研究》一文。在这篇文章中穆青详细论述了调查研究的目的、内容、方法和态度。他说:"我们培养和训练记者,一开始就应该让他们到实际斗争中去闯,去滚,养成深入群众、深入实际的优良作风。"此后,穆青又强调理论学习的极端重要性,把"理论学习"和"调查研究"称为记者成长的两个翅膀。这些教诲,为我们这些刚进新华社大门的人指明了前进的方向。

在新华社工作了10年之后我才第一次见到穆青。那是1974年夏天,新华社总社从有关编辑部和国内分社抽调了10名记者从事国庆25周年重点报道,我是其中年纪最小的一个,穆青直接组织指挥了这次战役性报道。在讨论稿件的过程中,对如何客观地评价当时的粮食生产形势有一些不同看法。我向穆青同志如实汇报了在基层调研时的所见、所闻、所感,提出在判断粮食生产形势时应该留有余地,不能说过头话。穆青赞成这一看法,他说:"当记者就是要实事求是,一切从实际出发。""坚持真理、实事求是"是穆青当面给我上的第一课。

1990年6月,穆青(右一)、冯健(中)、南振中(左一)三任新华社总编辑在一起研究修改稿件

再次见到穆青是1977年11月下旬。当时党的十一届三中全会尚未召开,经过10年浩劫全国农业陷入严重危机,急需休养生息。在这样的大背景下,新华社召开了农村记者座谈会。农村记者强烈要求如实反映农村基层的情况,扶持各地为改变贫穷落后面貌而进行的新的探索。穆青在听了农村记者的发言之后讲了一番带有鼓动性的话:

"大家都有一股子干劲,要让农村来一次革命。革命是怎么发生的?就是到了再也维持不下去了,才会爆发革命。现在大家觉得要爆发革命,认为有爆发革命的必要,事情就好办了。没有这种精神状态,就不能改变农村的面貌,就不能改变我们国家的面貌,也就不能改变农村报道的面貌。要革命,就要换一种思路,换一条路子走。过去那条路走不通了,实践证明是错误的路,就要把那一套东西推倒。推倒旧事物,肯定会有阻力,会有干扰。对于新闻工作者来说,最大的干扰就是我们脱离实际、脱离群众。要改革,首先要从这里改起。我们的农村记者要深入基层调查研究,要密切联系实际、密切联系群众,要反映人民群众的要求和呼声。"

许多人都知道党的十一届三中全会前后新华社农村记者采写了大量反映中国农村实际的报道,却很少有人知道穆青同志这番讲话所起的作用。正是穆青同志的"胆"与"识",激励着新华社上百名农村记者深入贫困地区调查研究,以一种全新的视角和精神状态,为推动中国农村第一步改革顽强拼搏。

2003年7月,新华出版社的同志向我约稿,题目是《与年轻记者谈成才》。我认为对成才问题最有发言权的是穆青同志,于是前去请教。令我感动的是82岁高龄的穆青为这本书写下了一篇序言。穆青同志认为年轻记者成才的先决条件是做一个堂堂正正的人。他说:"做人是第一位的,成才是第二位的。如果连人都做不好,还谈什么成才!即使成了'才',也是'歪才'。"没有想到这篇写于2003年8月1日的序言,竟成为穆青同志公开发表的最后的文字。这篇序言洋溢着老一代新闻工作者的高尚情怀,体现了他们一生的追求,充满了对后来者的殷切期待。

穆青同志擅长书法,向他求一幅字是我多年的愿望。2001年盛夏的一个晚上,穆青打电话叫我去取字。我走进穆青的书房,看到他正举着一幅字上下端详。穆青高兴地说:"写了这么多年的字,这一幅我最满意。你赶快拿走,要是再不取走,我真有点舍不得了。"穆青说:"写字如同写文

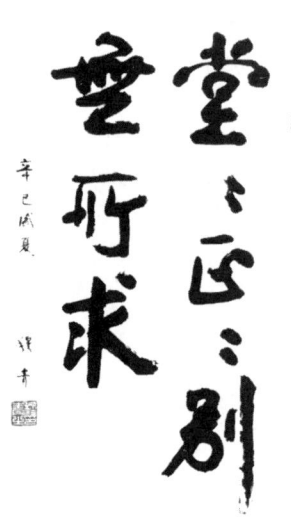

章,需要激情和灵感,需要'神来之笔'。'堂堂正正,别无所求',这8个字,一挥而就,哪一个字都不错。"我深知穆青非常珍惜这幅字,就请人把这幅字翻拍成照片,扩印了一张12寸的,用"拉米娜"技术装裱好回送给穆青。

穆青这本"无字天书"让我读懂了"堂堂正正,别无所求"。这8个大字寄托着穆青一生的追求,也寄托着老社长对后来者的殷切期待。

第六章 既要学以致用,又要学以备用

一些年轻同志问:"学与用的关系应该如何处理?"简单回答就是既要学以致用,又要学以备用。

学以致用指的是学习要能应用于实际;学以备用指的是将学到的知识储存起来以备不时之需。应用于实际的知识掌握得越多,学习成果就越显著;储存起来以备不时之需的知识掌握得越多,一个人的"后劲"就越大。

一、学会临阵磨枪,目的全在应用

1942年2月1日,毛泽东在中共中央党校开学典礼上发表演说,题目是《整顿党的作风》。毛泽东同志说:"我们党校的同志不应当把马克思主义的理论当成死的教条。对于马克思主义的理论,要能够精通它、应用它,精通的目的全在于应用。"为用而学应当成为在职干部学习的常态。1994年1月,我访问台湾之前的"突击充电",就属于临阵磨枪、为用而学。

1993年4月"汪辜会谈"签署的《汪辜会谈共同协议》中有一项:双方同意积极促进两岸新闻界交流,促成新闻媒体负责人及资深记者互访。1993年11月与12月间,海峡两岸关系协会两次致函台湾海峡交流基金会,建议筹组中央新闻单位负责人访问团赴台访问。同年12月27日,海基会回函表示欢迎并向访问团发出邀请。国务院台湾事务办公室商有关部门并经有关领导同志批准,以海峡两岸关系协会的名义组织新华社等7家中央新闻单位赴台访问,由我担任访问团团长,《光明日报》总编辑徐光春、《经济日报》第一副总编余焕春担任副团长,代表团成员有《中国日报》总编辑朱英璜、中新社副社长马善春、中央人民广播电台副台长王健儒、中央电视台副台长章壮沂,还有海峡两岸关系协会专员徐志勤和联络部副主任韩蔚。

赴台之前国务院台湾事务办公室主任兼统战部部长王兆国把全团同志召集到统战部会议室,向我们谈了赴台访问的注意事项。王兆国说,到目前为止,中央新闻单位赴台访问团是我们派出的层级最高的代表团。这个团当中有这么多高级领导干部,赴台访问必将引起各方面的关注。你们要落落大方,回答各方提问要有风度。希望通过这次访问扩大大陆新闻媒体在台湾的影响,真正对两岸新闻交流起到促进作用。

作为中央新闻单位负责人赴台访问团的团长,领受任务之后我深感责任重大。为做好访问前的准备,我翻阅了《台湾通史》,阅读了与两岸交流有关的资料,摘抄了经济、政治、军事、文化、旅游等各类数据,对两岸新闻媒体的历史和现状也作了详细了解。我还特意从北京西城区一家文具店买了一个5厘米宽、7厘米长的小本子,把访问台湾过程中有可能谈及的各种资料摘抄到小本子上,经常翻阅,力求做到烂熟于心。临阵磨枪使我获得了大量赴台访问用得着或者可能用得着的知识。

1994年1月10日下午,访问团抵达台北中正国际机场(现桃园机场),海基会副秘书长李庆平到机场迎接。我们走进机场休息室,看到台湾记者排成了人墙。记者们向我提出了各种各样的问题,我都一一作答。当天晚上又与海基会秘书长焦仁和共同回答记者的提问。我特别对在场的台湾记者说了一段话:"今天下午我们一下飞机,看到台湾许多记者在抢新闻,即使在机场等候两个多小时,水没有喝,饭没有吃,也不在意。到了海基会,又看到大批记者前来采访。我深深地被台湾新闻工作者的敬业精神感动。"这番肺腑之言赢得在场的记者朋友的热烈掌声。台湾《中央日报》刊登了该报记者孟蓉华的一篇报道,其中就引用了我的这段话。

在赴台访问的10天时间里,我们参观了台北、新竹、台中、日月潭、台南、高雄和花莲等地的工、农、企业和科学工业园区,访问了台湾中国广播公司、台湾《中央日报》、台湾中央通讯社、台湾《中国时报》、《联合报》等新闻媒体。1994年1月18日在政治大学召开了两岸媒体负责人座谈会,大家畅所欲言、坦诚交流。座谈会上,台湾媒体朋友提出了许多问题,访问团成员一一作答,引用的数据准确,比较有说服力。台湾新闻界朋友开玩笑说:"你们代表团的人像长了个'电脑脑袋',谈起两岸新闻事业的发展,实例信手拈来,如数家珍。"台湾《中央日报》在题为《迎接两岸文化传播交流的新时代》的社论中写道:"深受各方瞩目的大陆新闻媒体负责人访问团一行九人。于昨(十九日)圆满结束在台的十天访问行程。由于此次来访的皆是大陆目前主要新闻媒体的负责人,在台期间所参观、座谈的对象也以台湾最具规模的新闻机构为主,故此行可说是两岸新闻传播界交流的'高峰会',意义十分重大。"社论说:"从此次访问过程来看,双方新闻同业皆能发挥相当良好的专业素养与'新闻人风范',理性、客观地谈论问题,令我们深感新闻同业的交流是大有可为的。"

1994年1月11日,海基会董事长辜振甫在台北圆山饭店举行酒会,欢迎中央新闻单位负责人赴台访问团。图为南振中向台湾新闻界朋友介绍赴台访问团成员(新华社记者徐佑珠/摄)

短短 10 天的访问能够取得这样的成效,与访问团全体成员赴台前的准备工作不无关系。

我与新华社陕西分社社长冯森龄访问南斯拉夫之前的准备工作也属于临阵磨枪、为用而学。

1979 年 3 月的一天,接到新华社外事部的通知,要我同冯森龄同志一道访问南斯拉夫。3 月 14 日,我和冯森龄同志来到新华社外事部报到。外事部的同志对我们说:"中国和南斯拉夫两国签订了一项新闻文化交流协议:南斯拉夫派两名记者到我国采访,我们也派两名记者到南斯拉夫采访。中国记者到南斯拉夫访问的时间定在 5 月 30 日至 6 月 14 日。你们的采访活动由南斯拉夫联邦新闻部负责安排。"

当时,党的十一届三中全会刚开过不久,我国的经济体制改革正在酝酿之中,胡乔木同志建议加强对南斯拉夫情况的调查研究,以便为即将开始的体制改革提供借鉴。许多部委先后派出了赴南斯拉夫考察团,其中最有成效的是以宦乡为团长、孙冶方为副团长的代表团。这个高层次的代表团里面有不少专家,他们对南斯拉夫的政治体制、经济体制、民主建设、法治建设、企业管理等情况作了系统的考察,回国后写出了很有分量的调研报告。南斯拉夫驻中国大使奥斯托依奇很有感慨地说:"宦乡率领的代表团对南斯拉夫情况了解的深度和广度,差不多相当于 50 个代表团。"就是在这种大背景下,冯森龄同志和我被抽调赴南斯拉夫采访,我们深感肩负的责任重大。

我们两个人长期从事农业报道,跑农村、钻山沟,都没有出国采访的经历,领受任务后本来就有点紧张,经外事部这么一讲,我们的压力就更大了。我们清醒地意识到,一走出国门,我们就成了中国记者的代表,南斯拉夫各界人士会根据我们两个人的言谈举止来衡量"中国记者"的水平。我们没有心思上街,从 3 月中旬开始着手做出访前的知识准备。我从新华社图书馆找到了一些有关南斯拉夫的书籍,比如《铁托传》《南斯拉夫简史》《苏南冲突经历》《南斯拉夫农业社会主义发展的道路》《南斯拉夫散记》《南斯拉夫访问记》《南斯拉夫的集体经济》《南斯拉夫的社会自治》《南斯拉夫国家结构和社会结构》等。这些书籍，我们都尽可能地翻阅。为了增加对南斯拉夫社会文化生活的感性知识，就连《南斯拉夫短篇小说选》这样的书，我们也借来阅读。我们还到国际部资料室阅读了近年来有关南斯拉夫政治、经济、文化等方面的剪报资料，选读了南斯拉夫1974年通过的《宪法》和《联合劳动法》，摘抄了10多万字的笔记。新华社大院里有不少同志曾经常驻南斯拉夫，对那里的情况比较了解。冯森龄同志让我约他们详细介绍南斯拉夫的有关情况。4月上旬，当我办完手续返回新华社山东分社时，已经积累了不少关于南斯拉夫的各类资料。

4月27日，冯森龄和我再次来到总社。冯森龄同志对我说："这次出访，肯定会涉及我们不熟悉的一些领域，出访之前最好能参观几个大一点的工厂。"我当即到新华社北京分社找到采编主任邵泉，向他提出了这个要求。邵泉同志非常热情，很快帮我们安排了一个访问日程。我们参观访问了北京内燃机总厂、首都钢铁公司、石油化工公司。在天津市，我们访问了第二毛纺厂、新河造船厂和新港码头，详细调查了解国内大中型企业的实际状况，听取了企业领导干部对于企业管理、体制改革等方面的意见和建议。我们还访问了中共中央组织部，了解我国干部队伍的状况和当前需要研究解决的一些实际问题。有了这些准备，在南斯拉夫访问的日子里，我们随时将南斯拉夫的做法同国内的情况作比较，从中发现了不少有借鉴价值的新鲜经验。斯洛文尼亚共和国的一位领导人在接受了我们的采访之后，对新华社常驻南斯拉夫的记者徐坤明说："我看得出，这两位记者对南斯拉夫的情况已经有了相当的研究。"

南斯拉夫的国家机关严格执行作息制度，下班时间一到，连政府的部长也很少加班加点陪客人参观，这倒给我们提供了用眼睛观察的便利条件。我们一有空，就到大街上走走看看，许多新闻就是这样被捕捉到的。

出国之前，我们听人说过，南斯拉夫对待过去犯了严重错误的领导人，采取的是历史唯物主义的态度，虽然也对他们进行严厉的处置，却不一笔勾销他们在历史上的功绩。当时，我们还有点将信将疑。在卢布尔雅那，我们参观了斯洛文尼亚革命博物馆。讲解员讲到1941年4月斯洛文尼亚怎样成立了"解放阵线"，又怎样建立了第一支游击队，同德意法西斯占领军展开英勇斗争的情景，我们看到这块版面最前面有当时南斯拉夫七位主要领导人的放大照片，其中就有早已倒台的德热拉斯和兰科维奇。这两个人都参加和领导了南斯拉夫的反法西斯斗争，后来因为反对共盟中央的路线，在20世纪50年代和60年代分别被开除党籍，解除了党内外一切职务。可是，在展览馆里，当讲解员向观众讲述反法西斯斗争这段可歌可泣的历史的时候，却没有贬低他们的功绩。记得在贝尔格莱德参观"南斯拉夫各族人民革命博物馆"时，我们曾经向陪同我们参观的一位同志提出这个问题。她说："德热拉斯和兰科维奇都曾在历史上起过某些作用。在倒台以后，他们的历史功绩是要尊重的。"据这位同志说，在这个博物馆里，保存着德热拉斯和兰科维奇的全套资料照片。

在萨拉热窝，我们在没有人陪同的情况下"逛大街"。从下榻的"欧洲旅馆"出来，向右拐，来到一条狭窄而又繁华的街市。路北头一家店铺，是黑山共和国一家服装厂开的服装店，路南是塞尔维亚一家工厂开设的服装店，旁边还有克罗地亚、斯洛文尼亚等共和国和自治省的企业开设的服装店。当地工厂开设的服装店就更多了。每个店铺都挂满了各式各样的夏令时装，虽然售货员并不特别地招引顾客，但这

1979年6月新华社记者冯森龄（右一）与作者（左一）在南斯拉夫留影

么多的同类服装店设在一起，无形中起到了竞争的作用。顾客尽量选购质地优良、式样美观、价格低廉的产品，有的服装店门庭若市，有的却较为冷落。

皮鞋店也是如此，单是这一条街上的鞋店就有几十家，而且全都是落落满架。我们拐进路南的一家鞋店。售货员热情地向我们打招呼。他告诉我们，这家鞋店是斯洛文尼亚佩科皮鞋厂开设的。这个厂在全国各地共有170多个销售店，这个店是其中较大的一个。店里除销售本厂生产的皮鞋外，还代销全国15家小皮鞋厂的产品，也经销少量的进口商品。我们仔细地看了一些货架，有中国的熊猫牌球鞋，标价69第纳尔（12第纳尔相当于1元人民币），上海橡胶六厂出的一种白球鞋，106第纳尔，比起其他国家的同类产品，便宜得多。售货员高兴地对我们说，中国生产的这两种球鞋销路都很好。

其实，这条街只不过是整个南斯拉夫市场的一个缩影。据说，在马其顿共和国的斯科普里有一个建筑面积18万平方米的大商场，全国各地的200多家大企业都在这个商场设立了门市部，同类商品由好几家商店同时经营。这些在国内很难看到的景象，给了我们很大的启示。萨拉热窝的工业企业和商业企业通过市场竞争，努力提高质量、降低成本、改进工艺，根据顾客的喜好，不断增加花色品种。在这样的气氛中，少数经营管理不善、产品质次价高的企业就混不下去，形势促使他们改进经营管理，采用新的工艺。我们觉得从这个意义上讲，按照市场经济规律，适当搞一点"竞争"，是不会有什么坏处的。尽管当时在国内很少讲"市场"和"竞争"，我们还是把当时的所见、所闻、所感写成了一则日记。

1979年6月4日，我们来到瓦尔特曾经保卫过的萨拉热窝，访问了波黑共和国干部委员会主席留·米利科维奇。米利科维奇是一个性格开朗的人，他一边请我们喝咖啡，一边说："我们都是同志，完全可以开诚布公地交谈。"

米利科维奇首先向我们介绍了干部轮换制度。按照南斯拉夫《宪法》和共盟"十一大"文件规定,党政领导干部有一定的任职年限,除特殊情况外,干部在同一岗位上最多只能连任两次,而实际上连任两次的很少。任期满了,或者调换工作,或者重新回到原来的工作岗位上去。

米利科维奇同志的介绍,引起了我们的兴趣,我们很想了解一下有哪些原来地位很高的人,任期满了以后又担任了较低的职务。我们说:"你能不能把你刚才谈到的问题讲得更具体一点?"米利科维奇略加思索,就给我们举出了一大串能上能下的例子:波黑共和国原执委会主席(相当于总理)德拉古庭·科索瓦茨,1978年辞去总理职务以后,到动力投资公司担任业务委员会主席(相当于经理);共和国原执委会委员、共和国原市政建设部部长内卓·斯蒂皮奇,免职后担任萨拉热窝医疗中心的主任;共和国原执委会委员、主管经济工作的部长韦希德·斯马伊洛维奇,免职后是一家电力公司的经理;联邦新闻部原部长穆哈梅德·贝尔贝诺维奇,免职后是萨拉热窝广播电视台总台长。

我们又问道:"这些原来职位很高的人回到基层任职,群众会不会对他们有什么议论?"

米利科维奇同志回答说:"这在开始时是免不了的。人们总是猜测选下来的干部是不是犯了错误,但是,渐渐地就成了习惯。人们看到这些下到基层的干部很有能力,工作干得非常出色,于是,又恢复了对他们的尊敬。"

我们又问:"据我们了解,领导干部是上来容易下去难。不知这里是否存在这种现象?"

米利科维奇同志回答说:"当然有这种情况,但是我们在努力解决这个问题。我们认为,不论是谁,包括中央委员会的委员和执委会的主席,都有义务带头执行他们亲自参与制定的政策和决议。当然,要做到这一点,是很困难的。"

接着,米利科维奇同志又向我们介绍了领导人的个人收入情况。据米利科维奇同志说,最近他们刚刚制定了《关于领导人个人收入协议》,规定共和国最高领导人的工资与工人的平均工资的比例为4.2∶1;执委会委员的工资与工人的平均工资的比例为3.8∶1。从各部部长到普通官员的个人收入分为五级,都规定了一定的比例,任何人都不许利用职权任意提高个人的收入或牟取其他特权。虽然因为职位高低不同,个人收入会有差别,但差别不是很大,而且有相当一部分经理、工程师和高级熟练工人的个人收入比部长的收入还高。据米利科维奇同志介绍,南斯拉夫还出现了另一种趋向,就是不少专家、科学技术人员、学者和经理,不大愿意担任政府的领导职务。有的当选以后,不是想升迁,而是考虑任期满了以后再回到原来的岗位上去,从事自己熟悉的本职工作。有一位大学教授在当了副总理之后,仍不愿意放弃学校教研室主任的职务。

听了介绍,我们觉得实行任期制和轮换制,让领导干部能上能下,是一个十分重要的问题。长期以来我们党希望解决这一问题,南斯拉夫的同志摸索到了一些行之有效的方法,他们的经验可以给我们许多启示。为了增强报道的针对性,我们在《当了总理,又当经理》这则稿件的末尾加了这样一段议论:

"米利科维奇同志的一席话,引起了我们的许多联想。记得一位联合劳动组织的副经理曾经说过:'只有当职位不再给人们带来特权的时候,能上能下才会成为很自然的事。'也许只有到了那个时候,人们对当'官'的传统观念才会随之发生变化,'巴黎公社'提出的那些重要原则才会真正实现。"这些议论,起到了突出主题思想的作用。

在南斯拉夫访问期间,我们不停地询问,替我们翻译的徐坤明同志嗓子都嘶哑了。我们从南斯拉夫带回了900多页采访笔记和大量的文字资料,撰写的系列通讯新华社分4次向海内外播发,《人民日报》《解放军报》《工人日报》《新闻战线》等报刊陆续刊用。新华社在《好稿通报》中说:"访南日记写的是一些观感,但很有针对性,提出了一些值得我们研究和深思的问题。"中国人民大学出版的《报纸编辑学》认为:"在有关干部制度的专题报道中,有不少报纸发表了新华社记者写的访问南斯拉夫日记,其中有这样4个插题:《当了总理,又当经理》《一个限制领导人收入的协议》《一个议员的落选》《宴会设在大庭广众之中》。这些插题所提出的问题,难道不引人深思吗?"

二、学而不思则罔,思而不学则殆

《论语·为政篇》有两句话:"学而不思则罔,思而不学则殆。"意思是只学习不思考,就会感到迷茫;只知空想而不去学习,就会精神疲倦而毫无所得。这是非常危险的。所以,不仅要学用结合,而且要"学思结合"。我在《新闻战线》发表的《还原感性——对新闻作品感染力的哲学思考》一文,就是"学思结合"的尝试。

党的十六大以来,新闻战线"抓作风、改文风"的一个重点是增强新闻报道感染力。所谓感染力,就是能引起别人产生相同思想感情的力量。新闻作品的感染力越强,发表后引起的社会共鸣效应就越显著;如果新闻作品缺乏感染力,就难以引起强烈的社会共鸣。为了增强新闻作品的感染力,我重新学习了毛泽东的《实践论》,从哲学角度对"还原感性"问题进行了深入思考。

在学习马克思主义经典著作的过程中,我发现马克思、恩格斯、列宁和毛泽东都十分重视认识过程和理解过程。列宁在《黑格尔〈逻辑学〉一书摘要》中摘录了两段话:"要理解,就必须从经验开始理解、研究,从经验上升到一般。""如果我们不去理解,只停留于单纯的、固定的表象和名称,那么,不论关于自我,不论关于任何东西,甚至关于概念本身,我们都没有丝毫概念。"他在"摘要"的旁边还批了一句话:"离开理解(认识、具体研究等等)的过程就不能理解。"从列宁的这些论述中,我受到的启示是:新闻作品要想为人民群众喜闻乐见,必须尊重受众的"理解的过程",尊重人们认识客观事物的科学程序。

从人们认识客观事物的基本规律来看,所有的认识都是以客观的具体事物为出发点的。在实践的基础上,人的认识最初只是对具体事物的感性直观。在这一阶段取得的认识虽然是具体的,但并没有把握事物内部的规定和本质,只是对事物的外部的、表面现象的认识,所以,这时的事物对于人的认识来说仍然是一个模糊的整体,用马克思的话来讲,"这是整体的一个混沌的表象"。

在实践中,人们的认识不断深化。他们在看了许多具体的现象之后,通过思考,对感性材料进行分析,一步一步地深入事物的内部,舍掉那些偶然的、表面的东西,找出事物的内在规定,这就是认识由感性表象上升为抽象规定的阶段。

人的认识从"抽象规定"继续前进,从抽象规定上升为"把握许多规定的综合",从而在思维中再现事物的具体。这个具体已不是混沌的表象,而是活生生的、包含着事物的各方面的联系和全部丰富性的具体。这就是哲学上说的"具体真理"。

由此可以看出,人们的认识程序是从"感性具体"上升为"抽象规定",最终在思维中再现事物的"具体"。如果把人们的认识程序概括为一个公式,那就是"具体——抽象——更高层次的具体"。

如果对记者的认识程序同读者的认识程序分别作一点分析,就不难看出这两条"认识曲线"并不完全重叠。以战争年代新华社播发的《西瓜兄弟》为例,这篇通讯写的是河南省淮阳县李楼村有姓李的两兄弟,每人每年种亩把地的好西瓜,人称他俩是"西瓜兄弟"。"西瓜老大"的瓜地在村东大路边,老二的地在村西南的小路旁。西瓜刚熟时,村东走过一队蒋匪保安团,像饿狼一样,看见老大的瓜你争我抢,不一会儿,一亩多西瓜就一个不剩了,地里只留下一片踩乱的瓜藤、瓜叶和吃剩下的西瓜皮。蒋匪过去 20 天,来了一队八路军,正巧从村西南"西瓜老二"的瓜地经过,"西瓜老二"想:"我这命也不要啦。"他往瓜棚底下一坐,守着瓜。开始,他听见八路军夸他的西瓜,心里痛得像刀扎。可是他却奇怪,这些人只是说,连脚也不停,一股劲地往前走。老二想:"这八路军就是怪呀!"说着,提起瓜刀,抱起一个大西瓜就切开了,往路边一放说:"走路渴啦,来吃块瓜!"但回答却是"谢谢你,老乡,俺不吃"。"西瓜老二"直愣愣地在西瓜地边站着。队伍继续往南走,前不见头,后不见尾。

当采写这篇通讯的记者刚刚听到西瓜兄弟的不同遭遇时,他所认识的只是"感性具体"。在经过深入采访之后,记者通过思考,舍掉那些偶然的、表面的东西,找出了事物的"内在规定",这就是一种理性"抽象";循此渐进,记者经过不断思考,终于捕捉住了这件小事情中包含着的"人民军队纪律严明"这一"具体真理",于是完成了对这一事件认识上的第二次飞跃。由此看来,新闻记者在采写过程中的认识公式同样是"具体——抽象——更高层次的具体"。当然,第二个"具体"同第一个"具体"的含义是不同的。如果说前一个"具体"有可能是偶然碰到的生活现象,那么,后一个"具体"就是从大量的生活现象中筛选和提炼出来的,它不仅包含着事物各方面的联系和全部丰富性,而且包含着记者对前一个"具体"和作为中间环节的"抽象"的深刻理解。正是由于记者认识了这一生活事件中所包含的"具体真理",他才有可能写出《西瓜兄弟》这样的传世之作。

再来分析受众的认识程序。受众的认识程序是以记者认识程序中的第三阶段为起点的。新闻作品传递出来的主题思想,对于记者来说是"具体真理",而对于受众来说则是"感性具体"。读者读了《西瓜兄弟》这样的故事,再经过他们自己的思考,得出另一种"抽象规定";循序渐进,最后得出他们认识和理解的"具体真理"。

问题在于,新闻作品向受众传递"具体真理"的时候,是提供空洞概念还是"还原感性"?如果做不到"还原感性",那么,记者的认识链条同受众的"认识链条"就无法连通,写出来的新闻作品就很难具有感染力。联想到我们过去的一些报道,受众看了觉得空泛、干瘪、乏味,一个重要原因就是对他们的认识程序尊重不够、照顾不够。一些编辑、记者不明白自己理解了的东西,受众并不一定完全理解,动笔写稿子的时候往往把自己在采访过程中经过一番思索而得出的抽象概念摆在稿子的前头,强行塞给受众。受众不是一眼就能看到作为认识起点的具体事例,常常需要从字里行间去寻找这种"感性具体",读起稿子来自然会觉得别扭。而运用"还原感性"的表现手法,先从记者认识到的包含着"具体真理"的活生生的、常见的小事情讲起,这样就有可能使受众从"具体"上升到"一般",从"感性认识"上升到"理性认识",读过稿子以后有充分思考和回味的余地。一些优秀的正面报道之所以能够引起较强烈的社会共鸣,从认识论的角度来分析,奥妙就在这里。

"还原感性"既是一个理论问题,又是一个实践问题,操作起来,难度很大。在学习中,我主要思考了6个问题:

(1)要认真思考是什么东西吸引你前去采访,是什么东西促使你迫不及待地把刚刚发生的新闻事实传递给广大受众。一定要把最吸引你的东西突出地展示给受众,而不要把这些极为珍贵的感受隐藏起来。在这方面,我们要学习《谁是最可爱的人》的作者魏巍的思维方式。在朝鲜的每一天,作者都被一些东西感动着;他的思想感情的潮水,在放纵奔流着。作者想把一切东西都告诉给祖国的朋友们,但最急于告诉读者的,是他思想感情的一段重要经历,这就是他越来越深刻地感觉到谁是我们最可爱的人!作者把这一强烈感受写在记事本上,回国以后,很快就写成了《谁是最可爱的人》。要"还原感性",就要高度重视编辑、记者对生活的切身感受。

(2)既然"一般"寓于"个别"之中,"个别"比"一般"更具体、更生动、更丰富,那么,编辑、记者就应该自觉调整采访方式,尽量采取"以下望上""以小观大"的方法,注意从最简单、最普通、最基本、最常见、最平凡的现象入手,通过对典型的剖析,把各条战线发生的深刻变化立体地展现在海内外读者面前。

(3)要想方设法使新闻作品能够影响读者的感官,让读者如见其状,如闻其声,看我们的新闻作品,就像看一部短小精悍的彩色纪录片。在农村第一步改革的过程中,一大批农村记者写出了不少能够直接影响人的感官的、乡土气息很浓的通讯,当时,就连没有到过农村的"城里人",也能根据报纸上的材料,生动具体地向别人讲述农村的变化。党的十六大前后,新华社在《感同身受说变化》专栏中连续播发了一系列稿件,从百姓生活角度切入,从身边发生的点滴变化写起,从寻常小事中找到不寻常的变化,从物质生活的改善中透视精神层面的变化。这类作品提供给读者的不是"没有生命的骨骼",而是"活的细胞""活的生命"。当我们阅读这些作品的时候,好像走进了作品所描写的生活场景之中,目有所见,耳有所闻,心有所感,这样的新闻作品自然会有较强的可读性和感染力。

(4)要认真研究"过程论",适度而巧妙地展示客观事物的发展过程。许多编辑、记者熟读《矛盾论》,其实,在《矛盾论》中就蕴含着"过程论"。毛泽东同志认为,矛盾贯穿于一切过程的始终。一切事物都是作为过程而存在、作为过程而发展的,一切过程都有始有终。旧过程完结了,新过程发生了。新过程又包含着新矛盾,开始它自己的矛盾发展史。要"还原感性",在采访和写作实践中,我们必须学会用"过程论"观察和思考问题,力戒表面性和简单化。

(5)坚持"三贴近"原则,努力揭示新闻报道同人民群众根本利益之间的内在联系,不断增强新闻作品的社会共鸣效应。新闻媒体在新闻报道中传递的信息和记者对各种社会问题的看法,在广大人民群众中引起的大致相同的情绪,可以称作新闻报道的"社会共鸣效应"。过去有些新闻报道难以产生社会共鸣效应,原因是多方面的,从宣传艺术的角度来分析,主要是概括性的东西多、概念性的东西多、理性的东西多、统计数据多,真正来自现实生活的、为人民群众切身感受到的、生动具体的材料比较少。为了使新闻报道能够产生比较强烈的"社会共鸣效应",应注意研究新闻报道同人民群众根本利益之间的内在联系,注意寻找人民群众的关注点和社会共鸣点。只有这样,才能把我们想说的同人民群众想听的有机地结合起来,不断增强新闻作品的吸引力和感染力。

（6）要注意开掘新闻事件蕴含着的深刻思想内涵。列宁在《致谢·伊·古谢夫(1905年9月20日)》一文中说:"没有明确的、深思熟虑的、有思想性的内容,宣传鼓动就成了漂亮的空话。"①倡导"还原感性",不是鼓励"现象罗列"。"还原感性"向受众展示的生活场景,是经过精心挑选的,蕴含着"明确的、深思熟虑的、有思想性的内容"。只不过这种深刻的思想内涵不是用概念化的语言强塞给受众,而是尽可能地让它从典型事件、典型人物、感人故事的叙述中自然而然地"流露出来"。读者在读了新闻作品之后,受到"感性具体"的影响和感染,经过独立思考,得出同记者的写作意图大体相同或者相近的结论,这样的作品才会有较强的冲击力和感染力。

2005年4月4日,中央宣传部召开中央主要新闻单位贯彻落实《关于新闻采编人员从业管理的规定(试行)》座谈会。刘云山同志在会上指出:"要培育清新活泼的文风,多运用群众的生动语言,多联系群众身边事例,多报道有实在内容、有新闻价值的事情,多采用新的报道形式和报道手法,努力增强吸引力、感染力,使我们的新闻宣传更加为人民群众喜闻乐见。"《新闻战线》在向读者推荐《还原感性——对新闻作品感染力的哲学思考》一文时写道:"怎样增强新闻作品的感染力?南振中提出,应该积极倡导'还原感性'。他的文章虚实结合,旁征博引,为改进新闻宣传提供了一种切实可行的思路选择。"

---

① 中共中央马克思恩格斯列宁斯大林著作编译局编译:《列宁全集》(第四十五卷),人民出版社,2017,第90页。

三、扩充知识仓库，以备不时之需

现在很多人都熟悉"仓储"这个词语。"仓"就是仓库，是存放、保管、储存物品的建筑物和场地；"储"就是储存、储备，表示收存以备使用。学以备用就是不断扩充自己的"知识仓库"以备不时之需。

前些年，有人将阅读价值分为"功利性阅读价值"和"超功利性阅读价值"。"功利性阅读"指有实际功效的阅读；"超功利性阅读"则指短期内难见功效的阅读。这种划分自有它的道理，但是，功利通常指眼前的功效和利益，含有贬义。从实际情况来看，功利阅读与超功利阅读是很难区分的。为了尊重读者的自由选择权，我避开了"功利"一词，把阅读价值分为直接价值与间接价值。

阅读的直接价值容易理解，前面谈到的临阵磨枪、为用而学追求的就是直接价值。还有一类书籍，阅读它的功效是间接的，不可能在短期内显现出来，比如基础理论著作和文学作品，很难在短时间内见到成效。但是，这类阅读有助于提高文化修养，陶冶性情，潜移默化地提升人的品格，对阅读者观察问题的方法和思维方式也会产生影响。2014年12月17日，我到新华社四川分社与年轻记者就读书问题进行交流。中国新闻奖获奖作品《长江上游仍在砍树》的作者熊小立、黎大东向我提出了两个问题：在全国抗洪之际，你为什么敢于签发这篇尖锐的批评性稿件？原稿导语中有"正当长江中下游百万军民奋战抗洪之时，长江上游地区大片森林仍在遭受数千把斧头和电锯的砍伐"，听说你把前半句删掉了。当时你为什么会作这样的处理？第一个问题是职责所系，用不着回答。对于第二个问题，我说："50多年前我在郑州大学中文系学习时，教我们文艺理论课的老师引用过恩格斯《致敏娜·考茨基》中的一段话：'我决不是反对倾向诗本身……可是我认为倾向应当从场面和情节中自然而然地流露出来，而不应当特别把它指点出来。'百万军民抗洪这一事实在当时已人所共知，至于砍树是否导致洪水暴发,记者的责任是披露事实,不应把结论性意见强塞给受众。要让倾向从典型事件的叙述中自然而然地'流露出来'。受众在读了《长江上游仍在砍树》之后,经过独立思考,得出同记者写作意图大体相同或者相近的结论,这才是新闻作品感染力之源。这篇600多字的短新闻播发后,国务院发出了'停伐'指示。从1998年9月1日起,四川省6个地、州、市全面停止天然林采伐。几十年前在郑州大学学到的知识派上了用场,这算不算'学以备用'呢?"

文学名著对读者的影响是潜移默化的,是持久的,甚至过了一二十年,读者还会偶然记起名著的精彩片段。以英国作家丹尼尔·笛福的小说《鲁滨孙漂流记》为例。我是20世纪80年代初读完这本书的。1997年3月27日,新华社山东分社记者杨凤山向新华社总社汇报对典型人物朱彦夫的采访情况。朱彦夫14岁参军入伍,投身革命,在抗美援朝战场上失去了四肢和左眼。在和平建设时期,他主动放弃荣军休养所的特护待遇,回到家乡山东省沂源县担任村党支部书记长达25年,把一个贫穷落后的小山村,建成远近闻名的先进村。退休后,他用嘴衔笔、残肢抱笔,创作完成了自传体长篇小说《极限人生》和《男儿无悔》。杨凤山准备采写一篇人物通讯。听完介绍,我讲了一段话,就用上了十多年前从《鲁滨孙漂流记》一书中获得的知识。我说:公元18世纪英国作家笛福在《鲁滨孙漂流记》中塑造了一个英雄,就是鲁滨孙。他是一个坚强的人:只要还能划水,就不肯被淹死;只要能站立,就不肯倒下。经过无数艰难曲折,他终于脱离险境,而且得到了大量产业。鲁滨孙是资本主义上升时期的英雄人物。如今我们搞社会主义市场经济,也需要发现这个时代的英雄人物,朱彦夫的现实意义就在这里。杨凤山经过深入采访,不仅写出了关于朱彦夫的长篇通讯,而且出版了一本关于朱彦夫的报告文学作品。十多年过去了,朱彦夫这个典型仍在激励着人们。2014年3月31日,中央宣传部等部门再次向全社会发布"时代楷模"朱彦夫的先进事迹,号召社会各界向朱彦夫同志学习。

我对中国特色"休闲学"的学习和研究，也属于"学以备用"。

2006年4月28日下午，新华社召开编务会议，研究"五一"长假报道问题。讨论中有同志谈到，前几年"五一"前后都有一些热点问题，组织报道相对容易一些；2006年国内外预知的热点问题不是太多，长假报道容易流于平淡。有同志说，今年"五一"是第17个长假，要想在以往的基础上使报道有所突破、形成特色，难度很大。这些困难都是实情。几年前为了搞好"黄金周"报道，新华社曾经提出"假日经济"的概念。几年后"假日经济"就得到了社会的认可，而且作为一个新"词条"收入《现代汉语词典》。如今面临的问题是"五一"长假报道不能沿用以往的"套路"，必须研究我国经济和社会发展的新变化，研究人民群众生活方式的新变化，研究媒体和受众信息需求的新变化，以便从中找到新的报道思路。

我对"休闲学"的关注始于20世纪90年代中期。1995年4月，新华社召开国内分社体育记者座谈会，体育部主任希望我到会讲话。我讲话的题目是《揭示体育现象的文明内涵》，其中第三部分谈到"闲暇时间"同体育的关系问题。我认为一个星期休息一天与一个星期休息两天有着很大的区别。休息一天，大部分时间被家务劳动占去了，没有工夫去参加体育活动；休息两天，一天干家务，一天就空闲下来了。世界上一些发达国家居民的闲暇时间越来越多。不少人不知道闲下来的时间怎么度过，于是催生了一门新的学科——"闲暇学"，后来又有人翻译成"休闲学"。尽管我当时已经学习了一些休闲学知识，但1995年前我国人均GDP只有几百美元，城乡居民平均收入水平较低，普遍推介"休闲学"的时机尚不成熟。我只要求新华社体育记者从"闲暇时间增加"的角度，研究全民健身的重要性和可能性，没有提出组织关于"休闲学"专题报道的要求。我所学的"休闲学"知识和搜集到的与"休闲学"有关的书籍和资料，暂时存储到了"知识仓库"之中。

2005年,我国人均GDP超过1000美元,达到1703美元。在这一发展阶段,比较多的老百姓会产生一种"休闲需求"。我认为向全社会推介"休闲学"的时机初步成熟。新华社各编辑部在讴歌劳动、讴歌劳动人民的同时,应该从"休闲学"的角度切入,围绕闲暇时间与居民消费、闲暇时间与文化生活、闲暇时间与家庭亲情等主题,研究长假给人民群众物质和精神生活带来的诸多变化。我说:"'休闲学'好比一棵大树,研究其同政治、经济、社会、文化、教育、体育、旅游之间的关系,可以分出许多枝枝权权,每个枝权都是一道很有意思的题目。"

组织策划关于"休闲学"的报道,最大的困难是编辑、记者对这个话题不太熟悉。为了使大家对"休闲学"有一些初步了解,我把1995年在新华社体育记者座谈会上谈及"休闲学"的讲话摘要印发给大家,还把我"知识仓库"中存储的《休闲宪章》《休闲研究已成为一门学科》《西方休闲学研究述评》《中国休闲小康研究指数》《休闲产业与假日经济的可持续发展》《基础休闲学》等资料推荐给编辑、记者。我特别提醒大家要认真研究1970年世界休闲组织通过的《休闲宪章》,着重研读其中的两项内容:一是在保证生活质量方面,休闲同健康、教育同等重要;二是教育机构必须尽最大的努力,促使人们了解休闲的本质及其重要性,以及如何将休闲知识融入个人的生活。

从2006年4月29日开始,一个突击学习"休闲学"的"热潮"在新华社有关编辑部兴起:"新华视点"采编室的同志阅读了《中国休闲经济》《闲暇:文化的基础》,查阅、消化了几十万字的文字资料;服务专线的同志阅读了不少关于"休闲学"的专著,并从中摘编了十几条知识性、背景性资料;国际部科技编辑室的同志搜集了不少与"休闲学"有关的英文资料,力求掌握世界"休闲学"研究的最新成果。我把这种吸收知识的方式称为"应急充电"。尽管时间仓促,但突击"吸收知识"对开阔编辑、记者视野的确有所帮助。

在总编室汇报会上,时任新华社常务副总编辑的何平同志要求各有关部门围绕《长假与"休闲学"》这一栏目精心策划,抓紧落实,力争推出一批有新意、有特色、有影响的稿件。国际部、国内部、对外部、摄影部、新华网、《新华每日电讯》分头行动。国际部当天中午即给华盛顿、巴黎、莫斯科、斯德哥尔摩等11个驻外分社发去了"紧急业务电报",要求立即着手采写《长假与"休闲学"》专栏稿件,积极配合这次报道。

这时,离放假只剩下半个工作日。国内部"新华视点"室主任陈芸一边调集记者,对报道进行具体策划,一边紧急联系采访对象。幸运的是,通过"114"等渠道辗转查询,同几位研究"休闲学"的专家取得了联系。这些专家中,有一位要乘坐当天18时的飞机去上海,有一位教授在日本。但是,当编辑室向他们说明采访意图之后,这些专家都非常痛快地答应接受采访。于是,"新华视点"室和服务专线的编辑、记者一起出动,在半天时间里,访问了好几位专家、学者,同时掌握了多位国内对休闲学有研究的专家名单及联系方式。

在2006年"五一"长假报道中,新华社各编辑部和国内外分社积极联动,相互配合,围绕"长假与'休闲学'"这一主题,播发了消息、特写、新闻分析、新闻述评、新华时评、专家访谈、新闻背景、新闻照片、新闻图表等。国内部播发《长假与"休闲学"》栏目稿件48篇,服务专线播发32篇,国际部播发12篇,体育部播发10余篇,摄影部播发照片125张。新华网开设专区,从休闲的历史变迁、中外休闲比较、休闲产业发展、休闲博览会等角度,对"长假与'休闲学'"进行多侧面、多角度的报道。《新华每日电讯》编排了9个《长假与"休闲学"》专版,从"享受生活,引导人们学会休闲""休闲经济,推动消费,利国利民""'休养生息',促进家庭、社会和谐""假日充电,休闲方式深刻转型"等四个方面对中国特色的"休闲学"进行解读。中央宣传部新闻局阅评员认为,《新华每日电讯》突出展示新华社"休闲通稿",探索"休闲学"新理念,富有创造性地把"长假与'休闲学'"呈现给广大读者。由此可见,"对全面奔向小康的中国从休闲生活中走向进步、走向文明,新闻媒体有足够的舆论引导的空间去施展"。

新华社组织的"长假与'休闲学'"的报道受到媒体和受众的欢迎。用户普遍认为新华社在通稿新闻和服务新闻线路推出"长假与'休闲学'"系列稿件让人耳目一新。《陕西日报》的一些同志认为,《长假与"休闲学"》专栏策划有创意,与老百姓生活贴得很近。《西藏日报》的一些同志说,这组稿件抓住了长假期间读者的心态,报纸临时撤掉原先准备好的图片,改用《中国第一个"休闲小康指数"昭示生活方式的变迁》。一些媒体认为,《长假与"休闲学"》专栏策划独到,以第一个"休闲小康指数"公布为契机,引领了"休闲学"新闻报道的潮流。

回顾这次长假报道实践,我深感"学以备用"的重要。如果事先没有关于"休闲学"的知识储备,"五一"前夕,就很难作出突击组织"长假与'休闲学'"报道的决策。

四、倡导跨界阅读,探索新的思路

作为加拿大现代医学奠基人之一的威廉·奥斯勒说:"不断将注意力集中在一个学科,不管这个学科是多么有趣,都会把人的思想禁锢在一个狭窄的领域之内。"适当阅读一些本专业、本学科之外的图书,对扩大视野、开阔思路很有好处。

2014年3月24日,乐读网登载了赵元波写的《外交官为什么要学习矿物学》一文,讲述外交官学习矿物学的故事。民国外交家顾维钧1904年考入美国哥伦比亚大学,专攻国际法及外交学。顾维钧发现课程表上有一门必修课程矿物学,以为是学校弄错了。他跑到教务室去问教务长,教务长告诉他这是真的,根本没错。顾维钧说:"矿物学跟我们的专业相差十万八千里,不但没有用,而且还很枯燥,花费宝贵的时间去学习它,您不觉得这很浪费吗?"没想到教务长说了这样一句话:"把一门枯燥无味的矿物学学好,需要的是一个人的耐力。这也是教育的目的之一呀!"原来学校这样做是为了培养学生做事的耐心和毅力。

在科学领域,许多重大发现和创新都是通过对交叉学科的研究实现的。据《科学时报》2010年2月报道,当时全世界比较成熟的学科大约有5550门,其中交叉学科总数约2600门,占全部学科总数的46.8%,其发展表现出良好势头和巨大潜力。百年诺贝尔奖,有41.02%的获奖者属于交叉学科。尤其在20世纪最后25年,95项自然科学奖中,交叉学科领域有45项,占获奖总数的47.4%。

俄罗斯著名作家契诃夫就得益于文学和医学的"交叉"。1879年9月,契诃夫考入莫斯科大学医学院。他潜心学习医学院规定的专业课程,虚心听每一门课的讲授,对尸体解剖课和实验课也很认真。每次到医院实习,契诃夫都精心填写病历卡,完成各项课外作业。在医学院,契诃夫获得了优异成绩。然而,他放弃了当一名医生的理想,"跨界"走上了布满荆棘的文学创作之路。这位"跨界"奇才经过艰苦努力,终于成为俄国世界级短篇小说巨匠和俄国19世纪末期最后一位批判现实主义艺术大师,他与莫泊桑和欧·亨利并称为"世界三大短篇小说家"。

有鉴于此,编辑、记者不能只读新闻学著作,应该跨界阅读经济学、社会学、心理学、逻辑学、法学、教育学、历史学、地理学、军事学等书籍。《找油的哲学》就曾经给了我很大启发。

《找油的哲学》是美国石油地质学家华莱士·E.普拉特的著作。作者首先讲了几个找油的故事:

1920年5月,美国地质调查所总地质师戴维·怀特断言,美国石油的年产量似乎不能超过4.5亿桶。怀特说:"如果我们一意孤行产太多的石油,那么预计美国地下蕴藏的70亿桶可采石油,将在18年内开采殆尽。"然而,这一预言发表30年后,美国仍以高于怀特预测的最高产量5倍的速度开采石油。

科威特油田是世界著名的大油田,然而,在1937年被发现之前的15年间,一些权威人士认定科威特一点石油也没有!世界上许多大石油公司都对这个油田看不上眼,没有一家大公司愿意出资在科威特进行油田勘探。但是,一经勘探,便立刻发现了一个比以往任何油田都大的特大油田。

普拉特说:"那些很有素养的科学家和工程师思想上的极端保守,在认识上对未知世界的重大意义并不觉察或者根本没有洞察能力,事业心不强,这些都是世界石油勘探事业取得成功的极大的障碍。""如果没有人相信有更多的石油有待去寻找,将不会有更多的油田被发现。"

《找油的哲学》给我最大的启发是:在新油田找油可以用老办法,在老油田找油必须用新办法。从《找油的哲学》联想到新华社的人大报道。人民代表大会制度和人大工作报道延续多年,好比一个被连续开采多年的"老油田"。在这个老油田里,报道资源会不会"枯竭",还有没有待发现、待开掘的新闻资源,能不能有新的发现?对待上述问题,有两种理解、两种态度。不扫除"资源枯竭、难有作为"的思想障碍,我们在这一领域就会裹足不前,很难有新的发现。要加强和改进人大宣传,必须拓展报道领域、创新思维方式、寻找新的视角、提高发现能力。一句话:要在两会这个"老油田"里找到"高品质的石油"。

胡锦涛在党的十七大报告中强调指出:"人民当家作主是社会主义民主政治的本质和核心。"一个"本质"、一个"核心",这两个判断语把"人民当家作主"在社会主义民主政治中的地位和作用阐释得清清楚楚。作为新闻工作者,我们有责任对人民当家作主问题作进一步的阐释,通过大量事实,让海内外受众了解"中华人民共和国的一切权力属于人民""人民,只有人民,才是国家和社会的主人"。

近几年,我同外国议会代表团接触较多,在交往中我发现,不少外国朋友对中国的人民代表大会制度缺乏了解。他们不知道在十几亿人口的发展中大国，人民怎样行使国家权力，不知道将近3000名代表怎样开会，也不知道人大代表提出的议案通过什么渠道反映上来，最后形成法律议案。抓住这些问题进行解读，有助于增进海内外受众对人民代表大会制度的了解、理解和认同。

举一个例子。十届全国人大五次会议期间，我所在的河南代表团不仅有本省工作人员，还有大会秘书处派来的联络员。代表们在全团会议和小组会议审议时的发言，特别是对大会文件的修改建议，很快就会反映到大会秘书处或大会主席团。我想，如果能勾勒一张代表意见收集、整理、反馈的"流程图"，肯定会增进海内外受众对人民代表大会运行程序的了解。我把这个想法告诉了新华社两会报道组负责同志，建议他们派记者对这一问题进行调研。新华社记者邹声文、张宗堂、孟娜决定以企业所得税法草案为"标本"，追踪从代表意见采集到吸纳的全过程。记者发现，关于提高计算应纳税所得额的扣除比例的建议是安徽代表团李修松代表提出来的。与此同时，天津代表团、广东代表团、四川代表团等十几个代表团的一些代表，也提出了相同或类似的建议。派往各代表团的联络员准确记下代表的建议，当天就以简报形式将这些建议报送十届全国人大五次会议秘书处法案组。当晚，法案组十几名工作人员集中整理各代表团对企业所得税法草案的修改意见，并向全国人大法律委员会作了汇报。法律委员会组成人员在充分研究各方面建议的基础上，对草案作了15处修改，其中包括将企业公益性捐助纳税所得额的扣除比例提高两个百分点。此后的几天里，大会经过几上几下、反复酝酿，2007年3月16日，十届全国人大五次会议表决通过了企业所得税法。代表提出的关于将企业公益性捐助纳税所得额扣除比例调整为12%的建议正式写入法律，上升为国家意志。记者采写的《两个百分点背后的"立法日志"——追踪一条企业所得税法草案修改意见的吸纳过程》一稿，在会内会外均受到好评。

这只是一个具体事例，像这样的例子可以举出很多。九届全国人大五次会议上,全国人大常委会向大会作的工作报告中提到"去年一年通过的16件法律中,有15件是根据历年代表提出的议案制定的"。看到这句话我猛然心动:这是一个足以说明人民代表大会制度的线索。我立即把追踪采访的任务交给了新华社国内部。4名新华社记者采用"倒追踪"的办法,从全国人民代表大会及其常委会审议通过的15件法律入手,找到相关议案领衔人,让他们讲述自己领衔提出的议案是怎样转化为法律的。最后写成了《从基层民声到国家意志——回溯去年出台的15件法律的形成历程》一稿。2002年3月13日,李鹏委员长在会见港澳地区人大代表时,谈到了这篇稿件。李鹏同志说:"有不少人问,每年两会代表提的议案有什么用?今天有一篇文章《从基层民声到国家意志》写的就是这个事,写得很好。"这篇稿件获得全国人大好新闻通讯类一等奖,并被收入《纪念代表法颁布10周年文集》。

2005年3月8日,新华社播发了题为《民主的细节》的通讯,对全国人大完善选举和表决方式进行了剖析。记者写道:"人代会选举填写选票时,如果投赞成票,要不要代表动笔?千万不要认为这只是一个无关紧要的细节问题,因为程序是否民主,是确保民主能否真正实现的基础和前提。"这一新闻题材的发现,纯属偶然。

2005年3月8日,十届全国人大三次会议举行第二次全体会议。我作为大会主席团成员,坐在主席台上。当我翻阅摆放在桌子上的《会议选举和表决任命的办法》时,发现办法的附件一《写票、投票和按表决器注意事项》中明确规定:无论是投赞成票、反对票还是弃权票,都需要将选票上相应的椭圆形空白处用墨水笔涂满。这意味着不画票就是废票。这一规定改变了过去等额选举过程中投赞成票不需要动笔的做法。

在此之前我了解到一个地方人大的选票填写方式,他们规定赞成的什么符号也不画,反对的画"×",弃权的画"○"。这等于告诉代表,如果你不反对选票上的任何一位候选人,就不要动笔;只要一动笔,就表明肯定

2004年3月5日，作者（前排左一）作为十届全国人大二次会议主席团成员出席大会开幕式

是投了某些候选人的弃权票或反对票。为了应对这一规定，有些代表上衣口袋不放笔，衣服袖子里藏着一个很短的笔头，到了选举现场，趁人不注意，在选票上飞快地画叉或者画圈。这成为这个地方选举现场的怪现象。十届全国人大三次会议将根据新的选举和表决任命办法，选举中华人民共和国中央军事委员会主席，补选十届全国人大常委会委员。这是能够推动社会主义民主进程的很有价值的新闻。我当即离开座位，到主席台南侧，给新华社负责组织两会报道的同志打电话，要他们抓住选举办法的细微变化，尽快采写一篇重点稿件，用细节反映全国人大对代表选举权和表达权的尊重。

在主题敏感、时间紧迫的情况下，承担这一任务的新华社记者沈路涛和邹声文迅速采访了中国社会科学院法学所、中国人民大学、西南政法大学的法学专家，还采访了对完善选举制度比较关心的全国人大代表，加上平日的积累，当天就写出了《民主的细节——全国人大完善选举和表决方式透视》。稿件播发后，在人民群众中引起强烈反响。多家媒体以《细节一小步　民主一大步》为题，称赞这一写票程序的改变。在全国人大好新闻评选中，这篇稿件获得一等奖，有的地方还把这篇稿件作为人大新闻培训的范文。

2006年3月，新华社播发了《无记名表决：让人大代表真实表达投票意图》一稿。这篇稿件以出席十届全国人大四次会议预备会议的代表用电子表决器"无记名"选举出大会主席团和秘书长这一由头,反映"无记名表决系统对代表意志的尊重和保障"。这一题材的发现,要感谢河南代表团。

2006年3月3日下午,我作为全国人大河南代表团的一名代表,参加河南代表团全体会议。会上,河南代表团副团长传达十届全国人大四次会议秘书处召开的各代表团负责人会议精神,其中谈到不少全国人大代表对人民大会堂的电子表决器心存疑虑。有的代表说:"名义上是无记名按表决器,实际上还不一定呢!如果哪一位代表按了反对键,从计算机系统会不会查出这位代表的代表证号码呢?"为了消除这一疑虑,大会秘书处组织各代表团负责同志和部分人大代表参观了人民大会堂的电子表决系统。人民大会堂管理局的技术专家向全国人大代表介绍说,从电子模块的设置来说,一些国家的表决系统可记录代表按键情况,并显示投票人是赞成、反对还是弃权。但是,中国始终使用无记名的表决方式和与之相配套的表决系统。表决器上设有三个表决按键,绿色表示赞成,红色表示反对,黄色表示弃权。电脑系统只负责将三种不同信号累加,没有设置对代表投票态度的记录功能。也就是说,当代表按键表决时,电子表决系统只累加相应的按键结果,不显示和记录每个代表的表决意见。

河南代表团全体会议还没有结束,我就到会议室外面打电话给新华社两会新闻报道中心负责同志,让他们立即组织一篇关于大会堂电子表决系统的释疑解惑稿件。当天,孟娜、邹声文采写的《无记名表决:让人大代表真实表达投票意图》一稿就向海内外播发。这篇稿件不仅有助于消除全国人大代表对无记名电子表决方式的后顾之忧,而且用全国人大选举实践向世界昭示:中国从技术上保障代表投票真实意图的实现,中国式民主能够保障人民的民主权利。

第七章 "本领恐慌感"是学习的动力之源

1939年5月20日,毛泽东同志在延安在职干部教育动员大会上说:"我们队伍里边有一种恐慌,不是经济恐慌,也不是政治恐慌,而是本领恐慌。过去学的本领只有一点点,今天用一些,明天用一些,渐渐告罄了。好像一个铺子,本来东西不多,一卖就完,空空如也,再开下去就不成了,再开就一定要进货。我们干部的'进货',就是学习本领,这是我们许多干部所迫切需要的。我们的干部要使工作做得好,就要多懂一点,单靠过去懂的一点还不够,那只是一知半解,工作虽然可以做,但是要把工作做得比较好,那就不行,要工作做得好,一定要增加他们的知识。"没有"本领恐慌感",就会得过且过;有了"本领恐慌感",就有了无形的压力,非下苦功夫增加知识、提高本领不可。

一、水平不会因为职务的提升而自动提高

1985年年初,新华社调我到总社工作。同年4月,我担任了新华社总编辑室副总编辑。上任之前,穆青社长找我谈话,让我到总编辑室"跟班学习"。3月25日到3月31日,在"跟班学习"的一个星期里,我遇到了两件事:

第一件事是《山西日报》两名记者违反国家出版局有关规定,找到林彪、江青反革命集团主犯江腾蛟的住处,要求采访和报道江腾蛟的近况。

江腾蛟出生于湖北黄安,早年参加革命。他曾经参加过土地革命、抗日战争和解放战争。1955年被授予少将军衔。"文化大革命"中参与林彪

篡夺党和国家最高领导权的阴谋活动,1973年被开除党籍,撤销党内外一切职务。1981年1月25日,中华人民共和国最高人民法院特别法庭确认江腾蛟为林彪、江青反革命集团主犯,判处有期徒刑18年,剥夺政治权利5年。

我国刑法规定,剥夺犯罪分子的政治权利不仅包括选举权和被选举权,而且包括言论、出版的权利。采访报道江腾蛟,显然不符合我国有关法律规定。

1985年3月25日,胡耀邦将有关部门反映此事的材料批给新华社社长穆青和人民日报社社长秦川。胡耀邦写道:"材料中暴露了我们新闻战线一些同志的新闻观点、作风和纪律确实存在一些不健康的东西。""要十分注意提高新闻战线队伍的素质,并且要提出一整套提高新闻战线队伍素质的切实措施。"

"跟班学习"第一天,就听到如此重要的传达,我深感新华社总编辑室肩负责任的重大。这种强烈的感受,在过去20余年的记者生涯中还未曾有过。

第二件事是我国一艘鱼雷艇在海上训练中失去与基地的联系。1985年3月23日,我外交部新闻发言人就此事发表谈话:"我海军一艘鱼雷艇3月23日在海上进行训练时失去联系。在寻找该艇过程中,我方舰艇曾误入南朝鲜(韩国)海域,发现后立即主动撤出,未发生任何事件。该鱼雷艇正在南朝鲜海岸。我们要求南朝鲜方面协助尽快将我鱼雷艇及全部人员妥善地交还我方。"

当时,北海舰队快艇第一支队1艘鱼雷艇和5艘快艇前往黄海海面进行训练。5艘快艇相继返航后,殿后的鱼雷艇上发生了一起重大变故。这艘鱼雷艇在海上航行9个小时以后,因油料耗尽,随波漂流到南朝鲜水域的小黑山岛。3月22日,这艘鱼雷艇被南朝鲜渔民发现,南朝鲜群山海岸警备队出动巡逻艇将该鱼雷艇拖往南朝鲜海岸停泊。中国随即与南朝鲜方面展开接触谈判。

3月26日上午,我到新华社总编辑室上班。新华社副总编辑沈定一、王文卿、于民生一起研究鱼雷艇事件的报道问题。当天,南朝鲜当局已经宣布,将于3月27日下午在公海交还我鱼雷艇和全部人员。合众国际社3月26日援引汉城(首尔)政府官方发言人、文化公报部长官李元洪的话报道说:"政府决定解决这一事件,于3月27日下午把这艘鱼雷艇及其全部船员交给中国方面。"

总编辑室碰头会结束之后,值班秘书当即通知新华社国内部和中国人民解放军海军分社,让他们与中国人民解放军海军司令部有关部门联系,安排新华社文字记者、摄影记者赴鱼雷艇交接现场采访事宜。此外,还通知对外新闻编辑部与外交部有关部门保持联系,及时播发我国外交部声明;国际新闻编辑部和参考新闻编辑部负责了解南朝鲜及世界有关国家对此事的报道情况。

就在这时,新华社参考新闻编辑部值班编辑向总编辑室值班副总编辑反映了一个新情况:据外电报道,因海上风浪太大,鱼雷艇及其全部船员的交还时间可能会推迟。随后,我外交部新闻司值班人员也给新华社总编辑室值班室打来电话,大意是:因海上风浪太大,南朝鲜向我方移交鱼雷艇及其全部船员的时间比原计划推迟了。新闻司的同志说:"为了保证新闻报道的准确性,避免节外生枝,我方不要'抢发消息',等到我方接到鱼雷艇及艇上全部船员之后,再播发消息。"

3月28日,新华社记者赵岳龙向总社反映,上午9时50分,南朝鲜方面在公海把失去联系的我海军一艘鱼雷艇及全部人员交还我方,至10时30分交接完毕。同一天,外交部发言人就此发表了谈话,新华社受权播发的新闻稿如下:

新华社北京3月28日电　外交部新闻发言人今天发表

谈话说：应我方要求，南朝鲜方面于3月28日在公海上把失去联系的我海军一艘鱼雷艇及全部人员交还我方。对于南朝鲜方面的协助，我有关方面表示了感谢。

"跟班学习"的一周之内，就碰到两件大事，这使我意识到今后履职的岗位是一个"高风险岗位"。如果不加强学习，对国家大政方针、核心利益、宣传策略、宣传纪律缺乏较系统的研究，就有可能踩响"地雷"，给党、国家和人民带来不应有的损失。有同志对我说："新华社总编辑处在风口浪尖之上。"我相信他们不是吓唬我，而是善意的提醒和忠告。

1985年4月独立值班发稿后遇到的一件尴尬事，进一步强化了我的"本领恐慌感"。

一天夜里，新华社国际部一位编辑收到一篇关于美国问题的稿件，由于涉及敏感问题，需要向值班副总编辑请示。当时，总编辑室有两位副总编辑对国际问题比较熟悉，这位同志想把稿件送给他们中的一位。他先打电话到总编辑室值班室，向秘书打听当晚哪位副总编辑值班。当秘书告诉他是我在值班时，这位同志停了一下，说："那就算了吧！"

"那就算了吧！"这5个字简单明了、含义深刻。我大学毕业后在新华社山东分社从事农业报道长达20年，可以说是山沟沟里出来的"农村记者"，对国际问题连"一知半解"的水平也达不到。这位编辑是国际部美国问题专家，涉及美国的重要稿件，连他都觉得"拿不准"，我怎么能对稿件作出正确判断呢？即使这位编辑当天晚上真的把稿件送到我手里，我还得请教熟悉国际问题的老同志。

"那就算了吧！"听了这句话，我的心里的确很不好受。但是，冷静地想了想，这几个字包含着一位老编辑对我的了解、理解与体谅，绝不能误认为是对新上任的年轻领导干部的不尊重。

这件小事使我懂得了一个浅显的道理：一个人的能力和水平，绝不会因为职务的提升和岗位变动而"自动提高"。毛泽东在延安在职干部教育动员大会上说:"在部队中发命令,这是威风,但光有威风而没有本领是无用的。我们的八路军、新四军和游击队,所有的干部,在有威风之外,还要有本领,这就是学习。"新闻单位的领导干部虽然级别很高,但不是"官",只是带兵打仗的"兵头"。我们原本就没有什么"威风",再不刻苦学习,尽快提高自己的能力和造诣,就很难取得审发稿件和组织指挥报道的发言权,就会成为徒有虚名的领导。

为了弥补知识缺陷,我抓住自己的薄弱环节,首先从学习国际知识入手。我请新华社解放军分社的同志帮我从部队测绘部门找来一个很大的地球仪,放在写字台的一角,经常转动、查看。无论哪个国家和地区发生了重大事件,我都让值班秘书把相关资料借来,仔细阅读。外事局安排我会见外宾,会见前几小时,我从国际部资料室借来几大本资料,尽量熟悉这个国家的政治、经济、军事、文化情况。我把这种学习方法叫作"突击充电"。我还向熟悉某一国家和地区情况的编辑、记者请教,对一些重大国际问题进行专题研究和思考。经过一段时间的学习和钻研,我对国际问题有了一点发言权。我联系新华社国际报道的实际,进行专题调研,先后撰写了《突出国际新闻的"中国特色"》《"随时随地":驻外记者采访新概念》《非洲地区"区情"与非洲地区报道》《拉美地区"区情"与拉美地区报道》《观察前苏东地区形势的"钥匙"》《描绘世界经济云图》《驻外记者的战略眼光》等业务文章,与新华社有关编辑部的同志共同探讨加强和改进国际新闻报道问题。如果不是真切地感受到了"知识恐慌",这一知识缺陷很难在短时间里得到弥补。

二、学然后知不足,用然后知困惑

一个人的学习,好比盘旋上升的螺纹:学然后知不足,用然后知困惑。"知不足"就会想办法补课;"知困惑"就会下功夫钻研,力求把"贫乏"转化为"充实",把"理解不清"的地方学懂弄通。在弥补不足、解除困惑的过程中又会产生新的学习需求,如此循环往复,以至无穷,这就是丰富知识、提高本领的漫漫征程。

2005年9月15日,胡锦涛在联合国成立60周年首脑会议上发表了题为《努力建设持久和平、共同繁荣的和谐世界》的讲话,就建设一个持久和平、共同繁荣的和谐世界问题发表了4点意见,即坚持多边主义,实现共同安全;坚持互利合作,实现共同繁荣;坚持包容精神,共建和谐世界;坚持积极稳妥方针,推进联合国改革。这篇讲话传递的新思路、新观点、新主张,引起世界各国媒体和专家学者的高度关注,他们纷纷发表文章,对胡锦涛的讲话予以积极评价。美国《世界日报》以《胡锦涛联大演说中国无威胁》为题,突出报道了"中国的发展不会威胁任何人"的内容。西班牙《先锋报》发表文章指出,针对国际上对中国迅速发展的担心,胡锦涛重申中国的发展不会妨碍也不会威胁任何人,只会有利于世界的和平稳定。美国普林斯顿-哈佛"中国与世界"项目客座研究员徐昕认为,胡锦涛在联合国展现了中国外交方略的成熟与自信。

建设和谐世界的战略构想,为我们提出了许多新课题。作为国家通讯社的总编辑,不能满足于对这篇讲话的一般浏览,应该深入研究这一战略构想提出的时代背景和深刻的思想内涵,以便用更加宽广的眼界观察世界,提高科学判断国际形势和进行战略思维的水平。

2007年2月上旬,中共中央在中央党校举办省部级主要领导干部专题研讨班,通知我参加这期研讨班,我觉得这是研究建设和谐世界问题的好机会。学习期间,除了听课和参加小组讨论,我还集中精力阅读中央三代领导集体关于国际问题的论述。

我学习的第一个重点是建设和谐世界同和平共处五项原则的关系。在我的笔记本电脑里,存有数字版的《毛泽东选集》和《邓小平文选》。我从这些著作中检索出与和平共处五项原则有关的章节,仔细品读。早在

1954年,毛泽东同志就指出,和平共处五项原则应推广到所有国家关系中去,和平共处五项原则是一个长期的方针。1984年10月31日,邓小平在《和平共处原则具有强大生命力》一文中说:"处理国与国之间的关系,和平共处五项原则是最好的方式。""总结国际关系的实践,最具有强大生命力的就是和平共处五项原则。"1993年7月12日,江泽民同志在会见出席第八次驻外使节会议的驻外使节时强调指出,我们外交工作的根本目标是进一步巩固和发展有利于我国的和平国际环境,为我国的改革开放和经济建设服务。通过学习和思考,我认识到建设和谐世界与和平共处五项原则一脉相承,是对党的三代领导集体国际战略思想和外交政策的继承、创新和发展。把推动建设和谐世界的战略构想同和平共处五项原则联系起来,就会发现我们党既有历史的深邃眼光,又有世界的全局视角。这种观察问题的方法,可以帮助我们更深刻、更全面地认识当代中国和当今世界。

我学习的第二个重点是建设和谐世界的时代背景和思想内涵。我首先采用"梳理法",把几代领导人的著作中与建设和谐世界相关联的论述梳理成四个专题:一是如何正视世界不和谐因素,深刻理解推动建设和谐世界的长期性、复杂性和艰巨性;二是如何正确把握世界形势发展变化总趋势,善于发现促进当今世界和谐的"驱动因素";三是如何正确对待国家和民族之间存在的差异,做到"和而不同""求同存异";四是如何正确认识国与国交往中的利弊关系,趋利避害,自觉维护我国人民的根本利益。在笔记本电脑里,我为每个专题设置了一个"文件夹",把相关资料和学习心得分别存储到"文件夹"中,反复阅读,力求把每个专题所涉及的问题弄明白。

比如,为了弄清"求同存异"的内涵,我研究了国家和民族之间存在的差异。世界上有200多个国家和地区、2500多个民族,生产力发展水平不同,生活方式不同,不应该也不可能只有一种文明、一种制度、一种发展模式、一种价值观念。正因为如此,应该维护世界的多样性,提倡国际关系民主化和发展模式多样化。世界上的各种文明、不同的社会制度和发展道路应彼此尊重,在竞争比较中取长补短,在求同存异中共同发展。

我还对"差异"作了具体分析,明确了三个基本观点:

(1)"差异"是客观存在的。德国哲学家莱布尼茨说:"世界上找不到两片完全相同的树叶。"既然连两片完全相同的"树叶"都找不到,那么,更找不到两个完全相同的国家。"千差万别",才是真实而多彩的世界。

(2)有"差异"并非坏事。历史进程表明,世界发展的活力恰恰在于这种"差异"和多样性的共存。没有差异,没有比较和竞争,世界的力量就会失去平衡,从而导致某种力量主宰世界。这样一来,世界就会变得死气沉沉,发展进程就会迟滞。

(3)必须摒弃历史唯心主义观点,坚持用唯物史观看待"差异"。美国哈佛大学政治学教授亨廷顿在美国《外交》杂志1993年夏季号上发表的《文明的冲突?》一文认为,冷战结束后,导致人类冲突的主要根源将不再是意识形态和经济因素,而将是"文化或文明的差异","文明间的冲突"将主导未来国际政治,"文明的断层线"将成为国际冲突的主战场;儒家文明和伊斯兰文明对西方的利益、权力和价值观念构成严重挑战,西方同几个儒教—伊斯兰教国家的冲突将成为不久的将来世界冲突的焦点。这一理论虽然承认西方价值观念不可能一统天下,但忽视了世界不同文明相互交流、不断融合的历史事实,将不同文明完全对立起来,这是唯心史观的反映。历史唯物主义者认为,各个国家、各个民族都为人类文明的发展作出了贡献。应充分尊重不同民族、不同宗教和不同文明的差异性。要本着平等、民主的精神,推动各种文明的相互交流、相互借鉴,以求共同进步。

在理论学习的基础上,我联系外事工作实际,作了一些"实例与效果"分析。比如,2006年召开的中非合作论坛北京峰会,就是建设和谐世界这一外交思想的展示。中国和非洲都有着悠久的历史和灿烂的文明,都拥有相同或相近的民族独立和民族解放的血与火的奋斗历程,都对"第三世界""发展中国家"的政治身份予以认同,又都面临着共同的发展目标和任务,以及共同的和平、发展、合作的利益诉求。这是"求同存异"的政治基础。《中非合作论坛北京峰会宣言》强调,要根据和平共处五项原则以及所有倡导多边主义和国际关系民主化的国际准则发展友好合作关系;尊重和维护世界的多样性,世界各国不分大小贫富强弱应彼此尊重、平等相待、和睦相处;不同文明和发展模式应相互借鉴、相互促进、和谐共存。这些主张不仅赢得了广大发展中国家和发达国家有识之士的赞扬,就连美国《纽约时报》也发表评论说,中国与非洲交往是理解彼此差异、尊重对方自主选择发展道路的体现,是"君子和而不同"精神的体现,是中国政府反复强调的"和谐世界"理想的体现。

通过在中共中央党校省部级主要领导干部专题研讨班的学习,我对中央提出推动建设和谐世界这一战略思想的时代背景、精神实质、科学内涵、现实基础、既定目标、驱动因素和实现途径等问题有了初步认识。用这一视角观察世界,就会有许多新的感悟和新的发现,就能为推动建设和谐世界作出应有贡献。于是,我撰写了一篇题为《用新的视角观察世界》的学习笔记。2007年2月13日,我给时任中央外事办公室主任的戴秉国写了一封信,就这篇"学习笔记"所涉及的问题向他请教。2月18日下午,我正在新华社总编辑室值班,接到戴秉国同志的电话。戴秉国同志告诉我,他阅读了这篇"学习笔记",总的感觉是"思路开阔、逻辑严密,通篇充满了辩证法"。他还对"学习笔记"提出了四条修改建议。

按照戴秉国同志和其他几位国际问题专家提出的修改意见,我对"学习笔记"又进行了一次修改,将题目确定为《用新的视角观察世界——关于共同推动建设和谐世界的学习笔记》。新华社总编室将这篇"学习笔记"刊登在《业务通报》上,印发给总社各编辑部、国内各分社、驻外总分社和大分社,要求他们结合实际,认真研究新形势下怎样用新的视角观察世界,注意寻找我国同世界其他国家和地区之间的共同关注点和利益交汇点,不断拓展报道领域、开阔报道思路,进一步增强中国新闻对外报道和涉华国际报道的针对性、有效性和影响力。2007年3月14日下午,中央宣传部一位同志就打电话索要《用新的视角观察世界——关于共同推动建设和谐世界的学习笔记》一文,准备在一份参阅刊物上转载。一位领导同志说:"《关于共同推动建设和谐世界的学习笔记》观点鲜明,报道可以这样掌握。"

三、新需求推动再学习和再思考

2007年8月30日,我辞去新华社总编辑职务,作为十届全国人大外事委员会副主任委员,全力投入全国人大外事委员会的工作。

外事委员会的一项重要职责是根据全国人大及其常委会的统一安排,开展对外交流活动,加强与各国议会外委会及国防委员会的友好交往。全国人大与15个国家和地区议会实现了机制化交流;与178个国家建立了议会之间的联系,保持不同形式的交往;成为15个国际议会组织的成员和5个地区议会组织的观察员;与外国议会对等成立了102个友好小组。在这一百多个双边友好小组中,有34个友好小组由我担任组长,约占双边友好小组总数的三分之一。要忠实履行职责,必须准确把握国际战略格局变化的新趋势,正确认识我国所处的发展阶段和发展中国家属性。这种"新需求"激励我产生了深入研究中国国情和国际关系问题的强烈愿望。于是,我又开始了对国际问题新一轮的学习和研究。几年来,我集中思考了三个问题:一是冷静观察新形势下国际力量消长和治理结构调整;二是把"求同存异"作为战略机遇期外事工作的一把"钥匙";三是清醒认识我国的"发展中国家属性",警惕"中国责任论"的蔓延和发酵。

以冷静观察新形势下国际力量消长为例。在金融危机冲击下,西方一些国家实力有所下降。当时根据国际货币基金组织等机构的预测,2014年以前美国经济潜在年增长率将徘徊在1.4%到2%之间,低于同期世界经济潜在增长率。欧盟国家陷入主权债务危机,不得不采取紧缩政策,经济复苏的势头受阻。日本仍未摆脱或者再次陷入"停滞期",近期经济难有大的起色。与此同时,一批发展中大国呈现"群体性崛起"的势头。按购买力平价计算,巴西、俄罗斯、印度、中国"金砖四国"对世界经济的贡献率超过50%,成为世界经济的新引擎。有人预测,到2050年,"金砖四国"经济总量将超过西方七国集团。紧随"金砖四国"之后的南非、印尼、墨西哥、土耳其、埃及、沙特等一批发展中国家,近年来也迅速崛起,这些都是客观存在。但是,当今世界"一超多强""西强东弱""北强南弱"的总格局并未改变,看不到这一点就会陷入盲目性。为了清醒、冷静、全面、辩证地观察国际形势,我研究了"广场协议"和日本"购买美国"的历史经验。

1985年9月,美国财政部部长詹姆斯·贝克、日本财长竹下登、联邦德国财长杰哈特·斯托登伯、法国财长皮埃尔·贝格伯、英国财长尼格尔·劳森雪等五个发达工业国家财政部部长及五国中央银行行长在纽约广场饭店举行会议,达成五国政府联合干预外汇市场,使美元对主要货币有秩序地下调,以解决美国巨额的贸易赤字,这就是著名的"广场协议"。"广场协议"签订后,五国联合干预外汇市场,各国开始抛售美元,继而形成市场投资者的抛售狂潮,导致美元持续大幅度贬值。1985年9月,美元兑换日元在1美元兑250日元上下波动,从1985年到1996年的10年间,美元兑换日元的比率猛升至1∶87,日元升值287%,严重影响了日本经济的持续发展。一些经济学家将签订"广场协议"说成是一个"阴谋",自有它的道理。

我还阅读了关于日本人"购买美国"的资料。2005年11月23日,《环球时报》刊登了一篇题为《20年前日本要购买美国 美国媒体称其经济珍珠港》的文章。据作者介绍,1985年日本取代美国成为世界上最大的债权国,日本企业开始大量购买美国企业,或在美国开设工厂。1988年,有一位神秘的日本富翁,在一年时间内投入1.5亿美元,在美国购买了178套高级住宅。日本三菱公司投资14亿美元购买了坐落在纽约曼哈顿闹市区的洛克菲勒中心大厦。在洛杉矶闹市区,日本人掌握了几乎一半的房地产;在夏威夷,96%以上的外国投资来自日本,主要集中在饭店、高级住宅等不动产领域。对日本人的收购狂潮,美国社会反响强烈。一些美国报刊称其为"经济珍珠港"。但是,由于当时日本企业缺乏海外投资经验,结果在期货、地产市场损失惨重。三菱公司购买洛克菲勒中心大厦不久,不得不以半价再次将其卖给原主。1989年年底,日本政府意识到"泡沫经济"的严重性,采取措施阻止投机,结果使得股价暴跌,地价急剧回落。"泡沫经济"的崩溃,使日本许多家庭财富化为乌有,日本经济也随之进入长达10年的衰退期。"广场协议"和"收购美国"的确是两本绝妙的参考教材。

再以我国的"发展中国家属性"为例。由于价值观和社会制度的差异,西方一些人士对中国存有两类偏见:当中国经济遇到困难时,就会冒出"中国崩溃论";当中国经济发展取得成就时,又会冒出"中国威胁论"。2008年国际金融危机爆发以来,中国的"发展中国家属性"受到质疑,一些人误认为中国已经跨入发达国家的门槛,具有"世界性大国"特征。一些西方国家借机散布"中国经济责任论",把金融危机和世界经济复苏乏力归咎于中国,要求中国承担起世界经济失衡和"拯救全球经济"的责任。由此可见,清醒认识我国的"发展中国家属性",警惕"中国责任论"的蔓延和发酵,已经成为一个重大课题。近几年我围绕这一课题进行了认真的学习和思考。

在学习过程中,我回想起1997年中共十五大前夕发生的一件事。一名外国驻京记者向大会秘书处工作人员提了一个问题:"中国领导人说初级阶段至少需要100年,但是,我看了中国传媒关于中国形势的报道,这里翻一番,那里翻一番。按照这样的发展速度,很快就会实现现代化,初级阶段还需要不需要100年?"

外国记者提出的问题引发了我的思考。从事新闻工作几十年,我头一次意识到"成就宣传"有"有效""无效"和"反效"之分。过头的、过量的"成就宣传",不仅不能准确反映我国社会主义初级阶段的实际情况,而且容易导致人们对中国国情的误判,产生事与愿违的"反效果"。在外事活动中也是如此,向外宾适当介绍中国取得的成就时,如果把话说得太满、太过,就会脱离初级阶段"不发达状态"的基本国情,从而引起外宾的误解。前些年,我们国家领导人在非洲发表演讲,当讲到"中国仍然是一个发展中国家"时,会场上发出阵阵笑声。有的非洲朋友对中国记者说:"你们国家的领导人真幽默。中国已经这样发达,还说自己是'发展中国家'!"

2008年11月,我到埃及访问,新华社中东总分社的同志要我讲几句话,我谈的一个问题就是牢记中国是发展中国家,千万不要向外国人"夸富",因为"夸富"有三大害处:一是无论是脱离实际的"自夸",还是言过其实的"洋表扬",都容易使一些领导干部滋生自满情绪。人一旦头脑发热,就会作出一些偏离初级阶段基本国情的错误决策。二是"夸富"有可能助长"中国威胁论"和"中国责任论"的蔓延。三是"夸富"不仅会使日本、英国、德国等一些发达国家终止对中国的发展援助,而且会把发展中国家对获取中国援助的"胃口"吊得很高。有的非洲国家人士说,新中国成立之初,经济那么困难,还无私援助非洲;现在中国这么富有,应该给非洲更多的无偿援助。

为了澄清关于"中国不属于发展中国家"的误传和误解,近几年我在向外宾介绍中国情况时,既介绍已经发生的深刻变化,又介绍发展进程中遇到的矛盾和存在的问题;既介绍经济总量,又介绍人均拥有量;既介绍中国发达地区发生的变化,又介绍贫困地区的实际状况。

比如,2009年1月,我带领全国人大代表团访问马其顿和葡萄牙,在谈及中国发展状况时,我说:"根据世界银行提供的资料,2007年中国人均GDP 2360美元,比马其顿少1209美元;葡萄牙人均GDP相当于中国的8.5倍。"2010年5月11日,在北京会见伊朗伊斯兰议会伊中友好小组代表团时,我对客人们说:"改革开放以来,中国经济社会发展取得的成就有目共睹,但中国人口多、底子薄,城乡差别、区域差别较大,经济社会发展很不平衡,人民生活水平还不高,就业、社会保障、收入分配等民生问题比较突出。中国的经济总量、资源总量、消费总量虽然很大,但是,如果被13亿这一巨大的人口数一除,人均水平都远远低于世界平均水平。"

我还向许多外国客人介绍过以下几组数据:

——联合国将世界国家分为三类:最不发达地区、发展中地区和发达地区。经济合作与发展组织的30多个成员国,被认为是发达地区国家,而中国现在并不在其中。联合国开发计划署按照人均寿命、教育程度、生活水平等指标统计出各国的"人类发展指数",中国2009年的发展指数为0.772,排在世界第92位,属于"中等发展程度"的发展中国家。世界银行将世界各国和经济体划分为四个等级:低收入、下中等收入、上中等收入、高收入。高收入为发达国家;前三个等级都属于发展中国家。中国被列为下中等收入等级,当然属于发展中国家。

——按照2010年《世界银行发展报告》的数据,中国2008年人均国民总收入2940美元,居世界第130位,属于"下中等收入国家"。2009年中国人均GDP为3700美元,只有发达国家的十分之一左右,相当于世界平均水平的43%。

——中国城乡发展、地区发展很不平衡。2009年上海市人均GDP为80 198元人民币,而地处中国西部的贵州省只有10 349元人民币,是7.75∶1。有人说"看上海像欧洲,看西部农村像非洲",这话虽然有一定道理,但并不全面,因为非洲的利比亚、塞舌尔、赤道几内亚、博茨瓦纳、加蓬、南非、毛里求斯、安哥拉、阿尔及利亚、突尼斯、纳米比亚、佛得角等12个国家的人均GDP均高于中国。根据联合国每人每天1美元的贫困线标准，中国至今尚有1.5亿贫困人口，贫困人口总量仅次于印度，居世界第二位。

——中国现代化水平差距明显。中国科学院于2010年发布了《中国现代化报告2010——世界现代化概览》，从健康长寿、知识普及、信息共享、环境优美和富裕生活等五个方面衡量世界各国的平均成就，中国排名第63位，同发达国家有较大差距。

我通过以上事实，让外国客人知道尽管中国同过去相比有很大进步，但仅仅达到了"下中等收入"国家水平，仍然属于发展中国家。要实现现代化还需要几代人、十几代人，甚至几十代人的不懈努力。不回避初级阶段存在的基本矛盾和问题，这种坦诚和实事求是的态度只会赢得外国朋友的理解、信任与尊重，绝不会损害国家的整体形象。

从外事活动实践中我体会到，要向外国客人讲清楚中国的"发展中国家属性"并不容易。2010年10月18日，我会见了美国"百人会"新闻代表团。在回答中国在全球事务中的作用问题时，我谈到一个不容忽视的前提，就是中国仍属于发展中国家，在国际事务中只能以发展中大国的身份，发挥力所能及的作用。拉纳·福鲁哈尔和艾萨克·斯通·菲什回到美国以后，在《新闻周刊》上合写了一篇文章，题目是《中国是个富国》。作者引用了我的两段话："在贫困人口的数量上中国仅次于印度。从这个意义上说，我们在国际事务中只能发挥一个发展中大国的作用。""如果我们能继续让上亿人脱贫，这难道不是帮助全人类做的最重要的事情吗？"作者认为"这个论点很有说服力"，但他随后引用了中国西北大学一位专家的话："中国能够施加的影响力远远超过'发展中国家'。"作者写道："中国的'发展中国家'地位与其日益富有的现实并不一致，这种矛盾削弱了中国在全球舞台上新获得的重要地位。"由此可见，有必要就中国的"发展中国家属性"问题进一步统一思想、形成共识。

2010年12月6日至12月9日,由全国人大常委会办公厅外事局和全国人大外事委员会办公室联合主办、江苏省人大常委会承办的"人大外事工作培训班"在江苏省南京市举行。这次培训班主要是学习贯彻中央关于外事工作的指示精神,了解国际、国内形势,研究探讨如何进一步做好人大对外交往工作。由于全国人大外事委员会两位熟悉国际问题的副主任委员不在国内,全国人大常委会办公厅临时决定让我到培训班作一次国际形势报告。我把近几年围绕上述问题学习和思考的成果梳理了一下,整理成一篇讲稿。一个小时的国际形势报告,在培训班与会人员中引起了共鸣。刚一散会,有的同志就向我索要讲话稿;有的同志还向我谈了自己的"听后感"。

这热情的一幕,使我联想到1985年4月在新华社总编辑室值班时遇到的"尴尬"。我甚至有点"后怕":假若当时麻木不仁,没有产生"本领恐慌感",就不可能下这么大的气力弥补自己的国际知识缺陷。从这个角度看,我真心实意地感激20多年前萌生的"本领恐慌感"。

第八章　学习计划应以人生志向为指导

一些年轻人问:"你有没有学习计划,应该怎样制订计划?"我想就这个问题,谈一点人生感悟。

20世纪70年代,我曾经拟订过"学习计划"。不能说这种"学习计划"完全没有用处,但在实践过程中我渐渐意识到,"学习计划"离不开"人生志向"。只有用积极的"人生志向"指导和带动"学习计划",这样的计划才有意义。

1985年1月1日,我即将离开工作和生活了20余年的新华社山东分社,奉调到总社工作。在当天的日记中,我把自己的一生大体划分为三个"20年":第一个"20年"是学习和积累知识的"20年";第二个"20年"是在新华社分社记者岗位上锻炼成长的"20年";第三个"20年"理应是为党和人民作出贡献的"20年"。在日记的结尾,我写了这样一段话:

"下个世纪的2004年,是我人生第三个'20年'的截止期。到了那个时候,我只希望能有资格说一句:'无愧于党的培养和人民的重托!'"

到新华社总社工作的20多年,我主要围绕"为党和人民多作贡献"这一人生目标拟订学习计划。为了进一步密切新闻报道同人民群众的联系,我学习和研究了四个问题:一是破解重大突发事件报道难题;二是关注人民群众的知情权;三是关注人民群众的口头舆论;四是探究舆论监督报道的功能和规律。

一、破解重大突发事件报道难题

我学习的一个重点是如何应对重大突发事件。

重大突发事件在突然之间爆发,新闻信息在一瞬间传递,信息量巨大,容易引起全国乃至全世界关注。在封闭或者半封闭的社会环境中,外界发生了重大突发事件,我们可以用行政的办法对其进行"封锁",可以在较长时间里"秘而不宣",或者可以采取"慢三拍"的方法。但是,在互联网十分发达的时代,在信息传播渠道四通八达的时代,对影响范围大的突发事件进行"严密封锁"已经成为不可能的事情。对我国发生的一些重大突发事件,我们自己不及时发布消息,西方媒体就会道听途说,抢发新闻,在国际上闹得满城风雨。到了那个时候我们再发消息澄清,就非常被动。从受众心理学的角度来分析,不少人有先入为主的信息接收习惯,而且容易形成"思维定式",一旦形成一种看法,就很难改变。这就好比一张白纸,被人画上铅笔道道,再用橡皮擦抹,总会留下一些印痕。如果人民群众最先接触的是西方新闻媒体关于中国突发事件的片面报道,那么,这一被歪曲了的形象将会在他们的头脑中残存很长时间,即使花费几倍的功夫,也难以在短时间内消除这些歪曲报道的影响。

重大突发事件发生后,为什么有的地方总是不愿公开?原因是多方面的,其中一个重要原因是害怕媒体添乱,引起公众恐慌,影响政府形象。但是,回顾多年来组织重大突发事件报道的经验教训,只有因为不报或者迟报而造成被动局面的典型案例,至今尚未找到因为及时报道而造成不良社会影响的典型案例。

为了弄清重大突发事件报道同人民群众信息需求的关系,我学习了马克思的著作。马克思在《资本论》中指出,人除了要满足吃、喝、住这些自然需要,还必须满足"精神的和社会的需要"。马克思在《经济学手稿》一书中说:"由于人类自然发展的规律,一旦满足了某一范围的需要,又会游离出、创造出新的需要。"世界上一些国家的发展实践表明,人均GDP突破1000美元以后,国民的文化消费支出不仅总量稳步增长,而且文化消费占整个消费的比重也明显提高,对新闻信息的需求总量会越来越大。科学技术的进步和新兴媒体的发展,使得人们获取信息的渠道明显增多、获取信息的方式越来越便捷。眼界和胸怀的开阔,使得人民群众不仅关心"近在眼前"的事情,而且关心"远在天边"的事情。及时、准确地传递重大突发事件信息,不仅是新闻宣传战线的一项重要任务,而且是一项义不容辞的社会责任。

人民群众对重大突发事件信息的需求可分为三个层次。

1. 从维护国家利益和生命财产安全的角度来看,人民群众对重大突发事件有着迫切的新闻信息需求

重大突发事件报道关系国家利益和人民群众生命、健康、财产安全,尤其是自然灾害、事故灾难、突发公共卫生事件,波及面广、危害极大,如果对这类突发事件的报道不及时、不全面、不准确,人民群众就无法做到及时应对、正确应对和有效应对。以2005年11月13日吉林石化公司双苯厂发生爆炸为例。从爆炸事件发生到21日哈尔滨公告全市大停水,在长达8天的时间里,没有人向人民群众公布这次突发事件的事实真相,结果贻误了防范、应对的最佳时机,给下游人民群众的生产、生活带来诸多不便。当前一些地方和单位忽视了突发事件信息传播的重要性,在突发事件爆发之初,往往以种种借口封锁消息,不仅为谣言的传播留下了很大空间,而且导致最佳应对时机的丧失。党的新闻工作者有责任、有义务满足人民群众对重大突发事件的信息需求。

2. 从满足人民群众知情欲望的角度来看,各类受众群体对国内外重大突发事件有着广泛的新闻信息需求

重大突发事件蕴含着珍贵的新闻价值,因为重大突发事件在突然之间爆发,新闻信息在一瞬间传递,单位时间爆发出来的信息量巨大,容易引

起全国乃至全世界关注。正因为如此,重大突发事件报道成为新闻媒体竞争的重点领域。在满足人民群众知情欲望方面我们还有很大差距,应继续加强和改进。

3.从维护国家形象和新闻媒体公信力的角度来看,政府和媒体均应及时、准确地发布突发公共事件信息,以满足全社会对重大突发事件的新闻信息需求

在学习和调研的基础上,2000年8月,新华社向领导机关报送了一份关于加强重大突发性事件报道的报告。报告说:新形势下组织好重大突发事件报道关系到社会稳定和人心安定,关系到党和政府在人民群众中的威信,关系到我国的国际形象和新闻媒体的信誉。为了快速决策,及时把重大突发事件的消息播发出去,建议五类重大突发事件的报道由新华社自行决定:一是自然灾害类突发事件,包括风灾、雪灾、水灾、旱灾等;二是重大责任性事故,包括飞机坠毁事件、铁路交通事故、公路交通事故、沉船、火灾、建筑物坍塌事件等;三是地震灾害报道;四是重大疫情报道;五是国际重大突发性事件报道。上述稿件不再层层上报,以免贻误最佳发稿时机。

在领导机关讨论新华社的报告时,时任国务院新闻办公室主任的赵启正发言说:"新华社这样做,是主动承担责任。我要向新华社的同志表示敬意!"

由于中央领导机关的大力支持,进入21世纪以后,新华社重大突发事件报道取得了明显进步。2003年2月25日上午,新华社北京分社记者李江涛、王呈选到北京大学、清华大学采访,中午在清华大学荷园餐厅二楼就餐。大约11时50分,突然听见"轰"的一声巨响,两名记者撂下饭碗,冲向一楼爆炸现场。一个目击者说:"到处是火药味,地上没有纸屑,不像是鞭炮,像是自制的土炸弹。"在餐厅门外面,记者看到有3个受伤的人被送上警车。记者在现场一边观察采访,一边用手机向编辑部口述新闻稿。由于报道及时,受到海内外媒体和网民的好评。日本《产经新闻》报道说,从媒体对北大、清华食堂爆炸事件的报道中可以看出中国媒体发生的变

化,它们开始"优先报道老百姓关心的新闻"。复旦大学新闻学院教授李良荣说:北大、清华爆炸事件之所以没有成为社会热点,没有被境外媒体大肆炒作,主要是因为新华社及时报道了消息。当天曾有人传说这次爆炸死了好几百人,新华社消息播发之后,流言立即消失。

2003年3月20日,美国以伊拉克藏有大规模杀伤性武器并暗中支持恐怖分子为由,绕开联合国安理会,单方面对伊拉克实施军事打击。这次战争因为是海湾战争的延续,又称为第二次海湾战争。

伊拉克战争爆发时,新华社驻巴格达分社的伊拉克籍报道员贾迈勒·哈希姆·艾哈迈德以最快的速度发出伊拉克遭攻击的消息,中东总分社编辑部迅即发出快讯,时效超过世界其他各类媒体。法新、路透、美联等西方通讯社称赞新华社关于伊拉克战争爆发的消息"时效快得难以想象"。香港一家报纸对新华社抢发第一条快讯发表了评论,赞誉"新华社10秒领先全球"。在这条快讯发出几十分钟之后,我们就决定向贾迈勒颁发新华社"社长、总编辑奖"。在激烈的国际新闻竞争中,特别是对重大突发事件的报道中,"被动"与"主动"有时只有几秒钟之差。

2003年12月8日,新华通讯社总编辑南振中(左)在新华社大礼堂为贾迈勒颁奖(新华社记者陈树根/摄)

真实是新闻的第一生命,不真实的新闻根本就不算新闻;时效是新闻的第二生命,缺乏时效性的新闻是没有价值的新闻。当重大事件突然发生时,真实和时效就成为编辑、记者的一道两难选择题。在没有权威消息来源的情况下,有责任心的编辑、记者应该选择真实、准确,不能因为图快而用不真实的消息误导公众。新华社对所谓金日成遇刺事件的处理就遵循了这一原则。

1986年11月17日,日本《每日新闻》援引南朝鲜(韩国)的消息报道说,朝鲜民主主义人民共和国主席金日成被暗杀,美联社、合众社、路透社、法新社、共同社纷纷转播这一消息,引起轰动,有的通讯社还造谣说金日成遇刺一事与中国有关。在这种背景下,组织好这一重大突发事件的报道是一个非常严峻的挑战。

新华社国际部收到"金日成遇刺"的消息以后,首先查阅西方四大通讯社和日本共同社的消息来源,发现11月17日上午虽然新闻媒介发布的消息不少,但消息来源只有一个,即南朝鲜的《朝鲜日报》,没有查到第二个消息来源,新华社平壤分社记者也未报回"金日成遇刺"的消息。在消息来源单一、证据明显不足的情况下,如果贸然转发西方通讯社未经核实的消息将会造成被动。新华社总编辑室与国际部负责同志经过研究,决定由国际部直接与新华社平壤分社首席记者郑保勤联系,进一步查明事实真相。

当时从北京到平壤的电话线路不是太好,国际部副主任杨木从中午11时许开始给平壤分社打电话,到下午2时仍未接通。杨木问我该怎么办,我说:"还得想办法与郑保勤同志取得联系,我们必须掌握第一手材料。"

17日下午4点40分,杨木终于打通了新华社平壤分社的电话。郑保勤对杨木说:"平壤街头今天很平静,没有重大的事情发生。朝鲜外交部报道局已通知新华社平壤分社,11月18日上午9时20分蒙古人民革命党总书记巴特蒙赫将抵达朝鲜访问,朝方领导人将到机场迎接。"郑保勤还对杨木说:"在平壤街头,群众正在演习欢迎巴特蒙赫的队列。"

这天下午,新华社国际部又收到乌兰巴托分社记者发来的消息,记者报道说,蒙古领导人巴特蒙赫应金日成的邀请,已乘飞机离开乌兰巴托赴平壤作正式访问。

我们把来自平壤与来自乌兰巴托的消息综合起来分析,判断如果巴特蒙赫准时到达平壤,那么按照惯例金日成同志会前往机场迎接,这是澄清"谣言风暴"的最佳时机和最佳地点。于是新华社国际部向平壤分社发出报道指令:"11月18日上午金日成主席在机场一露面,立即用快讯的形式将消息发回总社。"18日上午,国际部亚太组根据平壤新华社记者发回的消息抢发了一条49个字的快讯:

"朝鲜领导人金日成今天上午前往机场,迎接蒙古领导人巴特蒙赫的来访。

"金日成看上去身体很好,时而同周围的人交谈。"

紧接着新华社国际部又播发了新华社平壤分社记者采写的《金日成主席前往机场欢迎巴特蒙赫访朝》的详细报道,摄影部配发了金日成在朝鲜首都机场的新闻照片。

由于新华社播发的"金日成在平壤机场露面"的消息比朝中社、塔斯社都早,世界各大通讯社和报纸纷纷转播或刊发新华社的消息。美国一家大报在报道中特意加了一句话:"通常可靠的新华社今天从平壤报道说,金日成身体很好……"新华社在伊

1986年11月19日,土耳其《太阳报》刊登了新华社播发的金日成在朝鲜平壤机场欢迎蒙古领导人巴特蒙赫的消息和照片

斯坦布尔的新闻用户《太阳报》刊登了新华社的消息和照片,这在土耳其新闻界引起轰动。土耳其新闻界人士对新华社新闻的真实性和可靠性表示赞佩,此后不久有6家土耳其报纸成为新华社新闻的新订户。

二、关注人民群众的知情权

2006年7月5日,一位领导同志准备给首都新闻单位作一场关于舆论引导的专题报告,把讲稿送来征求意见。我发现讲稿中把"以满足读者知情权为主要任务"列为一种错误倾向。我当即回了一封信,建议把这一条删去。

我是20世纪80年代初开始关注知情权问题的。西方关于知情权的理论萌芽于20世纪20年代。1945年前后,美国记者肯特·库柏使用了"知情权"这一概念,提出民众应该通过媒体了解其政府的工作情况。此后,"知情权"一词被解释为一种广泛的公民权利。从本质上讲,西方的知情权理论是为资产阶级服务的,是虚伪的。历史与现实都证明,西方国家并不愿意让民众真正知情。伊拉克战争中的"情报门事件",就暴露了西方知情权理论的虚伪性。

在人民当家作主的国家,党和政府高度重视人民群众知情的权利,尽量满足人民群众知情的欲望。在西方"知情权"概念提出之前,马克思主义经典作家就对人民群众的"知情"问题作过深刻论述。1917年11月,列宁在全俄工兵代表苏维埃第二次代表大会上作《关于和平问题的报告的总结发言》时说:"在我们看来,一个国家的力量在于群众的觉悟。只有当群众知道一切,能判断一切,并自觉地从事一切的时候,国家才有力量。"① 列宁同志把让群众知道一切提升到国家力量的高度,足以说明知情权的

---

① 中共中央马克思恩格斯列宁斯大林著作编译局编译:《列宁选集》(第三卷),人民出版社,2012,第347页。

重要。

在我们国家,中央领导同志在讲话中也多次谈及知情权问题。胡锦涛在河北考察工作时强调"不断扩大群众的知情权、参与权、选择权和监督权,逐步提高选拔工作的公开程度";吴邦国在全国人大常委会工作报告中提出"要保障代表的知情权";温家宝在国务院第三次廉政工作会议上还强调"政府机关办理的行政事项,能够公开的都要向社会公开,提高政府工作的透明度,保障人民群众的知情权、参与权和监督权"。由此可见,尊重人民群众的知情权已经成为党和政府关注的一个重要问题。

1987年7月,在新华社总编辑室召开的一次例会上,我以《思维方式与新闻改革》为题讲了话。我说:"原原本本地向国内外读者报道事实,不歪曲,不回避,这好像是一个常识性问题,可是,恰恰在这个问题上,我们有时不那么自觉,在一些事实面前躲躲闪闪。由于我们常常回避人民群众迫切需要了解的问题,不敢大胆地、原原本本地报道事实,所以人民群众对我们的信任就产生了动摇。他们想了解的情况从报纸、电视和广播里看不到、听不到,他们的疑问从报纸、电视和广播里找不到答案,于是他们只好冷落这些新闻传播媒介,不听,不看,转而从海外报刊上寻求他们想要了解的东西。这在客观上帮助了西方传播媒介,损害了我国新闻机构的信誉。"

在这次会议上我还谈到,在改革、开放的形势下,面对激烈的国际舆论竞争,让群众知情的问题已经到了非解决不可的时候了。谁有意无意地绕开事实,谁就会失去读者和听众,甚至会得罪读者和听众。要想赢得用户和读者的信任,就要尽可能地在外国记者和国内其他新闻单位报道之前,向国内外公布重大事件和突发事件的真相。当然,要完全做到这一点是很困难的。事实上,在任何国家都存在着新闻与保密的矛盾,并不是所有问题都能拿到报纸上发表的。但是,作为一个新闻工作者,在自觉维护国家利益和注意保密的前提下,应该力求原原本本地报道事实。只有这样,才能增强新闻报道的可信性,才能真正取得人民群众的信任。

2003年3月当选十届全国人大常委会委员、全国人大外事委员会副主任委员之后,为了履行职责,我多次建议把维护人民群众的知情权上升到国家法律层面。

2003年3月5日,十届全国人大一次会议在北京人民大会堂开幕。上午8时13分,南振中刷卡报到,他是当天第一位抵达人民大会堂的全国人大代表(新华社记者樊如钧/摄)

2004年10月22日,全国人大法律委员会副主任委员胡光宝在十届全国人大常委会第十二次会议上作了关于《中华人民共和国全国人民代表大会和地方各级人民代表大会选举法修正案(草案)》审议结果的报告,当天下午全国人大常委会第十二次会议分组审议全国人民代表大会和地方各级人民代表大会选举法修正案草案。我在发言中说,选举法修正草案第三十三条明确规定要向选民或者代表介绍代表候选人的情况,选举委员会还可以组织代表候选人与选民见面,回答选民的问题。我认为这一规定至关重要。近几年在各种选举活动中大都强调人民群众的知情权、参与权、选择权和监督权。在这四权之中,起基础性作用的是知情权。

在选举活动中,有的选民或代表对候选人的情况不知情或者基本不知情。在许多场合,大会印发的关于候选人的介绍材料过于简略,只有姓名、性别、年龄、政治面貌、工作单位等。在这种情况下,选民或代表只能根据候选人的年龄、工作单位及职务作出自己的选择,很难对候选人的整体素质作出准确判断,投谁的票,不投谁的票,带有很大的盲目性。为了避免选民或代表在基本不知情的情况下盲目投票,应该对《中华人民共和国全国人民代表大会和地方各级人民代表大会选举法修正案(草案)》第三十三条作出更加明确的规定。比如,在选举之前应该采取措施让选民或代表了解候选人的基本情况,最好把候选人的执政能力、工作业绩、思想作风、工作作风、廉洁自律等情况整理成介绍材料,提前印发给选民或代表,为选民或代表正确行使选举权提供必要的信息,实现权责对称和信息对称。

2005年4月24日,全国人大法律委员会副主任委员胡光宝在十届全国人大常委会第十五次会议上作了关于《中华人民共和国公务员法(草案)》审议结果的报告,次日下午,全国人大常委会第十五次会议分组审议公务员法草案。我在发言中说,《中华人民共和国公务员法(草案)》第四十四条对公务员晋升领导职务的程序作了明确规定。但是,当前在晋升领导职务过程中有一个明显缺陷,就是人民群众不知情。法律规定让群众民主推荐,但是推荐人对被推荐者履行职责的能力缺乏了解,对被推荐者的政绩了解得也不充分。在不知情或者基本不知情的情况下,让群众民主推荐,而且要根据推荐票数确定考察对象,这就会带来一定的盲目性。建议在《中华人民共和国公务员法(草案)》第四十四条中把知情权写进去。

全国人大常委会、全国人大法律委员会很重视常委会组成人员提出的修改建议。比如针对《中华人民共和国城乡规划法(草案)》第八条的内容,我建议在法律条款中增加公众查阅的规定,以保障人民群众的知情权。法律委员会采纳了这一建议,《中华人民共和国城乡规划法》第九条第一款明确规定"任何单位和个人都应当遵守经依法批准并公布的城乡规划,服从规划管理,并有权就涉及其利害关系的建设活动是否符合规划的要求向城乡规划主管部门查询"。

一年一度的两会记者会是开放程度的风向标。两会新闻发言人积极主动地回应媒体提问,实质就是在满足人民群众的知情权和参与权。2008年2月22日,全国人大常委会副秘书长李连宁召开座谈会听取对两会记者会组织工作的意见和建议,我提了3点建议:

(1)不要害怕尖锐问题,善于回答富有挑战性的问题。一场记者会如果没有一两个富有挑战性的问题,与会记者不感兴趣,发言人也打不起精神,海内外受众也会觉得"很不过瘾"。应邀出席两会记者会的境外记者提问时往往会从负面切入,非常刁钻,这是西方媒体从业人员的职业习惯,不是跟发言人过不去。如果我们从实战出发,事先做好充分准备,在记者会上心平气和地回答这些问题,就会达到这样一种境界:境外记者问题提得尖锐,发言人回答得精彩,这是一种"双赢"的结局。两会记者会应该出现一些这样的精彩场面。

(2)要研究在记者会现场如何同境内外记者交流、沟通与互动。记者会同新闻发布会不同,不应该由新闻发言人唱独角戏,而是发言人同境内外记者近距离地交流、沟通与互动。为了做到这一点,建议缩短开场白占用的时间,挤出更多的时间让记者多提问题,以便打破记者会前半场的沉闷气氛。发言人要学会用简明的语言回答记者的提问,力求做到弹无虚发、一语中的。有些国家对官员进行新闻培训时提出了一个"6秒原则",即记者在采访你时,不管记者问什么问题,你必须在6秒钟以内迅速回答,如果不能做到这一点,就是不合格的新闻发言人。我们的国情同外国有不同之处,老百姓接收新闻信息的习惯也与西方不一样,不一定要按照他们的节奏来回答问题,但是防止冗长、力求凝练则应成为我们追求的目标。1997年3月7日,八届全国人大五次会议新闻发言人邀请国务院副总理兼外长钱其琛就国际形势与我国对外政策回答记者的提问,60 分钟时间钱其琛回答了 23 个问题,平均每个问题耗时 2 分 37 秒,最短的一个问题只答了 46 个字。在记者会上回答记者的提问不要讲空话、套话,要紧紧抓住事物的本质,直接切入,不绕圈子,不穿衣戴帽,力求做到思维敏捷、干脆利落。要尽量增加提问记者的数量。如果每场记者会能有 15 到 20 个记者踊跃提问,那么这些记者就会有一种"参与感",从而以一种自发的热情把在记者会上获得的新闻信息迅速传播出去。

(3)要千方百计增加记者会的新闻信息含量。记者会是否成功,起决定因素的是新闻信息含量的多寡。新闻发言人同记者是对立统一体的两个方面:新闻发言人控制着大量的新闻资源;记者则拥有采集、传播新闻的渠道和手段。新闻发言人和记者相互依存、相互制约、相互关注、相互帮助。没有坦诚的新闻发言人,参加招待会的记者就会空手而归;没有新闻媒体的有效传播,新闻发言人的声音就传而不远,甚至会变成自拉自唱的卡拉 OK。对于有责任心的记者来说,他们参加记者会的最大的愿望是能够采集到有传播价值的新闻。我们要从记者心理学的角度出发,设身处地地替记者着想,尽量为他们提供有传播价值的新闻信息;要具体分析哪几个问题有可能引起境内外记者的共同兴趣,哪几个问题具有新闻价值和向海内外传播的价值,从哪个角度切入和传播对我们较为有利,从哪个角度切入和传播对我们较为不利。要把我们想说的同记者想了解的结合起来,精心研究海内外记者的关注点,尤其要研究境外媒体的迷茫和疑惑,有针对性地介绍我国改革开放和现代化建设的情况。只有让境内外记者从记者会上获得丰富的、有新闻价值的新闻信息,他们才会点灯熬油,尽快地把这些新闻信息向全世界传播。

三、关注人民群众的口头舆论

我开始关注人民群众的口头舆论是在 1997 年。那一年邓小平同志逝世,我国政府恢复对香港行使主权,党的十五大召开,一连串重大事件引起海内外各界人士的广泛关注。随着改革的深化,下岗人员增加,部分职工生活困难;腐败现象滋生,治安形势严峻。围绕这些社会热点,人民群众议论纷纷。

有一次我和老伴搭乘出租车外出,一上车司机就抱怨出租车公司份子钱收得太多,行业管理部门以各种名义乱收费,学习材料人手一份,成本不到 2 元,他们买一本要交 10 元,单这一项,8 万册就能赚几十万元。接着,这位司机开始抨击领导干部的腐败行为,这些议论平时很少听到。当时北京市有 6 万多辆出租汽车、8 万多名出租汽车司机,年载客量超过 6 亿人次。每个出租汽车司机都像一只"小喇叭",他们每天向数以百万计的乘客传递各种信息,发表犀利评论,这个流动群体的总体影响力不亚于一张日发行量百万份的大报。尤其值得注意的是,这些信息有可能从首都向全国各地扩散,在"口口相传"中形成一种不断变化着的口头舆论场。

毛泽东说过:"我们看事情必须要看它的实质,而把它的现象只看作入门的向导,一进了门就要抓住它的实质,这才是可靠的科学的分析方法。"为了搞清公众舆论这个问题,我开始阅读马克思主义经典作家关于社会舆论的有关论述。

在马克思、恩格斯有关新闻工作的理论宝库中有一个重要观点,就是报刊必须保持同人民群众的密切联系。马克思在《〈莱比锡总汇报〉在普鲁士邦境内的查禁》一文中明确指出:"报刊只是而且只应该是'人民(确实按人民的方式思想的人民)日常思想和感情的',公开的'表达者,诚然这种表达往往是充满激情的、夸大的和失当的'。因此,如同生活本身一样,报刊总是常变常新,永远也不会老成持重。它生活在人民当中,它真诚地同情人民的一切希望与忧患、热爱与憎恨、欢乐与痛苦。"1842 年年底,《莱茵报》发表了该报驻摩泽尔记者写的两篇关于当地农民生活状况的通讯。莱茵省总督指责作者诽谤政府。1843 年 1 月,马克思便以摩泽尔记者的名义,发表了《摩泽尔记者的辩护》。在这篇文章中,马克思提出了一个著名论断:"民众的承认是报刊赖以生存的条件,没有这种条件,报刊就会无可挽救地陷入绝境。"1849年12月15日,马克思、恩格斯在《〈新莱茵报·政治经济评论〉出版启事》中写道:"报纸最大的好处,就是它每日都能干预运动,能够成为运动的喉舌,能够反映出当前的整个局势,能够使人民和人民的日刊发生不断的、生动活泼的联系。"在《〈新莱茵报·政治经济评论〉出版启事》中申明自己的目的是"经常而深刻地影响舆论"。

对我启发最大的是马克思在《好报刊和坏报刊》一文中写的一段话:"究竟哪一种报刊,'好'报刊还是'坏'报刊,才是'真正的'报刊!哪一种报刊说的是事实,哪一种报刊说的是希望出现的事实!哪一种报刊代表着社会舆论,哪一种报刊在歪曲社会舆论!那么,哪一种报刊应该受到国家的信任呢?"[①]在这里,马克思提出了两个问题:一是报刊必须根据事实来描写事实,而不能根据希望来描写事实;二是报刊必须表达社会舆论,而不能歪曲社会舆论。我觉得要做到这两点,必须及时了解社会舆论。如果我们连老百姓关心什么、议论什么、赞成什么、反对什么都不清楚,怎么能对公众舆论作出积极的回应呢!了解社会舆论、反映社会舆论、影响社会舆论,这是主流媒体的职责所在。

与此同时我还阅读了黑格尔的《法哲学原理》。这本书第316节中写道:"公共舆论是人民表达他们意志和意见的无机方式。""无论哪个时代,公共舆论总是一支巨大的力量,尤其在我们时代是如此,因为主观自由这一原则已获得了这种重要性和意义。"第317节写道:"公共舆论不仅包含着现实界的真正需要和正确趋向;而且包含着永恒的实体性的正义原则。"第318节中写道:"因此,公共舆论又值得重视,又不值一顾。不值一

[①] 中共中央马克思恩格斯列宁斯大林著作编译局编译:《马克思恩格斯全集》(第一卷),人民出版社,1995,第398页。

顾的是它的具体意识和具体表达,值得重视的是在那具体表达中只是隐隐约约地映现着的本质基础。""公共舆论中有一切种类的错误和真理,找出其中的真理乃是伟大人物的事。谁道出了他那个时代的意志,把它告诉他那个时代并使之实现,他就是那个时代的伟大人物。他所做的是时代的内心东西和本质,他使时代现实化。谁在这里和那里听到了公共舆论而不懂得去藐视它,这种人决做不出伟大的事业来。"

《法哲学原理》一书给我的启示是:无论哪个时代,公共舆论总是一支巨大的力量,同时也不能忽视公共舆论中的错误和消极影响。党的新闻工作者要认真研究公共舆论的两重性,学会分析、判断与鉴别,不能照单全收。

在1998年1月8日召开的新华社工作会议上,我把马克思关于"表达社会舆论"的观点同新闻实践结合起来,专门谈了增强新闻报道对社会舆论的影响力问题。我说,在现实生活中实际存在着两个舆论场:一个是老百姓的口头舆论场,一个是新闻媒体着力营造的舆论场。老百姓从自身的感受出发,他们每时每刻都会关注一些共同的领域、共同的问题,在口口相授之中形成民间的口头舆论场,那些相对集中的社会话题,就成为一段时间的热点问题和热点话题。热点问题具有"无处不在、无处不及"的广泛性,而且人们总是在刻意捕捉各个领域刚刚出现的、关系他们自身利害的问题和重要的社会事件。老百姓把触角伸向各个领域,他们议论的常常是某个领域的最新动态,具有敏锐性和及时性。同时,我们也应该看到,民间的口头舆论并不是百分之百的正确,往往缺少完整性、条理性和深刻性,往往带有一定的片面性。值得注意的是他们口口相授的内容带有明显的感情色彩,与其说他们反映的是事实,不如说他们更多的是在表达自己的一种强烈愿望,有时免不了会流于偏激。有鉴于此,我们对热点问题应该采取的正确态度是:充分利用人民群众对社会新出现的问题的敏锐反应,及时了解舆情;对民间的口头舆论要进行分析和选择,对正确的舆论要给予支持,对模糊的认识要给予解释和疏导,对影响社会稳定的错误传闻要设法予以澄清。

此后我还根据马克思的有关论述,对"舆论引导"问题作了深入思考。我认为"舆论引导"的学问看似高深,其实并不神秘,可以将其概括为6句话:公布事实即引导;辨明是非即引导;指出利害即引导;讲清大局即引导;揭示趋势即引导;及时沟通即引导。当遇到重大问题、热点问题、疑难问题和敏感问题时,不应回避,要在"公布事实""辨明是非""指出利害""讲清大局""揭示趋势""及时沟通"上下功夫。要遵循舆论引导的"可信性原则",绝不允许按照主观臆想"打扮事实";要遵循舆论引导的"权威性原则",进一步增强人民群众对主流媒体的信赖程度;要遵循舆论引导的"接近性原则",善于从人民群众关心的内容、角度入手,把经济和社会生活中的各种问题同人民群众的关注点有机地结合起来;要遵循舆论引导的"渐进性原则",把引导作为一个过程来理解。通过对重点、难点、热点问题的新闻报道,用实事求是的舆论积极引导似是而非、以非为是的议论,把单纯从个人利益、地方利益、局部利益出发思考问题而偏离实际的结论,矫正为比较全面、比较切合实际的结论。这就是"反映社会舆论"和"引导社会舆论"的真谛。我们要经常研究中央的部署,研究人民群众的呼声、愿望和要求,尽量从人民群众的议论中选择出同党中央、国务院着力倡导的重点问题相一致的热点问题精心组织报道。我们要经常思考四个问题:党中央和国务院有什么重要的政策、法规和新闻信息需要向海内外发布?实际工作部门有哪些重要情况和具体规定需要广泛地告诉老百姓?老百姓从切身利益出发,迫切希望了解什么带有全局性、趋向性的重要情况,希望获得什么信息?现实的政治生活、经济生活和社会生活中存在哪些带有普遍性的重要问题?这四个问题就像四个坐标。我们要善于从这四个坐标上寻找与重点、难点相吻合而又符合客观实际的"热点问题""热点话题"和"热点事件"。这样的热点报道容易做到"三符合",即符合党中央和国务院的总体部署、符合人民群众的愿望、符合客观实际。这样的热点报道当然也容易做到"三满意",即党中央和国务院满意、实际工作者满意、广大人民群众满意。

可喜的是新华社、《人民日报》等媒体越来越重视与口头舆论场的衔接与互动。新华社2010年8月7日创办了以互联网为报道对象的多媒体新闻栏目《中国网事》,对起源于互联网的重大事件、热点现象、舆情动向、发展趋势进行梳理,密切关注网络舆论苗头,加大对社会生活的干预力度。2008年,《人民日报》专门组建了人民网舆情监测室,并且发表了"善待网民和网络舆论"的系列评论。坚持学习马克思主义新闻观,联系新闻界的实际进行思考和探索,能对新闻实践起到一点助推作用,我感到欣慰。

四、探究舆论监督报道的功能和规律

在新闻实践中遇到的最大困难是开展舆论监督,监督到谁头上谁不高兴,稿件刊播后常常遇到"反弹"。为了破解这道难题,我认真学习了马克思、列宁有关舆论监督的论著。

马克思主义政党历来把舆论监督作为维护党的纯洁性、发扬民主、维护社会公平与正义的重要手段。1848—1849年,马克思和恩格斯在创办《新莱茵报》时,就非常重视报刊的"监督权"。马克思认为,报刊是"无处不在的耳目",是"热情维护自己自由的人民精神的千呼万应的喉舌"[①]。

列宁也十分重视发挥舆论监督的作用,他在《苏维埃政权的当前任务》一文中明确要求报纸刊物"把那些顽固地保持'资本主义传统',即无

[①] 中共中央马克思恩格斯列宁斯大林著作编译局编译:《马克思恩格斯全集》(第六卷),人民出版社,1961,第275页。

政府状态、好逸恶劳、无秩序、投机活动的公社登上'黑榜'"①。十月革命胜利以后,联共(布)领导人清醒地认识到官僚主义有可能在新政权内部复活,要防止和克服形形色色的官僚主义,必须依靠人民群众的监督,党领导的报刊在舆论监督方面能够发挥积极作用。因此,1919年3月联共(布)第八次代表大会提出,党和苏维埃报刊最重要的任务之一,是揭露和批评各种负责人员和机关的渎职行为,指出和批评苏维埃政权和党的组织的缺点和错误。

中国共产党早在革命战争年代就十分重视发挥报刊的舆论监督作用。1942年3月16日,中共中央宣传部发出《为改造党报的通知》,要求"党报要成为战斗性的党报,就要有适当的正确的自我批评,表扬工作中的优点,批评工作中的错误,经过报纸来指导各方面的工作"。中华人民共和国成立以后,由于党内和国家机关出现了官僚主义苗头,一些干部压制批评,1950年4月,中共中央作出《关于在报纸刊物上展开批评和自我批评的决定》,明确指出:"如果我们对于我们党的人民政府的及所有经济机关和群众团体的缺点和错误,不能公开地及时地在全党和广大人民中展开批评与自我批评,我们就要被严重的官僚主义所毒害。"

改革开放以来,我们党把舆论监督提升到非常重要的位置。从1987年开始,"舆论监督"连续出现在党的全国代表大会的报告中:党的十三大报告指出要"发挥舆论监督的作用,支持群众批评工作中的缺点错误";党的十四大报告指出要"重视传播媒介的舆论监督,逐步完善监督机制,使各级国家机关及其工作人员置于有效的监督之下";党的十五大报告指出要"把党内监督、法律监督、群众监督结合起来,发挥舆论监督的作用";党的十六大报告强调要"加强组织监督和民主监督,发挥舆论监督的作用";党的十七大报告提出要"落实党内监督条例,加强民主监督,发挥好舆论监

---

① 中共中央马克思恩格斯列宁斯大林著作编译局编译:《列宁选集》(第三卷),人民出版社,2012,第493页。

督作用,增强监督合力和实效";党的十八大报告提出"加强党内监督、民主监督、法律监督、舆论监督,让人民监督权力,让权力在阳光下运行";党的十九大提出"构建党统一指挥、全面覆盖、权威高效的监督体系,把党内监督同国家机关监督、民主监督、司法监督、群众监督、舆论监督贯通起来,增强监督合力";党的二十大报告提出"健全党统一领导、全面覆盖、权威高效的监督体系,完善权力监督制约机制,以党内监督为主导,促进各类监督贯通协调,让权力在阳光下运行"。这充分说明我们党十分重视发挥舆论监督的作用。

通过学习马克思主义新闻观,我对中国特色社会主义舆论监督有了新的理解。

1.明确了各类监督的"权力授予原则",弄清了舆论监督的基本功能

在我国现行的监督体系中,每一类监督都严格遵循"权力授予原则":人大及其常委会的监督权是宪法授予的;司法机关的监督权是宪法和有关法律授予的;纪律检查机关的监督权是《中国共产党章程》和《中国共产党党内监督条例》授予的。新闻媒体的监督权是谁授予的?是人民授予的。舆论监督在本质上是人民群众通过新闻媒体对国家事务和社会公共事务进行的监督,是新闻媒体对群众监督的客观反映。人民群众对国家事务和社会公共事务进行的严格监督,是舆论监督之源。在我国的法律法规中,有6条司法解释、49条行政法规、180条部门规章涉及舆论监督的内容。《中华人民共和国消费者权益保护法》《中华人民共和国安全生产法》《中华人民共和国价格法》都对舆论监督工作提出了明确要求。这是把广大人民群众的意愿通过法律的形式上升为国家意志,从根本上说,这也是人民群众对舆论监督的一种"授权"。

明确了新闻媒体监督权的来源,在组织舆论监督报道时就容易摆正自己的位置,更加自觉地保持同人民群众的密切联系,经常倾听群众呼声,体

察群众情绪,通过舆论监督,充分反映最广大人民的根本利益,推动经济和社会的健康发展。反之,如果滥用党和人民授予的监督权,舆论监督就会逐渐脱离群众,蜕变为极少数新闻从业人员自我发泄、牟取私利的工具。

为了履行舆论监督职责,我学习和研究了舆论监督的基本功能。在社会主义初级阶段,舆论监督至少有3种功能:

(1)评判功能。新闻媒体通过报道实施舆论监督,把一些假、恶、丑的事物不加掩饰地暴露在光天化日之下,让人们去衡量、去评判,这是一种强大的、积极的社会控制力量,它有助于阻止和抑制不正确、不道德言论和行为的发生。

(2)宣泄功能。1957年4月8日,邓小平在《共产党要接受监督》一文中指出:"如果没有小民主,那就一定要来大民主。群众有气就要出,我们的办法就是使群众有出气的地方,有说话的地方,有申诉的地方。"①当前,我国社会主义市场经济不断发展,社会组织形式、就业结构、分配方式都发生了很大变化,因利益格局调整,不同利益群体会产生一些不同意见。社会上一些消极腐败现象的存在,在人民群众中也会引发一些不满情绪。加强和改进舆论监督,让人民群众把意见和情绪释放出来,可以起到"慢撒气"的作用,避免这种情绪的突然爆发。

(3)警示功能。舆论监督可以起到提醒、告诫的作用,个别人受到批评和监督,会使更多的人或单位引以为戒,受到教育。从这个意义上说,舆论监督揭露的事实是消极的,所起的作用则是积极的。

2.明确了舆论监督的重点

新世纪新阶段,我们面临的国际国内舆论环境十分复杂。为进一步加强和改进舆论监督工作,确保舆论监督报道朝着正确的方向发展,新闻媒体要从"党和政府明令禁止"和"人民群众深恶痛绝"的结合点寻找舆论监

---

① 邓小平:《邓小平文选》(第一卷),人民出版社,1994,第273页。

督的突破口。

一是加强对违法违规行为的监督,揭露和批评有法不依、执法不严、贪赃枉法等行为,推进依法治国。2004年6月23日,审计署审计长李金华受国务院委托,向全国人大常委会作2003年度审计工作报告。这份报告披露了大量预算执行中存在的问题,多家中央部委受到点名批评。新华社《新华视点》栏目记者了解到这一情况后,意识到这是一个具有新闻价值的重大事件。当晚,《新华视点》播发了《一份触目惊心的审计"清单"》,及时、全面地反映了我国审计工作取得的这一成就。这篇舆论监督稿件在海内外引起强烈反响,海内外舆论对审计"清单"的关注持续升温。在这样的背景下,审计长李金华同意接受《新华视点》栏目记者的专访,以真诚、坦白的态度谈了他对审计工作的看法和他自己的人生态度,最终形成了使中国审计工作者赢得无数钦佩和赞誉之声的报道《直面李金华》。《新华视点》栏目2004年关于审计"清单"发了10多篇报道,获得社会各界的赞扬,有的媒体负责人认为这是新中国新闻史上的"一个里程碑"。

二是加强对党和政府的方针政策落实情况的监督,反映人民群众对党和政府工作的希望和建议,揭露和批评有令不行、有禁不止、阳奉阴违、各行其是等行为,维护中央权威,保证政令畅通。关于江苏"铁本事件"的系列调查就是其中一例。2004年新华社记者在参加土地问题专题调研时,偶然获知"江苏常州有个企业在长江边建钢厂"的一句话信息,凭着多年跑土地问题的经验,顺藤摸瓜,深入现场,将江苏铁本在项目审批、耕地占用、银行贷款等三个方面连闯国家法律政策"红线",导致6000亩良田被占、4000多农民流离失所的严重问题揭示出来。2004年4月4日,新华社播发了《连闯"红线"上钢厂　毁田拆房惹民怨——关于常州铁本在长江边违规建钢厂的调查》,引起领导同志的重视。2004年4月28日,国务院总理温家宝主持召开国务院常务会议,听取了监察部、发展改革委等部门对江苏铁本钢铁有限公司违规建设钢铁项目查处情况的汇报,责成江苏省和有关部门对有关责任人作出严肃处理。根据检查结果,江苏省委、省政府和银监会对涉及失职违规的8名相关责任人分别给予党纪、政纪处分及组织处理;司法机关对该公司法人代表戴国芳等10名犯罪嫌疑人依法进行了处理。新华社关于江苏"铁本事件"的独家调查获得了第十五届中国新闻奖。

三是加强对党纪政纪执行情况的监督,揭露和批评失职渎职、滥用权力、消极腐败等行为,促进干部队伍廉政建设。2010年6月9日《新华视点》播发的《杭州西湖:高档"会所"挤占景区引发争议》,就属于这类监督报道。新华社记者报道披露,杭州西湖景区环湖一带许多名胜古建摇身成高档"会所",成为少数人进出"乐园"的现象。报道发出后,杭州市要求有关部门立即采取措施进行整改。西湖风景名胜区管委会推出了5项整改措施,包括景区内所有经营场所不得以"会员制"经营模式阻碍广大游客正常进入、不得设置最低消费等。

四是加强对侵害群众利益行为的监督,揭露和批评以各种手段和方式侵害群众利益的现象和行为,保护人民群众的合法权益。河北省张家口市万全县违法占地建设住宅区事件,涉及先占后征、少征多占、偷梁换柱、补偿不足等多项问题,严重侵害了农民的利益。2010年5月16日,《新华视点》播发报道《农田变身商品房的背后——河北张家口市西豪丽景房地产项目调查》,对这一现象进行了揭露。稿件播发后,国土资源部7月15日对该案件挂牌督办,10月13日宣布了处理结果:对违法占地行为作出行政处罚,总计罚款1066.43万元,对相关责任人进行党纪政纪处分,并将涉嫌犯罪的案件线索移送司法机关。江西省个别领导干部在庐山建私人别墅,新华社记者于2005年1月中旬采写了《江西:干部抢建私家别墅 选址锁定庐山景区》的稿件,之后又采写了《庐山滥建别墅之乱》等稿件。尽管这些报道引起中央领导的高度重视和社会强烈反响,当地政府一些人却竭力隐瞒真相,甚至指责新华社记者"报道失实"。后来国务院派出八部委组成的联合调查组深入调查,监察部负责同志正式公布庐山建造别墅是一起"违纪违法案件"。监察部还宣布:"对违规建造的别墅,一律予以拆除或没收;对事件中的责任人分别给予党纪政纪处分,对买卖土地的相关责任人移送司法机关处理。"

五是加强对社会丑恶现象、不道德行为和不良风气的揭露和批评,旗帜鲜明地反对虚假报道、有偿新闻,推进公民道德建设,弘扬社会正气。2007年7月8日晚,北京电视台《透明度》栏目播出《纸做的包子》节目,反映东四环附近的一个街边早点摊使用经火碱浸泡的废纸箱做包子馅,再加上40%的肥猪肉,调制成口味较重的小笼包,每天早晨在街边出售。这一"爆炸性"新闻播出后在网上迅速传播和蔓延。7月11日至14日,北京工商等部门对部分地区从事早点经营的餐饮摊点进行了重点检查,没有发现包子馅中含有纸箱等违禁成分。随后,北京电视台就《纸做的包子》虚假报道向社会公开道歉。新华社北京分社记者刘浦泉意识到,如果对"纸馅包子"虚假新闻揭露不充分,反而会引起人们更多的猜疑,于是他刨根问底、追踪采访。原来所谓的"纸馅包子"是北京电视台生活频道《透明度》栏目临时人员訾北佳自导自演的。他找到朝阳区太阳宫乡十字口村13号院,并以为民工购买早点的名义,要求来自陕西省华阴市的卫全峰等人将纸箱经水浸泡剁碎掺入肉馅中,制成包子。刘浦泉抓住这一典型事件,采写了《京城"纸馅包子"假新闻出笼前后》一稿,新华社于7月19日全文播发。

舆论监督工作关系到能否正确引导国内舆论、积极影响国际舆论的大问题。履行舆论监督职责的编辑、记者必须具有高尚的人格、品质和情操,必须掌握辩证唯物主义和历史唯物主义的世界观和方法论,必须具有不畏艰险、深入实际、实事求是的良好作风。只有正确理解和行使舆论监督的权利,准确把握舆论监督的方法和形式,才能不断提高舆论监督工作的水平。

3. 加强对舆论监督实践和理论的研究，使舆论监督逐渐规范化、制度化

根据中央有关部门的规定，新闻媒体在严格遵守有关法律、规定和新闻纪律的前提下，有自主采访报道的权利，记者的生命财产、人身自由和采访活动应当依法受到保护，任何组织和个人不得侵犯和限制。

但是在现实生活中，一些地区、部门、单位及其某些工作人员对舆论监督理解不够、重视不够、支持不够、配合不够，不仅不能为记者的采访活动提供方便，而且经常"无正当理由"拒绝记者采访，有的还滥用行政权力压制批评、干涉舆论监督，有的为了逃避舆论监督而限制报刊、广播电视节目在本地正常发行、出售或播放。

舆论监督遇到的另一个难题是因监督而引发的法律诉讼明显增多。各级人民法院在审理新闻舆论监督侵权诉讼的过程中，所依据和引用的法律条款主要是《中华人民共和国民法典》《中华人民共和国刑法》及相关的诉讼法。这些法律属于适用范围广泛的"普通法"，由于不是"专门法"，难以兼顾新闻舆论监督诉讼的特殊性，所以在审理新闻舆论监督诉讼案件时，就有可能发生一些不尽合理的现象。因此，迫切需要研究新闻舆论监督的规范化、制度化、法治化问题。

（1）要制定关于新闻舆论监督的若干准则或关于加强和改进舆论监督的决定。中央有关部门对加强和改进舆论监督工作提出了明确的意见，这就是新闻宣传战线开展舆论监督工作的"行为准则"。为了确保舆论监督工作沿着正确的方向发展，各省、自治区、直辖市和中央、国家机关各部委也应制定关于支持舆论监督、自觉接受舆论监督的"行为准则"。这些"行为准则"应该同新闻单位的自律性准则同时公布，以便接受人民群众的监督。

（2）应在条件成熟时制定《新闻舆论监督条例》。这个条例应该包含舆论监督的功能、范围、对象、原则和重点，以及与舆论监督相关的信息披

露制度,新闻单位在舆论监督过程中的权利、责任和义务,舆论监督侵权纠纷的仲裁制度等。最高人民法院 1998 年 8 月 31 日公布了《关于审理名誉权案件若干问题的解释》,其中有不少保护新闻舆论监督的规定,比如"新闻单位根据国家机关依职权制作的公开的文书和实施的公开的职权行为所作的报道,其报道客观准确的,不应当认定为侵害他人名誉权"。这些内容应该吸收到《新闻舆论监督条例》之中。

(3)在条件成熟时,应着手制定中国特色社会主义的《新闻舆论监督法》。当前,在一些全国性和地方性法律法规中,对舆论监督已经有了一些具体规定,这是立法实践的有益探索。比如,2005 年 4 月 1 日起施行的《深圳市预防职务犯罪条例》,就明确规定新闻媒体依法对国家工作人员履行职务的行为进行舆论监督,并对其宣传报道负责。有关单位和国家工作人员应当自觉接受新闻媒体的监督。新闻工作者在宣传和报道预防职务犯罪工作过程中依法享有进行采访、提出批评建议和获得人身安全保障等权利。只要各地区、各部门、各单位同新闻媒体一道,认真贯彻落实中央关于进一步加强和改进舆论监督工作的精神,舆论监督工作就能逐步走上规范化、制度化、法治化的轨道,从而为推进社会主义民主、健全社会主义法治和维护最广大人民的根本利益发挥更加积极的作用。

2000 年 3 月 8 日,九届全国人大三次会议审议《政府工作报告》。我在河南代表团与 30 名全国人大代表联名提出关于制定《新闻舆论监督法》的议案。议案指出:"近几年在监督过程中出现了两种倾向:一是干了侵害人民利益的不光彩的事情的人,不愿意接受舆论监督;二是个别新闻工作者滥用监督权力。为了进一步规范新闻舆论监督,建议制定《新闻舆论监督法》。"

《新闻舆论监督法》的主要内容应该包括:

①新闻舆论监督的功能;

②新闻舆论监督的范围;

③新闻舆论监督的对象；

④新闻舆论监督的原则；

⑤新闻舆论监督的方式；

⑥新闻舆论监督的程序；

⑦新闻单位在新闻舆论监督过程中的权利和义务；

⑧各级国家机关及其工作人员接受舆论监督的义务；

⑨对阻挠、干扰、破坏正当舆论监督的责任人的惩戒；

⑩新闻侵权纠纷的立案原则及仲裁制度。

"议案"建议尽快将制定《新闻舆论监督法》列入全国人大的立法计划，以便使新闻舆论监督工作沿着法治化的轨道健康发展，真正成为反腐倡廉、匡正时弊、推动改革、促进发展、维护稳定的有力武器。

关于制定《新闻舆论监督法》的议案得到了全国人大教科文卫委员会的重视。全国人大教科文卫委员会经过审议认为，改革开放以来，我国新闻事业有了很大发展，为公民享有言论自由进一步创造了有利条件，同时，新闻监督也发挥着越来越重要的作用。因此，将新闻工作纳入法治化轨道是十分重要的。

在认真学习马克思主义经典作家关于舆论监督重要论述的基础上，我撰写了一篇题为《舆论监督是维护人民群众根本利益的重要途径》的文章，《求是》杂志2005年第12期全文刊登。中央保持共产党员先进性教育活动领导小组、全国党的建设研究会把这篇文章列为全国"保持共产党员先进性教育活动与党的先进性建设"理论研讨会入选论文，并颁发了入选证书。

从1986年1月14日担任新华社总编辑室总编辑算起，到2007年8月30日辞去新华社总编辑职务，我在总编辑岗位上度过了7899个日日夜夜。"无愧于党的培养和人民的重托"这句话催促着我、激励着我，使我在这个岗位上不敢稍有懈怠。几十年的人生经历使我深切感受到：积极的"人生志向"可以影响和带动自己的学习计划,使学习和研究工作有一条清晰的主线。围绕这条主线吸收知识,对国家有利、对人民有利、对社会有利、对工作有利。

第九章 "学到老"不容易

自古以来,"活到老学到老"这句俗语激励着人们孜孜不倦地终身学习。穆罕默德传教、立教的言行记录《圣训》中也有一句类似的话:"求知须从摇篮到坟墓。"由此可以看出终身学习是世界上许多人的共同的追求。

2012年12月13日,作者在新华社作"'学到老'不容易"专题报告

年纪大了,"近记忆力"减退,新的记不住、老的忘不了。加上视力下降,体力和精力大不如前,给学习带来不少困难,要做到"活到老学到老",的确很不容易,但是这些不利因素不应成为终身学习的障碍。1939年5月20日,毛泽东在延安在职干部教育动员大会上说:"我们干部中间,有一些年纪比较大一点的,他们以为年纪大了学习没有希望,我以为这个想法是不对的。"根据我的体验,许多原来的知识缺陷,都是在60岁之后才得以弥补的。

一、年逾花甲学法律

2003年3月，我担任全国人大常委会委员和外事委员会副主任委员。为了履行职责，我首先研究了《中华人民共和国宪法》。宪法规定全国人大及其常委会行使国家立法权。在全国人大常委会行使的21项职权中，有7项属于法律范畴，包括制定法律、修改法律、解释法律、撤销行政法规和监督宪法实施。全国人大常委会每两个月召开一次会议，主要议程也是审议立法、修法议案，决定同外国缔结条约和重要协定的批准和废除。要忠实履行职责，必须具备渊博的法律知识。而在我的知识结构中，法律是一个非常薄弱的环节。尽管当时已"年逾花甲"，我还是下决心要补上法律这一课。

决心虽然下了，但一开始就遇到了难题：从改革开放之初到2003年，全国人大及其常委会审议通过的法律共308个。加上国务院制定的942个行政法规、各省（区、市）制定的8000多个地方性法规、各民族自治地方制定的480多个自治条例和单行条例，我国的法律法规、条例和司法解释总数超过了10 000个。面对海量的法律法规，我不知道应该从何入手。

为了厘清头绪，我首先学习了关于法律门类划分的基本知识。根据法律专家的意见，我国的法律可以大体划分为7个门类。一是宪法及宪法相关法。宪法是国家的根本法；宪法相关法是与宪法相配套，直接保障宪法实施和国家政权运作等方面的法律规范的总和。二是民法商法。这是规范民事、商事活动的法律规范的总和。三是行政法。这是规范行政管理活动的法律规范的总和。四是经济法。这是调整因国家从社会整体利益出发对市场经济活动实行管理、调控所产生的法律关系的法律规范的总和。五是社会法。这是规范劳动关系、社会保障、社会福利和特殊群体权益保障方面的法律关系的总和。六是刑法。这是规范犯罪、刑事责任和刑事处罚的法律规范的总和。七是诉讼与非诉讼程序法。这是规范解决社会纠纷的诉讼活动与非诉讼活动的法律规范的总和。我从宪法及宪法相关法入手,学习了立法法、民族区域自治法、缔结条约程序法等。与此同时,结合全国人大常委会的会议议程,有选择地学习刑法、民法、行政法、经济法等方面的重要法律。在全国人大常委会工作的那段日子里,我一边参加对涉法议案的审议,一边学习法律知识,白天要处理新华社的各项事务,很难挤出时间,只好利用夜晚和凌晨突击阅读法律条文。随着时间的推移,所学的法律知识渐渐增多。

年纪大了,学习法律不能像法学院的学生那样,从头至尾按部就班地进行,我采用的方法是临阵磨枪、为用而学。

2006年4月上旬,我以全国人大中菲友好小组主席的身份,陪同菲律宾参议院代表团访问北京、成都、拉萨。这不是一个"游山玩水"的代表团。菲律宾参议院代表团中有不少专家,其中一位参议员正在研究菲律宾的"区域自治法",他很想了解西藏自治区人大制定的法律同其他省、自治区、直辖市有哪些不同之处。为了完成这次外事接待任务,离京之前,我突击阅读了《中华人民共和国民族区域自治法》及其他相关资料。民族区域自治法第三章第十九条规定,民族自治地方的人民代表大会有权依照当地民族的政治、经济和文化的特点,制定自治条例和单行条例。我告诉这位参议员,1965年以来,西藏自治区人民代表大会及其常务委员会制定了220件地方性法规和单行条例,内容涉及政治、经济、文化、教育等各个方面。我还介绍说,民

应全国人大常委会委员长吴邦国的邀请,菲律宾共和国参议院议长富兰克林·德里隆(左)于4月15日至22日率菲律宾参议院代表团访华,作者(右)陪同德里隆议长在拉萨参观布达拉宫

族区域自治法第二十条规定,上级国家机关的决议、决定、命令和指示,如有不适合民族自治地方实际情况的,自治机关可以报经该上级国家机关批准,变通执行或者停止执行。比如,在执行全国性法定节假日的基础上,西藏自治区机关将"藏历新年""雪顿节"等藏民族的传统节日列入自治区的节假日。根据西藏特殊的自然地理因素,西藏自治区机关将职工每周工作时间调整为 35 小时,比其他省、市每周工作时间少 5 小时。再比如,《中华人民共和国婚姻法》规定实行一夫一妻制。1981 年,西藏自治区人民代表大会常务委员会从西藏少数民族历史婚俗等实际情况出发,通过了《西藏自治区施行〈中华人民共和国婚姻法〉的变通条例》,规定对以前已经形成的一妻多夫和一夫多妻婚姻关系,凡不主动提出解除婚姻关系者,准予维持。关于民族区域自治法的知识帮了我的大忙,使我顺利地完成了这次外事接待任务。

在全国人大常委会审议关于立法、修法、释法议案之前突击学法,是我最常用的方法。2007 年 10 月 24 日,全国人大常委会审议城乡规划法草案。草案第五十七条规定:"因撤销行政许可给被许可人合法权益造成损失的,应当依法给予赔偿。"为了弄清这个问题,我重新学习了行政许可法。该法第七十六条规定:"行政机关违法实施行政许可,给当事人的合法权益造成损害的,应当依照国家赔偿法的规定给予赔偿。""被许可人"和"当事人"这两个概念的内涵和外延不尽相同。"当事人"既包括被许可人,也包括其他利害关系人。从实践层面来看,因撤销行政许可而蒙受损失的,不仅仅是被许可人,还有可能包括其他利害关系人。因此,我建议将城乡规划法草案中的"被许可人"改为"当事人",也就是说,因撤销行政许可给当事人合法权益造成损失的,不论其是"被许可人"还是"其他利害关系人",均应依法给予赔偿。常委会采纳了这个建议,对城乡规划法草案进行了相应修改。

全国人大常委会组成人员中有不少法学专家,他们从法理层面提出的许多宝贵意见令人叹服。像我这样没有受过系统法学教育的人,在审议法律草案时有没有优势,怎样才能不辜负人民的重托,在常委会中发挥一点作用?经过一番思考,我发现在新华通讯社工作的40多年,与人民群众的联系比较密切,懂得人民群众最满意的是什么,最不满意的是什么,比较了解他们的愿望和合理诉求。为了发挥这一优势,在全国人大常委会审议法律等议案时,我把关注点放在以下几个方面:

(1)我们党和国家的宗旨是全心全意为人民服务,除了忠实地代表最广大人民群众的根本利益,没有其他任何特殊利益。提请全国人大常委会审议的各项法律草案,其立法宗旨同党和国家的根本宗旨是否一致,是否把实现好、维护好、发展好最广大人民的根本利益作为立法工作的出发点和落脚点?

(2)"国家立法部门化、部门利益法律化",是科学立法、民主立法的大忌。提请全国人大常委会审议的各项法律草案,在立项、起草、审议、修改的各个环节,是否留下了部门利益的色彩和印记,是否因此而损害了国家的全局利益和最广大人民的根本利益?

(3)提请全国人大常委会审议的法律草案,条款中有没有偏重眼前利益而损害长远利益的现象,法律草案的有关规定是否符合科学发展观的要求,有没有"短视行为",会不会因为决策不当而殃及子孙后代?

(4)提请全国人大常委会审议的法律草案是否体现了平等保护原则,是否妥善处理了各类利益关系,城市与农村、东中西部不同地域、不同社会群体的利益诉求是否得到尊重,能否确保公民、法人和其他组织的合法权益不受侵害?

(5)提请全国人大常委会审议的法律草案有没有与宪法相违背之处,与上位法有没有不一致的地方,与同类法、相邻法的有关规定有无明显差异,在中国特色社会主义法律体系内部,是否做到了上下统一、左右协调,确保体系的一致性?

（6）提请全国人大常委会审议的法律草案，权力和责任、权利和义务关系的配置是否平衡，违反法律规定应该承担的法律责任是否适当，有无过轻或者过重的规定？

（7）提请全国人大常委会审议的法律草案，从总则、分则到附则，语法、修辞是否符合《中华人民共和国国家通用语言文字法》的有关规定，逻辑是否严谨，有无欠妥之处？

围绕上述问题，听取基层干部群众的意见，是学习法律知识的重要途径。2003年10月23日，十届全国人大常委会第五次会议分组审议道路交通安全法草案。为了了解人民群众对这部法律草案的意见和建议，我带着道路交通安全法草案第四次审议稿召开座谈会，不仅听取行人和非机动车驾驶员的意见，而且听取汽车司机的意见。参加座谈会的汽车司机对法律草案比较满意的有三条：一是近年来一些执法人员动不动就"摘牌子"，草案明确规定任何单位和个人不得收缴、扣留机动车号牌，今后抵制乱"摘牌子"的行为就有法可依了；二是近年来冒用、滥用警车的现象比较严重，草案明确规定警车、消防车、救护车、工程救险车应该按照规定喷涂标志图案，并严格按照规定的用途和条件使用，这有利于维护正常的道路交通秩序；三是过去对司机只有罚则，没有奖励条款，草案明确规定对遵守道路交通安全法律法规，在一年内无累积记分的机动车驾驶人，可以延长机动车驾驶证的审验期，这一规定有利于调动驾驶员遵守交通规则的积极性。一些机动车驾驶人和非机动车驾驶人还对草案第三十二条提出修改建议，他们认为这些年擅自占用、挖掘道路，跨越、穿越道路架设、增设管线等现象时有发生，对未经批准、擅自占用、挖掘道路，跨越、穿越道路架设、增设管线设施，危及道路交通安全，造成严重损失的，要给予处罚。如果没有处罚规定，道路交通安全法就难以落到实处。这些意见和建议受到有关部门的重视。

人民群众对法律草案赞成不赞成、拥护不拥护，对哪些条款比较满意，对哪些条款不太满意,还应该增加哪些条款,这些都是全国人大常委会组成人员应该时刻关注的重要问题。学习法律一旦同社会关注点结合起来,就容易把人民群众的意愿上升为国家意志。2007年8月24日,全国人大常委会分组审议反垄断法草案。在此之前,世界拉面协会中国分会多次组织、策划、协调企业商议方便面涨价幅度、步骤、时间,扰乱了市场价格秩序,损害了消费者的合法权益,人民群众对此议论纷纷,强烈要求执法机关依法予以惩处。国家发展改革委虽然表示要对违法违规行业协会依法作出处理,但处理的法律依据不足,迟迟没有下手。围绕人民群众关注的这一社会热点问题,我认真研究了反垄断法草案,发现草案第五十四条虽有"行业协会等组织实施的排除、限制竞争的行为,适用本法"这样的表述,但不太具体,难以操作;第四十五条和第四十六条虽然规定对有垄断行为的经营者应停止违法行为,没收违法所得,并处上一年度销售额百分之一以上百分之十以下的罚款,但一些行业协会并没有"违法所得",也无法计算其上一年度的"销售额",这将导致反垄断法草案对行业协会失去约束力。从维护消费者的利益出发,我建议草案应将行业协会应负的法律责任具体化,明确规定行业协会等组织实施排除、限制竞争行为的,由反垄断执法机构责令停止违法行为,并处罚款。全国人大常委会采纳了这一建议,在审议通过的反垄断法第四十六条中增加了一款,明确规定"行业协会违反本法规定,组织本行业的经营者达成垄断协议的,反垄断执法机构可以处五十万元以下的罚款"。人民群众的意愿在法律条款中得到体现,对此我由衷地感到欣慰。

2010年是形成中国特色社会主义法律体系的标志性一年。中国特色社会主义法律体系的形成,是我国社会主义民主法治建设史上的重要里程碑,具有重大现实意义和深远历史意义。既然我有幸参与十届、十一届全国人大常委会的立法实践,就有责任、有义务把亲身经历写出来,作为中国民主立法的一个见证。从2011年元旦开始,我每天凌晨四五点钟起床,整理 2003 年以来在全国人大常委会上的发言稿,编写审议法律议案的"背景链接"。到 1 月 22 日深夜,把《亲历中国民主立法:在全国人大常委会发言实录》一书撰写完毕。收入这本书的 176 篇发言稿,是我 61 岁之后围绕法律问题学习和思考的成果。

二、年逾花甲学建言

建言指的是提出建议,陈述自己的主张或意见。2003 年 12 月 24 日,《人民日报》刊登了一篇题为《漫议直言》的文章,倡导讲真话、讲实话的良好风气。作者认为:直言源于无私的正气;

《亲历中国民主立法:在全国人大常委会发言实录》2011 年 3 月由新华出版社出版

直言需要诚实的品格;直言源于对追求真理的执着。作为全国人大代表和全国人大常委会组成人员,应该学习这种品格,多提有决策参考价值的意见和建议。

1. 持续关注"一府两院"报告的文风

2007 年 10 月 26 日,最高人民法院院长肖扬在十届全国人大常委会第三十次会议上作了《关于完善审判工作监督机制促进公正司法情况的报告》;最高人民检察院检察长贾春旺作了《关于完善检察机关监督机制促进公正执法情况的报告》。2007 年 10 月 27 日上午,十届全国人大常委会第三十次会议分组审议了这两个报告。

高法、高检的报告总结了在完善审判工作和检察工作监督机制、促进公正司法方面取得的成绩和积累的经验,对现实生活中存在的裁判不公、执法不力等问题没有回避。我赞成这两个报告,但报告的文风应该有所改进。

有关部门向全国人大常委会提交的工作报告有一个通病,就是讲成绩的部分占用篇幅太长,讲差距和问题的部分占用篇幅太短,对差距看得不准,对矛盾和问题揭示得不深。造成这种现象的原因是多方面的,其中一个重要原因就是受"九个指头"和"一个指头"思维方式的影响。由于害怕本部门的工作成绩被否定,就形成了一种"报告模式"。先讲一大篇成绩和经验,之后加一个自然段:"当然,也应该清醒地看到我们工作中存在的差距和不足。"这种篇章结构如果不加以调整,常委会监督的针对性和有效性就会打上折扣。

党的十七大以后,应该大力倡导"共产党人的差距观"。差距并不单指工作中存在的缺点和不足,主要是指我们的工作现状"距离某种标准的差别程度"。责任心愈强、标准愈高,认识到的差距也就愈清晰。失去了前进的目标,"距离某种标准的差别程度"也就无从谈起。反过来思考,我们对现存差距认识得愈清晰,就愈能激发人们的责任感、使命感和紧迫感。"两高"及国务院有关部委向全国人大常委会报告工作,其目的是更好地接受人大常委会的监督。报告的内容、侧重点和篇章结构要同接受监督这一目的相适应。各类专题报告不仅要讲成绩和经验,而且要力求把本系统工作中遇到的各种矛盾、阻力、困难和存在的问题分析透彻,把改进措施讲得非常具体。比如二审开庭、案件抗诉等法律规定的监督制度在执行中为什么会打折扣?对办案执行过程中存在的消极作为、乱作为问题为什么不能及时发现?主观原因是什么,客观上有什么困难,下一阶段准备采取哪些措施继续加以改正?这样分析问题不仅不会否定成绩,而且容易取得全国人大常委会组成人员的理解和体谅,常委会组成人员了解了这些实际困难,会设身处地、真心实意地帮助有关部门出主意、想办法,共同破解这些难题。

两个月后,即 2007 年 12 月 26 日,卫生部部长陈竺受国务院委托,在十届全国人大常委会第三十一次会议上作了《关于城乡医疗卫生体制改革和加强食品药品安全监管情况的报告》。报告说：近年来我国城乡卫生事业有了很大发展，有关改革稳步推进，食品药品产业快速发展；食品安全监管和药品监管不断改进和加强，取得积极成效。2007年12月27日下午，十届全国人大常委会第三十一次会议分组审议这个报告。在审议中，我再次对改进专题报告文风问题提出批评意见。

我说，听了长达13 000多字的报告，思考了两个问题：一些部委向全国人大常委会报告工作的主要目的是什么？专项工作报告的侧重点应该放在什么地方？

监督法第八条规定，各级人民代表大会常务委员会每年选择若干关系改革发展稳定大局和群众切身利益、社会普遍关注的重大问题，有计划地安排听取和审议本级人民政府、人民法院和人民检察院的专项工作报告。第九条规定，常务委员会听取和审议本级人民政府、人民法院和人民检察院的专项工作报告的议题，根据本级人大常委会在执法检查等6个方面发现的突出问题来确定。对照监督法，我认为"一府两院"向全国人大常委会报告工作应积极回应全国人大常委会在执法检查中发现的突出问题和全国人大代表集中反映的问题，而不是展示成绩、介绍经验。

我统计了一下：报告讲成绩的部分4600多字，约占全篇的34%，讲问题的部分1600多字，约占全篇的12%。再看教科文卫委员会的调研报告，不到9000字，总篇幅只有卫生部报告的三分之二，讲成绩的部分用了1800多字，剖析实际问题的部分3900多字，对策建议部分2300多字。教科文卫委员会的调研报告从7个方面揭示了医疗卫生体制改革和促进卫生保健工作存在的问题，实实在在。提出的6条对策建议也有一定的吸纳价值。教科文卫委员会调研报告结构相对合理，比较符合监督法第八条、第九条的规定。我建议国务院有关部门在向全国人大常委会报告工作之前认真学习监督法，紧紧围绕在执法检查中发现的突出问题介绍情况，分析造成这些问题的原因,提出解决这些问题的对策和建议。这样的报告用不着写13 000字,有五六千字就足够了。建议全国人大常委会把改进报告的文风当作一件大事来抓。

十届全国人大常委会副委员长兼秘书长盛华仁参加我们小组的审议,他赞成我的发言,要我把发言稿送给他一份。全国人大常委会办公厅将我的发言稿全文刊登在《简报》上,办公厅研究室还将发言稿摘编成"参阅材料",报送全国人大常委会领导同志。2008年1月2日,全国人大常委会委员长吴邦国在我提出的"关于'一府两院'向人大常委会作专项工作报告的建议"上作了批示。1月3日,温家宝总理也作出批示,要求国务院有关部门"切实改进向人大常委会作专项报告的工作。按照监督法的规定,认真负责地报告所做的工作和存在的问题,特别要重视回答人大常委会和广大人民群众关注的问题,努力提高报告质量"。温家宝总理还要求国务院办公厅提出改进意见,并向各部门负责同志作一次通报。国务院办公厅雷厉风行,要求各部门压缩文件篇幅,突出主题,不搞"穿靴戴帽"。明确提出要倡导清新简练的文风,做到意尽文止、条理清楚、文字精练。这种求真务实的作风令人感动。

2. 持续关注1.5亿生活在贫困线以下的困难群体

2009年12月22日,全国人大农业与农村委员会副主任委员孙文盛在十一届全国人大常委会第十二次会议上作了《关于农村社会保障体系建设情况跟踪检查报告》。2009年12月24日下午,十一届全国人大常委会第十二次会议分组审议《关于农村社会保障体系建设情况跟踪检查报告》。

在小组会议上我发言说,农业与农村委员会的报告披露我国农村低保对象有4521万人;2009年3月5日《政府工作报告》说全国农村扶贫对象有4007万人。这两个数字是我国制定扶贫政策和低保政策的依据。但是,2009年12月18日,国务院总理温家宝在丹麦哥本哈根气候变化会议领导人会议上发表讲话时提出了一个新数据,即中国有13亿人口,人均国内生产总值刚刚超过3000美元,按照联合国标准,还有1.5亿人生活在贫困线以下,发展经济、改善民生的任务十分艰巨。就农村扶贫攻坚和社会保障体系建设而言,这是一个大判断。

在此之前,联合国和世界银行的专家已经注意到这个问题。2009年4月8日,世界银行在一份名为《从贫困地区到贫困人群:中国扶贫议程的演进》的报告中指出,2008年年底之前,中国政府确定的贫困线为人均年收入785元,该标准按照2005年的美元购买力评价,约为人均每天0.57美元,而按照美元兑换人民币现行汇率,人均每天只有0.31美元。2009年将贫困线提高至人均年收入1196元,与世界银行推荐的人均1.25美元的贫困线相比依然偏低。温家宝总理向世界宣布中国有1.5亿人生活在贫困线以下,这是对贫困人口的确认,也是对联合国贫困标准的积极回应。

承认并公布1.5亿贫困人口至少有四点好处:

(1) 有助于各级领导干部正确认识初级阶段的基本国情,可以防止在"洋表扬"面前飘飘然。

(2) 邓小平同志指出社会主义的目的就是要全国人民共同富裕,不是两极分化。中央经济工作会议提出要提高社会保障水平,加大对低收入群体的帮扶救助力度,提高城乡低保标准。调整贫困线与中央经济工作会议精神相一致。

(3) 扶贫攻坚需要确定一个经过较长时间的努力才能达到的战略目标。既然改革开放30年我们能够帮助2亿多农民摆脱贫困,那么,在当前国家财力、物力明显增强的条件下,再用一二十年时间,帮助1.5亿生活在贫困线以下的人口脱贫致富,是可以办到的。这一目标同新农村建设、小康社会建设、和谐社会建设的目标相吻合。

(4) 从国际大局来看,让世界知道中国尚有1.5亿贫困人口,有利于抑制"中国威胁论"和"中国责任论"的蔓延,也有利于增进发展中国家对我们的了解、理解与体谅。

据世界银行测算，中国政府重建扶贫政策体系和低保体系需要新增1546亿元投资，相当于中国2007年中央和地方总税收的3.1%，占2007年GDP的0.6%。新的扶贫政策体系和社保体系怎样设计，究竟需要增加多少投资，还有待精确论证。但是，把1.5亿生活在贫困线以下的人口作为扶贫和社保目标，启动新一轮的扶贫攻坚，将是中国几亿农民的福音，也是缩小贫富差距、促进社会和谐的务实之举。

2010年3月7日上午，出席十一届全国人大三次会议的各代表团举行全体会议，审议温家宝总理所作的《政府工作报告》。我在发言中再次谈到新一轮扶贫攻坚问题。我说，温家宝总理在《政府工作报告》中提出"进一步加大扶贫开发力度""要坚持不懈地消除贫困落后，让农民群众早日过上富裕安康的生活"，这两段话反映了亿万农民的心声。为了使"进一步加大扶贫开发力度"具体化，建议调整我国的贫困标准，将1.5亿人作为扶贫目标，尽快启动新一轮"扶贫攻坚"。我从四个方面阐述了将1.5亿人作为扶贫目标，启动新一轮"扶贫攻坚"的好处。

2010年9月19日，我收到国务院扶贫开发领导小组办公室《对十一届全国人大三次会议第1053号建议的答复》。答复信中说："温家宝总理2009年12月18日在哥本哈根气候变化会议领导人会议上说，'按照联合国标准，还有1.5亿人生活在贫困线以下'，这是我国在减排问题国际斗争特定场合下，针对'中国威胁论'和'中国责任论'而使用的。从实际情况看，采用联合国或世界银行贫困线作为本国贫困标准的国家并不多，也不符合中国的实际。"在转寄国务院扶贫开发领导小组办公室的答复信件时，全国人大常委会办公厅还附了一张"代表建议办理和答复征求意见表"。

我反复推敲国务院扶贫开发领导小组办公室的几句答复，觉得所讲的道理有点不合乎逻辑。于是我在"对承办单位改进办理和答复工作的建议"一栏写了这样一段文字：

"承办单位要增强责任意识。要对人民负责、对历史负责。做到尽职尽责、尽心尽力、问心无愧。"

我把上述意见告诉了联名提出将1.5亿生活在贫困线以下人口作为扶贫攻坚目标建议的全国人大代表、中国社会科学院副院长李慎明和全国人大代表、国家自然科学基金委员会主任陈宜瑜。他们赞成我这样回复。

2010年3月4日，作者填写的《中华人民共和国第十一届全国人民代表大会第三次会议代表建议、批评和意见纸》

2010年10月9日,我再次看到国务院扶贫办就"以1.5亿人为目标启动新一轮扶贫攻坚的建议"给全国人大常委会办公厅的复函。复函说,根据全国人大常委会办公厅来函的要求,我们与全国人大代表南振中同志取得联系,就《关于以1.5亿人为目标启动新一轮扶贫攻坚的建议》进行沟通。我们首先介绍了国家扶贫标准的制定和调整机制、我国扶贫标准和国际贫困线的关系等情况,同时说明,在制定2011—2020年扶贫开发纲要过程中,我们将按照党的十七大逐步提高扶贫标准的要求,明确新的国家扶贫标准,并建立稳定调整机制。

国务院扶贫办复函的最后一段写道:"通过与南振中代表的接触,我们深切感受到他对贫困人口的关心和对扶贫工作的关注。对于他的建议,我们将在今后的工作中进一步研究。"

不管领导机关的决策过程多么复杂、艰难,不论提高扶贫标准经历了多少次反复,2011年11月29日还是传出了令人振奋的消息:中央决定将农民人均纯收入2300元作为新的国家扶贫标准,比2009年的扶贫标准提高了约92%。按照新标准,中国农村有1.28亿贫困人口,相当于原来贫困人口数的3.2倍。

从新华网看到这则"快讯",我立即用计算器进行了换算:当天我国汇率中间价为1美元兑人民币6.3587元。按照这一汇率,2300元相当于约361.71美元,折合每天约99.098美分,与联合国规定每人每天1美元的贫困线标准相差无几。中央决定把1亿多低收入人口纳入扶贫攻坚范围,是社会发展的进步,是以人为本的体现。坚持不懈地建议将贫困线标准由人均每天0.57美元提高到1美元,坚持不懈地呼吁尽快启动新一轮"扶贫攻坚",如今看到国家关注贫困地区民生大事、大幅度提高扶贫标准的消息,作为一名全国人大代表,我如释重负!

3. 持续关注"三公消费"公开的时间表

2010年6月24日上午,十一届全国人大常委会第十五次会议分组审议国务院关于2009年中央决算报告时进行了专题询问。

《中华人民共和国各级人民代表大会常务委员会监督法》第三十四条规定:"各级人民代表大会常务委员会会议审议议案和有关报告时,本级人民政府或者有关部门、人民法院或者人民检察院应当派有关负责人员到会,听取意见,回答询问。"2010年3月,十一届全国人大三次会议审议通过的全国人大常委会工作报告提出,2010年将选择代表普遍关心的问题听取国务院有关部门专题汇报,请国务院有关部门主要负责人到会听取意见、回答询问、答复问题。这次专题询问就是为了督促国务院有关方面加强和改进预决算管理工作而组织的,也是十一届全国人大常委会首次组织的专题询问。受国务院委托,财政部多位负责人到会回答全国人大常委会组成人员的询问。在这次"专题询问"的会议上,我提了两个问题:

(1)国务院的决算报告提出要大力推进预算公开,这句话顺乎民意。但遗憾的是报告没有说"今年公开",也没有肯定地说"明年公开",而是在"2011年公开"之前加了"争取"两个字。预算公开真有这么难吗?究竟难在什么地方,什么时候才能利利索索地把政府可公开的账本摊开来,让公民看得清清楚楚、明明白白?

(2)公款出国、公款用车、公款接待是人民群众关注的三大热点。关于"三公"的公开,进展缓慢,这里面有没有害怕人民群众了解真相的因素?有人说"三公"公开的条件尚不成熟,国务院怎样为"三公"的公开创造这些条件?"三公"公开有无可操作、可检查、可监督的进展时间表?

财政部部长助理胡静林回答说,预算信息公开是公共财政的本质要求,也是推进政府信息公开的重要内容。但是,在现行的政府收支分类体系和预算管理模式下,还无法完整披露基本建设、行政经费以及"三公"支出等预算信息。2010年3月,十一届全国人民代表大会财政经济委员会《关于2009年中央和地方预算执行情况与2010年中央和地方预算草案的审查结果报告》提出,"细化政府预算科目,提高预算透明度。2011年,向全国人大报告基本建设、行政经费等社会关注的项目支出情况"。为贯彻落实这一要求,财政部成立了预算科目改革小组,在进行深入研究的基础上,提出了完善现行政府收支分类体系、单独设置科目反映基本建设、行政经费支出的方案,包括进一步完善预算科目,调整有关说明与口径,并通过在部门预算中增设反映"三公"支出表格的形式,直接统计各部门"三公"支出情况。下一步,我们将提高各部门开展预算公开工作的主动性、及时性和准确性,一步一步地把预算搞得更细一点,进一步扩大各部门预算公开的范围,让大家看得更清楚一些。

2011年3月7日,在十一届全国人大四次会议上,河南代表团分组审议温家宝总理所作的《政府工作报告》。我认为温家宝总理在报告中表示要加快实行财政预算公开,让人民知道政府花了多少钱,办了什么事,是对人民群众意愿的积极回应。

《中华人民共和国各级人民代表大会常务委员会监督法》第三章规定,人民代表大会及其常委会审查和批准决算,听取和审议国民经济和社会发展计划、预算的执行情况报告,听取和审议审计工作报告。决算草案应当按照本级人民代表大会批准的预算所列科目编制,按预算数、调整数或者变更数以及实际执行数分别列出,并作出说明。第十七条规定,国民经济和社会发展计划、预算经人民代表大会批准后,在执行过程中需要作部分调整的,国务院和县级以上地方各级人民政府应当将调整方案提请本级人民代表大会常务委员会审查和批准。第十八条还具体规定了人民代表大会常务委员会对决算草案和预算执行情况报告重点审查的6项内容。2008年5月1日起施行的《中华人民共和国政府信息公开条例》第九条、第十条把国民经济和社会发展统计信息和财政预算、决算报告,列为行政机关应当重点公开和主动公开的政府信息。

财政预算涉及公民、法人或者其他组织切身利益,需要社会公众广泛知晓。2010年已经有74个中央部门亮出账本,向社会公开了部门预算收支总表和财政拨款支出预算表,受到了人民群众的欢迎。2009年12月,国务院曾为公开部门预算列出了时间表,提出争取3年内实现向社会公开全部部门预算。也就是说,到2012年12月之前,要实现向社会公开全部部门预算。为了兑现承诺,建议将"加快实行财政预算公开"修改为有具体时间限制的表述方式,让人民群众对财政预算公开有个盼头。

2011年3月11日,《中国青年报》刊登了一则题为《我代表人民询问你》的报道。记者写道:"近日,全国人大代表南振中心情很好。今年两会上传来消息:中央预算部门2011年'三公消费'将公开。'三公消费'的账本何时能摊在阳光下晒晒,代表委员和普通民众坚持不懈的追问,如今终于有了结果。"其实,我只是众多关注"三公消费"公开问题的全国人大代表、全国人大常委会委员中的一员。

令人欣慰的是,2011年3月23日又传来好消息:国务院总理温家宝主持召开国务院常务会议,研究中央部门因公出国(境)经费、公务用车购置及运行费、公务接待费"三公"经费预算有关问题。会议决定在2009年和2010年大幅压缩的基础上,2011年继续压缩中央部门"三公"经费预算,2011年6月向全国人大常委会报告中央财政决算时,将中央本级"三公"经费支出情况纳入报告内容,并向社会公开,接受社会监督。会议要求进一步完善"三公"经费管理制度和审核程序,建立健全厉行节约长效机制;继续细化预算编制,加强预算执行管理,严格控制预算调整;加强机构设置和编制管理,严格控制因公出国(境)团组数量和规模,加强和规范公务用车配备使用管理;严格执行公务接待有关规定,从根本上控制"三公"经费规模。国务院常务会议作出的上述"决定"于国有利、于民有利,真是全国人民的福音!

三、年逾花甲学说话

有些知识本应在"幼儿园"学习和掌握,但直到成年仍不得要领,不得不进行"全民补课"。小孩子出生后不久就会"牙牙学语";在幼儿园基本学会了"说话"。但是,由于社会上空话、套话和正确的废话泛滥,一些成年人渐渐丧失了正常说话的能力。

2007年8月30日,我辞去新华社总编辑职务,作为全国人大外事委员会副主任委员,全力投入外事工作,不仅要出国访问,还要接待许多外国议会代表团。在同外国朋友频繁接触的过程中,我越来越感到"学说话"的重要性。

为了学习说话,我陆续阅读了《朱镕基答记者问》《外国政要答记者问》《听大使讲故事》《外交部发言人揭秘》《话语权:美国为什么总是赢得主动》《交流学十四讲》《有效沟通技巧》等书,思考外交、外事用语的基本要求,在"转变话语方式"方面作了一些尝试。

1.要让外国朋友"听得懂、愿意听、记得住"

会见、会谈是外事工作的重要组成部分。每次同外宾会见、会谈之前,有关部门会提供一些参阅资料和"口径"。这些"口径"的好处是准确、简明,不足之处是概念性的东西多,具体事例少。以介绍西藏变化为例,如果只向外宾说"50年间西藏在政治、经济、文化等各领域发生了翻天覆地的变化,社会事业全面进步,人民生活水平大幅提高",效果不会十分明显。

2008年6月23日晚,我应瑞士驻华大使顾博礼的邀请,到瑞士驻华使馆做客。当我们谈起西藏的变化时,我讲了一个关于西藏第一辆汽车的故事。

据1930年出版的《西藏始末纪要》一书介绍,西藏的交通状况是"乱石纵横,人马路绝"。从青海西宁或四川雅安到拉萨,往返一次需要半年多的时间。1907年，设在西藏江孜的英国商务代办奥康纳将一辆八马力的克莱门特汽车翻越喜马拉雅山口开进西藏，在稍加改善的江孜至帕里间便道上行驶。这是西藏历史上第一辆汽车。汽车开动之前，商务代办要准备一批牦牛，让牦牛紧跟在汽车后面。一旦汽车受阻，开不动了，牦牛就由"后队"变成"前队"，拖着汽车，在崎岖的道路上缓慢爬行。

1928年，十三世达赖喇嘛进口了两辆小汽车，在印度拆为零件，用牲口驮运到拉萨重新组装。因为拉萨没有公路，只能在布达拉宫至罗布林卡这段1公里多的便道上和拉萨市区个别地段行驶。开了不长时间，就抛了锚。直到1948年，拉萨才有了三四辆马车。这就是半个世纪以前西藏的交通状况。

1950年，毛泽东主席提出要在西藏修筑公路。当时10多万民众劈开横断山脉，经历了5个春秋，在世界屋脊上修起总长4360多公里的川藏公路和青藏公路。改革开放以来，西藏交通状况日新月异，到2007年年底，西藏自治区公路通车里程达到48 000多公里。民用汽车也从无到有，2007年汽车保有量达到14.4万辆，平均20个西藏居民就拥有1辆私家汽车。这样介绍，比照念"口径"的效果要好一些。

2010年9月15日，我会见加勒比高级外交官访华团。外交学院是接待单位，他们来函让我向客人介绍全国人民代表大会制度。

人民代表大会制度是一个严肃的政治话题。要让相隔万里的加勒比地区朋友听得懂、愿意听、记得住，是一个难题。我事前研究了许多资料，尝试着回答了中国为什么会选择人民代表大会制度、全国人民代表大会为什么要设立常务委员会、全国人大及其常委会的主要职责是什么、中国为什么不实行"两院制"、怎样防止人大代表脱离人民群众的危险、从选举法的修改看中国民主的进步、全国人大及其常委会怎样开展"议会外交"等7个问题。我还对访华团的朋友们说："我尽量用通俗的语言作介绍。如果大家有问题需要提问，可以随时打断我的话，不算'失礼'。"

"两院制"是把议会分成两个部分,由两院共同行使议会的权力。许多外国朋友不理解中国为什么不实行"两院制"。在回答这个问题时,我谈了两条理由:一是中国是统一的多民族的国家,在处理中央与地方关系的问题上,强调在中央统一领导下、充分发挥地方主动性积极性的原则,这是中国实行人民代表大会一院制的重要基础。二是中国的国家机构实行民主集中制的原则。人大及其常委会统一行使国家权力,在这个前提下,政府、法院、检察院各司其职、协调一致地工作。在人民代表大会内部,没有同它平起平坐的权力机构。

为了让外交官访华团的朋友了解"一院制"并非中国所独有,我介绍了法国著名思想教育家卢梭的主张。卢梭认为,代议机关是代表公共意志的,而公共意志只有一个。如果两院意见分歧,其中必有一院不能代表公共意志;如果两院意见一致,其中必有一院是多余的,故没有设立的必要。当今世界,英、美、法、德、日等70多个国家采取两院制;西班牙、葡萄牙、瑞典、丹麦、阿尔及利亚、摩洛哥、突尼斯、马里、加纳等110多个国家采取的是一院制。具体到一个国家,究竟实行哪一种制度,大都是从本国国情出发而作出的选择。

我还介绍说,全国人民代表大会实行"一院制"的好处是既有民主,又有集中,民主是在宪法和法律指导下的民主,集中是在广泛民主基础上的集中。这种体制避免了在实际运作中不必要的牵扯,保证国家和各项工作能集中有效地进行。邓小平先生说过:"我们实行的就是全国人民代表大会一院制,这最符合中国实际。如果政策正确,方向正确,这种体制益处很大,很有助于国家的兴旺发达,避免很多牵扯。当然,如果政策搞错了,不管你什么院制也没有用。"这段话的含义非常深刻。

在回答全国人大代表有没有脱离人民群众的危险这一问题时,我介绍了全国人大常委会组织全国人大代表到本选区参加"代表视察"和"专题调研"活动的情况,并且举了一个具体例子:2007年7月上旬,我同几位全国人大代表到我的选区河南省围绕新型农村合作医疗问题进行专题调研。新型农村合作医疗是以大病统筹为主的农民医疗互助共济制度,采取个人缴费、集体扶持、政府资助的方式筹集资金。最初参加新型农村合作医疗的农民,每年人均筹集资金只有25元,2006年增加到人均50元,大约折合7美元。由于筹集的资金比较少,农民得了大病,补助比例偏低。在村子里我遇到一个青年农民,他得了心脏病,手术费花了9万多元,按照最高补助标准给予补贴,他只得到1万元的补助。专题调研组在向全国人大常委会办公厅提交的调研报告中如实反映了基层的情况,建议将新型农村合作医疗筹资标准由每人每年50元提高到100元,并且参照GDP增长速度,逐年增加投入。2008年3月,我出席十一届全国人大一次会议,听取《政府工作报告》。国务院总理温家宝在报告中提出,要在全国农村全面推行新型农村合作医疗制度,用两年时间将筹资标准由每人每年50元提高到100元,其中中央和地方财政对参合农民的补助标准由40元提高到80元。作为全国人大代表,所提建议得到回应,我有一种如释重负的感觉。

2. 相互尊重,待人以诚

我没有从事过外交工作,但是,在学习说话的过程中,阅读了一些与"外交语言"有关的材料。有一份材料说,有时为了某种需要,"外交语言"应该含蓄、婉转、笼统,甚至是"话说半句"。据说,古代威尼斯使节的训令就曾指出,"使节应该用对任何事都不承担责任的一般性词句来表达一切"。根据那几年学习说话的体验,我认为尽管在外事会见中"含蓄""婉转"必不可少,但更重要的是相互尊重和待人以诚。

发展中国家民众通常有两种心态:一是渴望从发达国家和发展中大国得到更多的经济援助;二是由于许多国家有着遭受帝国主义侵略和压迫的屈辱历史,所以把独立和尊严看得比什么都重要。他们既希望得到别国的援助,又怕被人瞧不起,更怕被援助的"附加条件"搞乱阵脚。这种特殊的、带有地域特色的民族自尊心,是发展中国家民众的"自我保护意识"。谁触犯了这一"心理底线",谁就会冒犯这个地区人民大众的"情感禁忌"。在外事交往中,只有相互尊重、以诚相待,才能得到朋友的信赖。

2008年6月,非洲法语国家议会友好人士考察团访问北京,由我出面宴请考察团一行。我在即席讲话中没有大段大段地谈论中国对非洲的无私帮助,只举了一个例子:从1963年起,中国连续向非洲国家派遣医疗队,共向50个国家派出医疗队1.6万人次,平均每4个非洲居民中就有1人接受过中国医疗队的诊疗。数十年间,有40多位中国医生牺牲在非洲大地上。

在讲话中,我用较大篇幅回顾非洲国家对中国的支持和帮助。1971年10月25日,联合国大会以76票赞成的压倒多数,通过了23个国家提出的要求恢复我国在联合国的一切合法权利,并立即把蒋介石集团的代表从联合国及其所属一切机构中驱逐出去的提案。在这次历史性的较量中,非洲国家功不可没。非洲国家在涉及中国国家主权和核心利益的重大问题上给予中国坚定的支持。中国先后11次在联合国人权委员会挫败西方反华提案、12次挫败台湾挤入世界卫生组织的图谋、16次在联大挫败涉台提案,同非洲国家的强力支持密不可分。我们也不会忘记非洲国家在中国举办2008年奥运会和2010年上海世博会时给予的宝贵支持。2008年四川汶川大地震发生后,非洲国家不仅以各种形式表示慰问,而且为灾区提供了力所能及的帮助,仅撒哈拉以南非洲国家向我捐款就折合人民币5700多万元,这就叫"患难见真情"。

在讲话的最后,我谈了一点自己的人生感悟:我长期担任新华通讯社的农村记者。在农村,经常听到的一句话是"饱汉子不知道饿汉子饥"。如果村民遇到不幸,需要帮助,想让富人出一点钱,比登天还难。相反,通常是穷人与穷人之间的相互救济。国与国之间也是如此。一些特别富有的国家,不仅不帮助发展中国家,还对发展中国家指手画脚,甚至转嫁危机,这就叫"为富不仁"。尽管中国和非洲国家同属发展中国家,我们都不富裕,但是,我们相互关心、相互帮助。正是这种相互救助,才使中非成为全天候的好朋友、真诚合作的好伙伴、情同手足的好兄弟。

没有想到,"饱汉子不知道饿汉子饥"这句话在非洲法语国家议会友好人士中间引起共鸣。考察团团长在答谢讲话中说:"非洲也有类似'饱汉子不知道饿汉子饥'的说法。美国和西方一些发达国家就是不知道饿汉子饥的'饱汉子'!"团长在讲话中还补充了大量中国对非洲国家友好援助的典型事例。《国际先驱导报》曾经刊发一篇题为《非洲为何总支持中国》的文章。作者认为,赢得非洲的秘诀在于中国人民对于非洲人民是发自内心的尊重。这一判断很有道理。

3. 旗帜鲜明,理直气和

在外事工作中,要立场坚定、旗帜鲜明,但不一定事事都要剑拔弩张。过去我们喜欢用"理直气壮"这句成语。其实,在有些时候、有些场合,如果采用"理直、气和"的话语方式,客观效果会更好。

2010 年 9 月 25 日,根据全国人大常委会领导同志的安排,由我率领全国人大代表团赴比利时布鲁塞尔出席第六届亚欧议会伙伴会议。

第六届亚欧议会伙伴会议由比利时议会承办。来自 22 个亚欧议会伙伴会议成员议会代表团百余名代表出席本届会议。比利时参议长丹尼·皮特斯和众议长安德烈·弗拉奥担任本届会议联合主席。会议的主题是"化经济挑战为全球机遇以改善民生"。会议围绕"有效的世界金融和经济架构"和"可持续发展"两个议题进行讨论。

会议总体气氛是好的,但讨论中间,有一个西方国家代表团在发言中提出中国是二氧化碳排放大国,应该承担更多的减排责任。

近代工业革命 200 年间,发达国家排放的二氧化碳占全球排放总量的 80%。如果说二氧化碳排放是气候变化的直接原因,谁该承担主要责任不言自明。发达国家必须率先大幅量化减排并向发展中国家提供资金和技术支持。发展中国家应根据本国国情，在发达国家资金和技术转让支持下，尽可能减缓温室气体排放，适应气候变化。联合国环境与发展会议在《关于环境与发展的里约宣言》中明确提出"共同但有区别的责任原则"，正是从世界大多数发展中国家的实际情况出发的。

为了让与会代表了解中国在减缓温室气体排放等方面所做的努力，我在专题讨论会上，利用分配给中国代表团的5分钟发言时间，讲了一件非常具体的事情：

2010年6月，中国商务部会同其他5个部委发出警告说，生产一次性筷子的企业将面临地方政府旨在减少使用一次性用具的限制措施，一次性筷子生产、流通和回收环节的监管将被加强。这件事情经美国《洛杉矶时报》报道之后，演绎成为一个全球性故事。

2010年9月26日，第六届亚欧议会伙伴会议在比利时首都布鲁塞尔召开。作者作为中国全国人大代表团团长，应邀在开幕式上致辞

也许有人会认为，中国政府对一次性筷子开战，手伸得太长了，似乎没有必要。但是，当听完下面的介绍，你会改变看法。

中国现有13亿人口，一年要用掉大约450亿双一次性筷子，平均每天近1.3亿双。为了满足这种需求，每年需要砍伐的树木达到1600万到2500万棵。中国现有森林面积19 545万公顷，年固碳量3.59亿吨，吸收大气污染物量0.32亿吨，滞尘量50.01亿吨，森林生态系统年涵养水源量4947.66亿立方米，相当于12个三峡水库2009年蓄水至175米水位后的库容量。从这个意义上讲，中国政府同一次性筷子作战，就是在保护我们人类共同的家园。

2009年，中国关停小火电机组2617万千瓦，淘汰落后炼钢产能1691万吨，推广节能空调500多万台、节能照明灯具1.5亿只，从生产和消费两大领域减少能源、资源消耗。近4年间，累计单位GDP能耗下降14.38%，化学需氧量下降9.66%，二氧化硫排放量下降13.14%。中国正在建设以低碳排放为特征的产业体系和消费模式。

议会代表人民，议员反映民意。中国全国人大常委会制定了《中华人民共和国循环经济促进法》，修订了《中华人民共和国可再生能源法》《中华人民共和国节约能源法》《中华人民共和国水污染防治法》《中华人民共和国固体废物污染环境防治法》，为应对气候变化、促进可持续发展提供了法治保障。2009年8月27日，全国人大常委会还审议通过了《关于积极应对气候变化的决议》，把加强应对气候变化相关立法作为全国人大的一项重要任务。在中国，节能、环保和可持续发展已经成为主流民意。中国全国人大愿同亚欧各国议会携手努力，共同保护我们的家园！

简短的发言，在会议上产生了良好效果。一些国家议会代表团团长向我表示祝贺，有的代表向我索要英文发言稿。会议有两位主席，他们在总结发言中不约而同地提及中国人民减少使用"一次性筷子"、保护人类共同家园的事例，赞赏中国人民的实际行动。这件事使我感受到改变"说话方式"的重要性。在有些场合，"理直气和"比"剑拔弩张"更有力量。

"理直气和"的"理"主要体现在于法有据、于规有据上。2010年9月28日，在第六届亚欧议会伙伴会议闭幕会议开始之前，中国全国人大代表团参加文件起草工作的同志对我说："在应对全球气候变化的问题上，宣言案文中原有'共同但有区别的责任原则'的表述。英国议会代表团、意大利议会代表团参加文件起草的代表提出应将国内生产总值与二氧化碳排放挂钩。修改后的条款明显违反了联合国环境与发展会议通过的《关于环境与发展的里约宣言》的基本原则。参加宣言起草工作的中方代表据理力争，要求将不符合《关于环境与发展的里约宣言》的条文删除，但这个意见未被起草委员会采纳。你能不能出面说服文件起草委员会主持人,将这句话从宣言中删掉?"

我看了一下手表,这时离闭幕会议开始时间不到20分钟。在这么短的时间内,要说服文件起草委员会主持人,让他同意把宣言中的这句话删掉,难度是相当大的。

但是,在亚欧议会伙伴会议之后紧接着要召开以可持续发展为中心议题的第八届亚欧首脑会议。《亚欧议会伙伴会议议事规则》第二十七条规定,《亚欧议会伙伴会议宣言》"将提交之后召开的亚欧首脑会议"。欧洲理事会主席范龙佩在发言中也强调,《第六届亚欧议会伙伴会议宣言》将成为亚欧首脑会议的指导性文件。如果不把不符合我们国家一贯主张的条款删掉,将会给国家利益带来不利影响。我答应作"最后一搏"。

于是,我紧急约见亚欧议会伙伴会议大会秘书长兼文件起草委员会主持人。我对他说了两段话:

第一,《亚欧议会伙伴会议议事规则》第二十一条明确规定:"会议的决定应在所有正式代表协商一致的基础上作出。"你把中国全国人大代表团明确表示不同意的条文写进宣言,明显违背了"协商一致"的基本原则,这可不是一般的"小失误"!

第二,两年前你曾出席在北京举办的第五届亚欧议会伙伴会议。闭幕会议上,当对宣言进行表决时,会场响起长时间的、雷鸣般的掌声,许多代表情不自禁地站起来鼓掌,那是何等的风光!我不愿看到这次宣言付表决时有代表团成员站起来指责宣言明显违背议事规则!你作为文件起草委员会主持人,如能信守"协商一致"原则,使宣言顺利通过,这将是你的职业生涯中难忘的、光辉的一刻。

我谈了大约5分钟。

文件起草委员会主持人说:"中国人很会打乒乓球,你果然把乒乓球打给了我。因为宣言在起草委员会已获通过,要修改的确很难,我只能告诉你:我会尽力!"

文件起草委员会主持人果然没有食言,他在全体会议上作说明时,把中国全国人大代表团的意见表达得比较充分。他引述了《亚欧议会伙伴会议议事规则》第二十一条关于"会议的决定应在所有正式代表协商一致的基础上作出"的规定,建议把中国代表团不赞成的条文从宣言正文中删去。

通过《第六届亚欧议会伙伴会议宣言》的那一刻,会场响起热烈掌声。中国全国人大代表团全体成员是站起来鼓掌的。散会以后,我立即走上主席台,向大会主席表示诚挚的谢意。我也没有忘记文件起草委员会主持人,特意向他本人表示诚挚的谢意!

说话不难,但说出的话让人"听得懂、愿意听、记得住",就不是一件容易的事。"讲管用的话、讲有感而发的话、讲明白通俗的话",要做到这三条,更是难上加难。从这个意义上说,即使我年事已高,说话这门课程还远没有结业。

2010年9月28日,在布鲁塞尔召开的第六届亚欧议会伙伴会议闭幕,作者(前排左二)向文件起草委员会主持人(前排右一)表示感谢

四、年逾古稀学沟通

2013年3月3日第十二届全国人民代表大会第一次会议即将召开,作为十一届全国人大常委会委员,我即将退休。郑州大学时任党委书记郑永扣找到我说:"想请您担任新闻与传播学院院长,不知有没有这种可能?"

多年来白天晚上忙于工作,没有节假日,没有双休日,上不能尽孝,下没有尽养育之责,愧对父母,愧对妻子,愧对孩子。这是我内心深处的痛楚。1990年,我曾对家人说:"在总编辑岗位上只能把时间和精力献给新华社,60岁卸任以后我将抽出更多时间孝敬母亲、照顾老伴、教育儿孙。"

可就在58岁快要退休之时,中央任命我为正部长级的新华社总编辑,按照规定到65岁才能退休。2008年3月当选十一届全国人大常委会委员、全国人大外事委员会副主任委员,退休时间又延迟到71岁。

2012年12月28日,为了做到"全退",回归家庭,我提前辞去北京华育助学基金会副会长一职,紧接着辞去中国人大新闻奖评委会主任和中国人大制度新闻协会名誉会长职务。辞去所有社会兼职就是为了兑现1990年对家人的一句承诺。

面对郑永扣书记的邀请,我说:"退休以前我听从组织的安排,退休以后得听老伴的安排。等我回家跟老伴商量以后再给你回话。"

我和老伴陈瑞芬在郑州大学中文系学习时是同班同学。我把郑永扣书记的意思告诉了她,她寻思了一会儿,说:"教书育人、行善积德,是件好事。再说了,咱俩毕业这么多年,母校没有让咱办过什么事情,就提这么一个要求,拒绝的话咱也说不出口!"就这样,重返母校成了两个郑大校友共同的意愿。

担任新闻与传播学院院长,我最担心的是代沟。我与在读大学生有50多岁的年龄差,与中青年教师也有三四十岁的年龄差,能否逾越这道年龄鸿沟,与师生顺畅地沟通,是非常严峻的考验。

1. 顺畅沟通必须动之以情

到任以后一位老师问我："新闻与传播学院的情况你了解吗？"我说不是太了解。他说："有点儿复杂。好几年了，学院没有院长和业务副院长，党委书记焦世君和副书记孙保营都是从别的学院调来的，从学院内部选拔有点儿难。"

这位老师的一番话启发了我：开创学院的新局面必须着力营造有利于人才成长的"小环境"。

2014年1月15日，郑州大学主校区图书馆以南下了一场小雪，同一时刻，生活在郑州市其他街区的人连雪花的影子也没看到。对这一自然现象，河南省气象局首席预报员解释说，小范围零星降雪与郑州大学新校区水汽含量大有关。郑州市气象台一名工作人员解释说，郑大新校区有一些湖，近地面水汽条件比较好，形成了一个小的环流系统，空气一旦垂直运动，近水地区就有可能小范围降雪。《气象学》著作中，把这一现象称作"局部小气候"。

2014年1月15日，郑州大学主校区图书馆以南局部降雪的情景

看到这则校园新闻,我想到的不是"雪",而是人才成长的小环境。既然自然界的"局部小气候"可以营造,那么在社会层面,人才成长的"小环境"可不可以营造呢?2014年3月6日,我同郑州大学新闻与传播学院教职工座谈时,就是从校园里的那场"雪"谈起的。

为了营造良好的小环境,郑州大学新闻与传播学院领导班子成员想到了穆青题写的"勿忘人民"。穆青同志一辈子都没有忘记人民群众的哺育之恩。1945年8月日本宣布无条件投降,中共中央派遣10万干部和指战员开赴东北,穆青是《解放日报》挺进东北的先遣小分队中的一员。辽西丘陵地带遍地冰雪,每走一步都要花很大的力气才能把脚从雪窝里拔出来,裤子上的雪越沾越多,最后结成了冰疙瘩,腿像棍子似的完全失去了知觉。好不容易走到宿营的村子,天已经黑了。穆青住的那户人家,屋里只有一对老夫妇,得知他们是关内过来的队伍,两位老人高兴得团团转。老妇人赶紧生火烧水,老汉则忙着招呼他们上炕取暖。穆青拽住靴子往下脱,没想到靴子和腿已经冻在一起,怎么也拽不下来。老汉说:"孩子,千万不能硬拽,硬拽连皮肉都要撕下来。"老汉端来一盆冷水,把穆青的双脚连同靴子一起浸在冷水里,过了一会儿,冰碴渐渐化开了,他又小心地拽下靴子,然后解开自己身上的棉袄,把穆青两只冰凉的脚搂在胸前,用两只手慢慢地揉搓、按摩。过了一会儿,穆青的腿脚逐渐发热,终于恢复了知觉。后来穆青在一篇日记中写道:

"多少年过去了,这个雪原上的小屋,这个如慈父般的老人,一直深深印在我的脑海里,我常常告诫自己,你的这双腿甚至生命都是老百姓保护下来的,今生今世,无论任何时候都不能忘记他们。"

回忆着这则老故事,新闻与传播学院领导班子成员一致赞成把穆青题写的"勿忘人民"作为学院的院训。作出这一决定有4条依据:

——在马克思主义理论宝库中有一个重要观点,就是报刊必须保持同人民群众的联系。马克思在《〈莱比锡总汇报〉在普鲁士邦境内的查禁》一文中指出,报刊"生活在人民当中,它真诚地同情人民的一切希望与忧患、热爱与憎恨、欢乐与痛苦"。1843年1月,马克思在《摩泽尔记者的辩护》一文中强调,"民众的承认是报刊赖以生存的条件,没有这种条件,报刊就会无可挽救地陷入绝境"。"勿忘人民"符合马克思主义新闻理论的基本原则。

——党的十六大报告指出,我们党的最大政治优势是密切联系群众,党执政后的最大危险是脱离群众。在任何时候任何情况下,都必须坚持党的群众路线,坚持全心全意为人民服务的宗旨,把实现人民群众的利益作为一切工作的出发点和归宿。"勿忘人民"符合党的全国代表大会确立的价值取向。

——2013年8月19日,习近平总书记在全国宣传思想工作会议上强调,党性和人民性从来都是一致的、统一的。坚持党性,核心就是坚持正确政治方向;坚持人民性,就是要把实现好、维护好、发展好最广大人民根本利益作为出发点和落脚点。既坚持正确的政治方向,又体现以人民为中心的工作导向,"勿忘人民"可说是党性和人民性相统一的重要基点。

——中央宣传部等领导机关组织开展了"走基层、转作风、改文风"活动。人民群众的伟大实践和精神风貌使广大新闻工作者受到熏陶,他们进一步理解了新闻工作的根基所在、价值所在、使命所在。"勿忘人民"与"走转改"的基本精神和"效果预期"相吻合。

2013年10月11日,"纪念穆青逝世10周年暨数字化背景下新闻人才培养与新闻创新全国学术研讨会"在郑州大学举行。我在发言中引述了电视连续剧《亮剑》中李云龙的一段话,大意是一支具有优良传统的部队,往往具有培养英雄的土壤。传统是一种性格,是一种气质,它给部队注入了灵魂。不管岁月流逝、人员更迭,这支部队的灵魂永在!这就是我们的"军魂"!

2013年10月11日，作者在纪念穆青逝世10周年时发表"'勿忘人民'：新闻后备军的'军魂'"的主题讲话

郑州大学新闻与传播学院把"勿忘人民"作为优良传统来继承，期待的不是出一两个拔尖人才，而是培养一大批有着同样气质的政治强、业务精、纪律严、作风正的优秀新闻人才。在今后的岁月里，不论我们送走多少届毕业生，也不论有多少新人进入大学校园，"勿忘人民"的气质、素养和情怀都会一代代传承下去。这就是我们这支新闻后备军的"军魂"！

在"勿忘人民"院训的激励下，这些年郑州大学新闻与传播学院取得了一系列的成果。穆青研究中心主办的"勿忘人民：穆青纪念展"已经成为郑州大学新闻与传播学院进行专业教育的重要资源，也是很多单位开展党性和廉政教育的重要资源；"重走穆青路"已成为郑州大学新闻与传播学院特色新闻传播教育的重要品牌；"穆青新闻实验班"已经连续招生10年，为社会输送了200多名优秀新闻人才；穆青研究中心已成为郑州大学新闻与传播学院教师与同行进行学术交流的重要平台。

郑州大学新闻与传播学院师生在"勿忘人民"院训碑前合影

为了营造有利于人才成长的小环境,受郑州大学新闻与传播学院党政领导班子的委托,我代拟了一份《教职工互勉信条》:

严谨治学,敬业爱生,以苦为乐,追求卓越;
清廉从教,淡泊名利,堂堂正正,为人师表;
增进理解,相互包容,同舟共济,情同家人。

在全院教职工会议上,我着重对《教职工互勉信条》的第三条作了说明。"增进理解,相互包容,同舟共济,情同家人"是从营造新传院人文氛围的角度提出来的。营造良好的人才成长小环境需要理解和尊重,而增进理解是相互尊重的基础。大家可能还记得"理解万岁"这句口号。1985年这句口号提出之后,引起强烈的社会共鸣,曾被《中国青年报》列为改革开放20年最响亮的10句口号之一。这是人们对"增进理解"的呼唤。在一个较小的群体,相互理解是相互尊重的基础,相互包容是和谐共处的基础,理要直,心要宽,气要和。如果能做到"增进理解,相互包容,同舟共济,情同家人",中青年同志的生存环境就会明显改善,烦心的事情也会大大减少。在这样的"小环境"中生活和工作,可以做到"人累心不累、身苦心不烦"。

为了营造有利于人才成长的小环境,我给教职工讲了一段"填表"的感受。重返母校之后接到一些需要填写的表格,通常有"近5年主要学术成果"一栏,内容包括撰写论文的名称、原载和转载刊物的名称(年/卷/期/页码)等。如果不努力从事教学和科研工作,近5年没有突出的教学和科研成果,就难以申请到好的研究课题,会影响下一个5年的发展;下一个5年没有突出的教学和科研成果,难以申请到好的研究课题,又会影响下一个5年。你们虽然年轻,但可以算一算自己还有几个"15年"?

我还向中青年教师介绍过两组数据:桂林有个独秀峰,孤峰突起,陡峭高峻,素有"南天一柱"之称,其实它的海拔高程只有216米;而海拔高程8848.86米的珠穆朗玛峰就大不一样。它的周围群峰林立,重峦叠嶂,在20公里的范围内,仅海拔高程7000米以上的高峰就有40多座。我说,郑州大学新闻与传播学院期待的不是低矮的"孤峰突起",而是"群峰林立"。中青年教师应该埋头苦干、多出成果,努力追求默默奉献、作出贡献与提高造诣相统一的人生境界。

郑州大学新闻与传播学院建立了"新传教工微信群",教职工在教学、科研领域取得突出成绩,在全国、全省各类大赛中获奖,或者申报国家社会科学基金项目立项成功,大家会在微信群里向他们表示祝贺,这已渐成风气。2018年6月5日,得知郑素侠、常启云、王一岚3位年轻教师申报国家社会科学基金项目立项成功,当天我就发微信向她们表示祝贺。我在微信中写道:

"你们在中学阶段也许参加过跨栏跑。跨栏跑是由英国牧羊人跨越羊圈栅栏的游戏演变而来的一项运动,其特点是在平坦的跑道上设置障碍物,以增加比赛的难度。跨越栏架好比闯关,对运动员来说这是严峻的挑战。

"以400米跨栏跑为例,跑道上设置了10个栏架。有的运动员在发令枪响过之后就自动退出比赛;有的运动员跨越第3道或第4道栏架时不幸跌倒;有的运动员凭借坚毅的品德、平跑的速度和跑跨协调的能力,连续跨越10道栏架冲到终点,成为胜利者。"

我还给郑素侠、常启云、王一岚出了4道没有标准答案的思考题:

(1)你现在跨越的是人生第几道栏架?

(2)你的前方还横着几道栏架?

(3)你有没有勇气连续跨越这些障碍物?

(4)你坚信自己不会中途退场,能够心无旁骛地冲向终点吗?

微信发出后我很快就收到她们的回信。常启云说:"我觉得我的栏架还有很多、很多。有些时候累了、疲了,也曾有过泄气的念头,但是睡醒之后,心情好些之后,还是感觉不能放弃,该努力还得努力,该承担的责任还得承担!"王一岚说:"我在认真思考您提出的4个问题。我以前在《河南日报》做记者,没有就某一领域进行深入研究。这次有幸中了国家社会科学基金项目,希望自己能从这个方向出发深入研究下去,写出一些有影响力的学术论文。"郑素侠在回信中说,她跨越的第一道栏架是2009年申报一项国家社科基金青年项目获批。为了研究大众传媒与农民工利益表达,在女儿豆豆1岁期间,她带着学生在郑州火车站、二马路劳务市场、路边小餐馆等农民工较多的场所,发放了1000份调查问卷。这个过程磨炼了自己的意志,增进了对底层社会的了解。第二道栏架是2012年申请另一项国家社科基金青年项目获批。研究留守儿童的媒介使用行为及媒介素养教育等问题,需要去农民工子弟学校作调查,于是从河南省、安徽省、湖南省各选3所农民工子弟学校,到基层搜集第一手材料。通过调查发现,在信息高度富余的当代信息社会,贫困地区仍被区隔在信息化和现代化的大门之外。贫困人口或许不缺少获取信息的基础设施,但他们缺少获取、判断、加工、利用信息的能力,这是"信息贫困"的表现形态之一。第三道栏架就是这次申报国家社会科学基金重点项目立项成功。要完成这次的研究课题需要在全国贫困县开展抽样调查,难度和工作量比前两个"栏架"更大。她会带着学生,利用2~3年的时间完成这项调研工作,为中央宣传部社科规划办提供一份数据真实的调研报告。

为了营造有利于人才成长的小环境,郑州大学新闻与传播学院倡导教师把学习培养成为一种爱好。2014年4月23日恰逢"世界读书日",学院发布了"推荐阅读书目",其中100本为通识类书目,内容涵盖人文社科类各个领域,100本为学院平台基础类书目和专业书目,具有学科针对性。学院购买了两套书目中所列的书,放在信息资料中心供师生借阅,还刻制了一套光盘,供喜欢电子书的师生阅读。与此同时,郑州大学新闻与传播学院还组织了读书会。在探索读书会的形式时,我强调了四点:一是读书会应当是对师生读书呼声的回应,不应当是自上而下的行政撮合;二是参加读书会的人员不宜多,人多固然可以壮声威,但由于大家的兴趣爱好不同,专业方向不同,每个人都会提出个性化的要求,研讨的课题容易流于多、杂、散;三是读书会成员聚在一起主要不是念书,而是分享阅读心得、开阔学术视界、撞击思想火花;四是读书会的生命力在于战略性和前瞻性,不是跟在别人后面复习功课,而是探讨前沿领域的各种新问题。学院还倡导不同院系、不同专业的读书会在一起交流、碰撞,这样的读书会对师生才会有凝聚力和吸引力。2014年12月26日,我参加了广告系教师的一次读书会。为表示对读书会的支持,我向他们推荐了马尔科姆·格拉德威尔的《引爆点》、杰里米·里夫金的《零边际成本社会》、F.贝格伯德的《￥19.99》、克雷格·斯图尔等的《共鸣》、罗伯特·西奥迪尼的《影响力》等,愿与广告系师生一起研讨。

除了组织读书会,分享阅读笔记也是一种便捷的共享方式。2016年

9月，我开始给郑州大学新闻与传播学院中青年教师传送电子阅读笔记——"夜读留痕"。我的电子阅读笔记分6个层次：

——"夜读留痕"这类阅读笔记的一个重要特点是"全"，要把现在用得上、将来有可能用得上以及虽无具体用途但对开阔视野有好处的三类知识统统记入"夜读留痕"，尽量不要遗漏。

——"夜读留痕（简化稿）"为解决"芜杂"问题，对"夜读留痕"进行二次阅读，尽量删去可留可不留的内容，只保存有参阅价值的部分。

——"夜读留痕（专题稿）"对"夜读留痕"的内容进行系统梳理，归纳成若干个专题，比如在"夜读留痕·发现的乐趣"目录下有3个专题：科学研究在于发现世界；承认自己无知，为怀疑留下空间；对孩子的"科学启蒙"。

——"书海拾贝"这类笔记的特点是不求全，只摘取重要的、新鲜的，能给自己以启发的点点滴滴。

——"电子卡片"把对学术研究有参考价值的资料分门别类地摘录下来，每张卡片都有单独标题并注明出处。比如在阅读《贞观政要》一书时就摘录了120张与"舆论学"有关的电子资料卡片。

——"报林拾穗"每天凌晨浏览当天出版的报纸（电子版）和精彩网文，记"报林拾穗"。这类笔记有点像小时候在麦田里捡麦穗，不同的是捡麦穗多多益善，记"报林拾穗"则是不必贪多，每天最多捡拾1~3穗，宁缺毋滥。

2018年6月30日，我阅读了电子工业出版社出版的《暗时间》。"暗时间"指的是可以暗中随意支配的业余时间。作者从认知科学的角度系统阐述了利用"暗时间"的重要性。我把阅读《暗时间》所作的摘记传给郑州大学新闻与传播学院的中青年教师，意在告诉他们推理过程是思维时间，也是人一生中占据一个显著比例的"暗时间"。"你走路、买菜、洗脸洗手、坐公交车、逛街、出游、吃饭、睡觉，所有这些时间都可以成为'暗时间'，你可以充分利用这些时间进行思考，反刍和消化平时看和读的东西，让你的认识能够脱离照本宣科的层面。这段时间看起来微不足道,但日积月累将会产生庞大的效应。"

这则"夜读留痕"发出的当天,年轻教师张楠回复:"第一次听到'暗时间'这个概念,很受益,突然意识到还有很多暗时间可以利用。"郑素侠回复:"第一次听到'暗时间'这一概念!暗时间的利用效果与抗干扰能力有关。'只有具备超强的抗干扰能力,才能有效地利用起前面提到的种种暗时间。'读了书中的这句话,很受启发。"

与郑大校园里那场雪相隔10年,2024年4月我发微信问郑州大学新闻与传播学院党委书记陈晓伟和主持工作的副院长张淑华对学院"小环境"的感觉如何,陈晓伟回信说:"像4月的风景,绿意盈盈,充满生机。"张淑华回信说:"春和景明,政通人和。"她们认为学院人际关系比过去好了;党政领导班子比较团结,教授委员会、教学督导委员会、学位评定分委员会成员对学院事务积极、热心;教职工自我发展有了内驱力,中青年教师渴望早出成果,学院科研和教学氛围比过去浓厚了,多人承担了国家社科基金项目,多人晋升副教授、教授,多人成为硕士生导师、博士生导师,多人在省内外各类大赛中获奖,多人晋升了行政职务。

令我惊喜的是2024年年初学校对新闻与传播学院领导班子进行届中调整,新老交替所需的2名正处级干部、2名副处级干部是从学院内部提任的;学院还为校内兄弟单位输送了1名正处级干部、2名副处级干部。1次干部考察,选拔、任用了7名优秀中青年干部,这在新闻与传播学院的历史上还不多见。从这个角度看,学院老师既是"良好小环境"的营造者,也是"良好小环境"的受益人。

2. 顺畅沟通必须晓之以理

2013年夏天我在新闻与传播学院接连召开了几次师生座谈会,大家强烈要求申报博士学位授权点。但是,从新闻与传播学院的实际情况来看,主观条件与申报博士学位授权点的基本条件尚有不小距离。比如,博士学位授权点审核基本条件中规定,"申报单位师资队伍年龄结构必须合理,30~50岁教师的比例不低于50%;任课教师中教授的比例不低于30%,具有博士学位的比例不低于40%"。当时新闻与传播学院只有5名专职教授,在任课教师中未达到30%的比例;具有博士学位的教师13人,也没有达到40%的比例。为了统一认识,倡导脚踏实地的工作作风,我从自己的电脑资料库中选了3则小资料,印发给参加座谈会的中青年教师。

"小资料一"上、中、下三策

"上、中、下三策"出自唐太宗李世民《帝范》卷四,原文是:"取法于上,仅得为中;取法于中,故为其下。"

"小资料二"始、中、终皆举

"始、中、终皆举"出自《左传·鲁哀公二十七年》,原文是:"君子之谋也,始、衷、终皆举之,而后入焉。今我三不知而入之,不亦难乎?""衷"同"中",意思是说明白人谋划一件事情,对这件事的开始、发展过程、最终结果都要事先考虑到。对"始、中、终"这三个阶段的情况都没有搞清楚,怎么能不碰壁呢?

"小资料三"可行性研究与不可行性研究

天津一家公司于20世纪80年代组建了"不可行性研究部",主要职责是研究公司草拟的方案、计划、项目的"不可行性因素"。排除了"不可行性因素","可行性研究报告"才有可能经得起实践的检验、群众的检验和历史的检验。

这3则小资料对郑州大学新闻与传播学院领导班子成员有一定启发作用。比如,在申报博士点的过程中比较重视不可行性研究,领导班子推荐郑素侠负责这项研究工作。他们通过论证,发现郑州大学新闻与传播学院现有条件与博士学位授权点审核基本条件有4个差距:一是缺少高级别的研究机构;二是缺少高级别的实验中心;三是教授和博士数量不足,专业分布不均衡;四是国家社科基金项目主持人多是单枪匹马、各自为战,没有形成团队合力。在可行性研究和不可行性研究的基础上,郑州大学新闻与传播学院列出引进教授、引进博士等7项重点工作。郑州大学新闻与传播学院领导班子成员还认为,在主观条件尚不具备的情况下,可以暂缓申报一级学科博士学位授权点,把近期目标调整为利用郑州大学一级学科博士学位授权点学科平台,尽快申报目录外二级学科博士学位授权点。

充分沟通终于取得了共识。2015年3月6日,郑州大学新闻与传播学院党政联席会议决定正式启动二级学科博士学位授权点的申报工作,博士点的学科名称确定为"公共传播"。《郑州大学自主设置二级学科博士学位授权点简况表》和《自主设置目录外二级学科博士学位授权点论证方案》经过多次修改,印发给院内8位专家征求意见。与此同时,还把上述材料分送给中国人民大学新闻学院陈力丹教授、中国传媒大学传播研究院胡正荣教授、清华大学新闻与传播学院陈昌凤教授,诚心听取他们的意见和建议。2015年7月17日,二级学科博士学位授权点申报材料由郑州大学送到校外盲审。9名校外专家对郑州大学新闻与传播学院的申报材料评价较高,一致同意在郑州大学新闻与传播学院设置二级学科博士学位授权点。2016年6月13日,郑州大学文科学部委员会召开会议,张淑华副院长代表新闻与传播学院对二级学科博士学位授权点设置的必要性和可行性进行了答辩。学部学位评定委员会全票通过了郑州大学新闻与传播学院关于设置"公共传播"目录外二级学科博士学位授权点的申请。从提出申报二级学科博士学位授权点到申报成功历时一年半,前后有20多名教师参与了申报工作。

申报二级学科博士学位授权点是郑州大学新闻与传播学院学科建设的一个"突破口"。"突破口"一旦被突破,此后的发展就会"势如破竹"。

2018年1月,郑州大学新闻与传播学院申报一级学科博士学位授权点获批;2019年10月,郑州大学新闻与传播学院申报博士后科研流动站获批。喜讯传来,我情不自禁地给郑州大学新闻与传播学院写了一封贺信:

> 新闻与传播学院领导班子成员并教授委员会成员:
>
> 　　关于批准我院设立博士后科研流动站的通知收悉。这次获批设立新闻传播学博士后流动站的只有湖南师大、上海交大、郑大、深大四所大学,我校、我院有幸名列其中,这是你们带领全院师生齐心拼搏的结果,是校领导关心、激励和大力支持的结果。
>
> 　　设立二级学科博士学位授权点、一级学科博士学位授权点和博士后科研流动站,是新闻与传播学院全体师生的3个"梦"。梦想接连成真,可喜可贺!
>
> 　　博士后科研流动站不是"摆设",它的设立有助于高层次人才的引进与培养,将为学院快速、健康、可持续发展带来新的契机。
>
> 　　衷心祝愿学院各项事业蒸蒸日上!
>
> 　　衷心祝愿各位朋友心想事成!
>
> 　　　　　　　　　　　　　　　　　　　郑大校友南振中
> 　　　　　　　　　　　　　　　　　　2019年10月14日凌晨

3. 顺畅沟通必须学会关心

"现在学生们最大的抱怨是:'没有人关心我们!'他们感觉自己游离于学校功课之外,与教师也格格不入。"读着美国教育家内尔·诺丁斯写的这段文字,我的心灵受到了震撼!

实事求是地分析,大多数高校教师非常关心学生。他们既要从事教学和科研工作,又要给学生批改作业、修改论文,勤勤恳恳,兢兢业业,就连寒暑假也不能照常休息。既然如此,为什么有的学生会发出"没有人关心"的慨叹呢?内尔·诺丁斯在《学会关心:教育的另一种模式》一书中提供了一个答案:问题在于他们无法与自己的学生成功沟通,建立关心和被关心的双边关系。

2013年4月2日,我担任郑州大学新闻与传播学院院长以后,围绕怎样与学生顺畅沟通问题进行了学习和探索。

关心学生,就应给予他们充分的关注。

2013年5月6日,我召开了新闻与传播学院30多名学生代表参加的座谈会,了解入学新生能否适应大学的新环境,在学习和生活中遇到了哪些困难,思想上有什么困惑。广告学专业一位同学发言说:"高中阶段学习目的明确,苦熬苦拼,就是为了考上一个好大学。走进大学校门,老师管得不那么紧了,自由支配时间明显增多,目标也越来越模糊,失去了拼搏的动力。"还有一位同学说:"高考前的冲刺太苦了,该喘喘气了。"通过几次座谈,我了解到大学生与高中生学习环境、学习方式有很大差异。高中生学习主要靠老师传授,大学生学习主要靠个人领悟。走进大学校门,家长不可能再在耳边"唠叨",老师也不会整天催促大家读书。自主学习、自我管理会导致两极分化:大部分学生珍惜来之不易的大学时光,刻苦吸收各类知识,努力提高专业素养;少数大学生有可能放纵自己,白天睡觉,夜晚上网,周末逛街,假日聚餐,潇洒地消耗着自己的青春。作为教师,如果不是真心实意地关心学生,他们不可能向你敞开心扉。

关心学生,就应该学会倾听。倾听不同于一般意义上的"听",而是认真听、虚心听、耐心听。为了全面了解大学生的学习状况,2014年5月13日,我草拟了一份"关于大学生读书的调研提纲",提出了18个问题,包括:你常去图书馆吗?在大学学习期间,图书馆的馆藏对你有哪些具体帮助?假如有机会重返校园,你将会怎样利用图书馆的各类资源?大学期间你参加过哪些社会实践活动?举例说明社会实践活动对你改变学习态度、调整知识结构起了哪些促进作用。你认为大学一年级课程重要吗？假如有机会重返校园，你准备怎样学习一年级课程？你怎样看待大学生"逃课"现象？你们即将离开母校，在学习方面，你对学弟、学妹有哪些忠告？

这份"调研提纲"印发给2014届毕业生中的国家奖学金获得者、河南省三好学生、河南省优秀毕业生、郑州大学优秀毕业生、在中文核心期刊发表论文的毕业生，以及在各项作品大赛中获奖的主创人员、获奖论文作者。每人从"调研提纲"中选择3~5个问题，作出了具体回答。5月19日至20日，我用了两天时间，阅读了本科生、研究生提交的答卷。我觉得他们敞开了自己的心扉。

2013年6月26日，作者与郑州大学新闻与传播学院本科三年级学生代表座谈了解学生读书情况

一位同学在谈到"选修课必逃、必修课选逃"现象时说，这一方面是大学生对课程的重要性认识不足，另外一方面反映了课程内容比较枯燥艰涩。他建议提高教学的趣味性，把更多的同学吸引到教室里。

广播电视学专业的一位同学在答卷中写道："学习不是一朝一夕的事

情,千万不要前两年疯玩,第三年为了考研再开始学习。每天都要学习,持之以恒必有所成。"读着这些答卷,我仿佛听到了大学生的心声。

关心学生,就应同他们坦诚对话。从2013年到2014年,学生向我提出的问题,我大都采取专题讲座的形式来回答。乔纳斯·索尔蒂斯说:"关心意味着一种关系,它最基本的表现形式是两人之间的一种联系和接触。两个人中,一方付出关心,另一方接受关心。"

受这段话的启发,2014年12月下旬,我首先向30名一年级本科生发放了调查问卷,接着从二、三、四年级本科生及硕士研究生中各选10名同学,请他们书面回答四个问题:

(1)据报道,有些国家的年轻人"读书兴趣下降"。作为郑州大学新闻与传播学院的学生,你的读书兴趣如何?2014年你读了几本书,对你启发最大的是哪本书?促使你读书学习的动力是什么?

(2)在读书学习过程中你采取了哪些自认为有效的方法,有什么心得体会,积累了哪些经验?

(3)在读书学习过程中遇到了哪些难题,有什么困惑?

(4)在读书学习方面,你有哪些问题需要向老师提出并希望得到回答?

2015年1月6日,新闻与传播学院不同年级学生的70余份答卷传到了我的电子邮箱。同学们提出了几百个问题,经过梳理,去掉交叉重复和过于琐细的问题,我筛选出了70多个问题。这是新闻与传播学院学生留给我的"寒假作业"。我仔细研究了孩子们提出的问题,分别给他们写回信。为了充分沟通,我注意了以下三点:

——不回避尖锐的问题。一位三年级本科生提交答卷之后,在微博上发了帖说:"人应该捍卫自己的选择权吗?我们能在多大程度上忠于自己的内心?这个问题是不是太过尖锐了?"我试图回答她的这一带有挑战性的问题。我说,选择是一种取舍和决断,常常是在"两难"中作出决断。你选择了安逸舒适,就应承担安逸舒适带来的后果;你选择了吃苦,就要甘于寂寞,不必与别人攀比。这样的选择才算是忠于自己的内心。这位同学收到回信后说:"太出乎我的意料了,居然给了这么一个回答。能被老师理解,真是一件幸福的事!"

——设身处地、换位思考。一位硕士研究生在答卷中提出:"作为跨专业进入新闻与传播专业的研究生,新闻理论积累薄弱,写论文时常有力不从心的感觉。"我觉得这是"跨专业"研究生的普遍困惑。俗话说,"隔行如隔山",大学本科阶段没有系统学习新闻传播学的有关课程,读硕期间学习专业课程和撰写论文感到吃力,我完全能够理解,因为我在郑州大学读的也不是新闻学专业,而是汉语言文学专业。根据我的亲身体验,我告诉这位同学,除了"恶补"新闻传播学专业知识,没有捷径可走。与此同时,我还告诉这位同学,"跨专业"研究生至少有3个优势:原专业会对现专业起助推作用;容易形成复合式知识结构、造就复合型人才;有助于形成独具特色的思维方式和研究方法。通过"恶补",弥补新闻传播专业知识的不足,通过交叉碰撞,尽量扬原有专业知识之长。拥有这双重优势,等待你们的就是成功。

——多作探讨式交流,少搞"标准答案"。对话应该是无固定答案的,是开放性的。对话应该是真正的探寻,人们一起探寻一个在开始时不存在的答案。在给同学们回信的过程中,我信守这一原则。

比如,在题为《如何摆脱拖延症》的回信中,尽管我提出了三点建议,但信的结尾仍然写了这样几句话:"拖延症虽然常见,但属于一种疑难杂症,至今尚未发现快速治愈的良药。你走进大学校门不久就开始思考这个问题,说明你已经下了摆脱拖延症的决心。在今后的实践中,你有什么好做法和新感悟,可以告诉我。我愿同你一起探寻摆脱拖延症的办法。"在题为《为什么书读得越多越觉着知识有限?》一信的结尾我写道:"不知是否回答了你的问题?学习中如遇到其他困惑,尽管提出来,我们可以相互切磋。"

2015年元旦过后,郑州大学新闻与传播学院本科生、研究生填写的调查问卷陆续传到我的电子邮箱。为了给同学们写回信,整个寒假包括春节7天假期我都泡在家里,一般每天凌晨三四点钟起床。写完一辑就传给新闻与传播学院领导班子成员和几位年轻教师,让他们看一看这些回信是否符合教育规律,是否符合郑州大学新闻与传播学院的实际。

2015年3月11日,南振中(中左)和新传院党委副书记孙保营(中右)与郑州大学新闻与传播学院收到作者回信的学生座谈

给大学生写回信原本是为了给同学们做点事情,收到回信的同学一高兴,就把写给自己的信翻拍成照片贴到网上去了,于是引起了媒体和网民的关注。有的网民发帖说:"我想看回信。"有的同学不仅把自己收到的信贴出去,还留言说:"大家快转起来,我想看看写给大家的信。"一些网民还发帖询问:"从哪里能读到这些回信的'完整版'"?热心的网民催生了《大学该怎么读——给大学生的75封回信》。

《大学该怎么读——给大学生的75封回信》一问世就受到读者的欢迎,新华出版社印了5次。2023年6月,"新华荐书·青春书单"(第一季)评审会议在中央民族大学举行,经过前期各大出版社自荐、专家推荐与初选、网络投票,20多位来自出版、媒体和高校的评审专家进行现场评议和实名投票,最终确定《青年马克思是怎样炼成的?》《读书有法:毛泽东的读书故事》《中国哲学史》《大学该怎么读——给大学生的75封回信》《中华民族多元一体格局》《话里画外民法典》《我与地坛》《平凡的世界》《创新的起源:一部科学技术进步史》《艺术:让人成为人——人文学通识(第11版)》等10本图书入选"新华荐书·青春书单"(第一季)推荐图书。"十大好书"评审专家马胜荣写的推荐语是:

"《大学该怎么读》是新华社原总编辑南振中在担任郑州大学新闻与传播学院院长期间,就读书问题给75位大学生的回信,对年轻人的一腔热情和谆谆教诲,都体现在这些回信的字里行间。

"读书是南振中总编辑一生的爱好。他曾回忆,在读大学期间自己的课余时间几乎全部在图书馆里度过。如今他已年过八旬,仍每天坚持夜读和晨读,并和往日的同事在他的'夜读留痕'中交流心得。

2023年6月,《大学该怎么读——给大学生的75封回信》在"新华荐书·青春书单(第一季)"评审会议上被评为"十大好书"

《大学该怎么读》可以说集中了南振中总编辑自己长期读书悟出的一些道理,通过信件和今天的年轻大学生交流,指导他们如何读书、思考和成才。"

陶行知先生说:"真正的教育是心心相印的活动,唯独从心里发出,才能到达心灵的深处。"我愿沿着这个方向去学习、思考和探索,为学生做一点实实在在的事情。这就是我的心愿。

附录

用毕生去发现

穆 青

在生活中,并不缺少新闻,缺少的只是发现。记者的生命力,其实就是发现力。因此,一个人之所以被称为记者,并不是一种职业头衔使然,而是因为他比普通人看到得更多、思考得更深。一个优秀的记者,穷其一生,都在追求"发现"。苦与乐、喜与悲尽在于斯。

南振中同志的《记者的发现力》一书,论述的就是记者素养最基本和最核心的内容——发现力问题。这本书,也可以看作是他从事新闻工作30多年来的心得与体验。

我与振中同志相识已有多年,无论是他在新华社山东分社当农村记者时,还是他到了北京成为新华社的总编辑,他对新事物的观察、分析、探求总是富有一种执着的精神。正是在这种精神的驱动下,他在一线采访时敏锐地发现了不少新动向、新趋势的轨迹,并沿着这一轨迹,拓展采访,写下了许多给人以启发的优秀新闻作品;他在担任总编辑的10多年间,组织指挥了新华社许多重大战役性报道,在日常报道中,也为新华社记者出了不少传颂一时的"点子"。

实践出真知。记者的发现力首先得益于记者深入基层,在社会生产第一线采访的所思所悟。在我国农村第一步改革当中,涌现出许许多多的新鲜事。1982年春天,南振中去山东夏津县东李官屯公社采访,在漫谈中,公社党委书记随手从墙上取下一张肥料购销统计表给他看,他发现春播前后农民购买各种肥料比上年同期增加了一倍多。凭着对中国农民的了解,他敏锐地发现了广大农民对党的农村政策由观望到理解到拥护的发展过程。如果他缺乏对农民、农村、农业问题的深刻了解,他就不可能把"往地里上粪"同"党的方针政策的稳定性"这两个似乎"风马牛不相及"的事情联系起来。在山东分社工作过的老同志都知道,那时振中一年当中会有2/3以上的时间"泡"在农村。在艰苦的沂蒙山和贫困的鲁西北的两个村子里,他蹲了两年。他对农民太熟悉了,他了解农民辛苦一生所追求的那些朴实的梦想。他热切地注视着他们,把一腔青春热血倾注在了他们身上。

由对土地的热爱,扩及对国家、民族前途命运的关注。在实践当中,振中的感情得到升华,他的目光变得更加深远。党的十一届三中全会的召开,打开了思想解放的闸门,加深了他对农村问题的思考。1979年,他受新华总社之命赴南斯拉夫采访,使他对市场经济有了初步的感受,在比较当中,对中国第一步农村改革有了更为深刻的认识。回国后,他一头扎进沂蒙山中,在实践中领会党的十一届三中全会精神,以崭新视点审视这场轰轰烈烈的历史大变革,成为这场生产力大革命的忠实记录者之一,对山东农村建立和完善农业生产责任制起了一定的推动作用。

成才的必备条件是敬业。从南振中的身上,我们能够看到一个记者在艰苦的成长过程中,是怎样逐步从实践中培养自己的发现力的。我们可以得出这样的结论:只有甘于吃苦、乐于奉献的人,才能体味到发现的乐趣。

从南振中的身上,我们能看到一个记者是怎样逐步从实践中确立爱憎分明的坚定立场,以增强发现力的过程。他深爱着生活在基层的劳苦大众,这种爱促使他放弃享受,不再患得患失,变得专注起来。他把整个身心投入党的新闻事业当中。当一个人进入了这样一种境界,他的观察力、发现力就会更加敏锐。

我赞成新闻战线上富有实践经验的同志把自己对新闻的感悟写下来。经验是一笔财富,已经理性化了的经验更是一笔宝贵的财富。它既是对自己的总结,更给后来者以启迪。

南振中同志在这本书中探讨的问题,是新闻从业人员成长中的大问题,也是他从事新闻工作几十年来对这一问题思考的总结。时下,涉及记者如何发现新闻的书有不少,但是专门论述记者发现能力的著作却并不是很多,明确提出"发现力"这一概念,并专门加以论述的就更少了。南振中同志以在实践中生成的独到见解,丰富了新闻学理论。他提出,"发现"是一种力量。这种力量主要体现在六个方面:

善于发现或者找到世界上迄今还没有通过大众传播媒介广泛传播的、鲜为人知的新鲜事实;

善于发现或者澄清社会上众说纷纭、莫衷一是的重大事件的事实真相;

善于发现或者提炼出有助于解决当前各种困难和社会矛盾的新鲜经验;

善于发现和捕捉给人以启迪的新思想,深刻地揭示改革开放大潮中人们观念上的新变化;

善于发现和表现最能体现时代精神、对人们有极大的激励和鼓舞作用的典型人物;

善于发现能够体现事物发展规律的新的苗头、新的动向,准确地预测和描绘事物发展趋势。

这是他新闻实践的告白,通俗而又深刻。

这本书也是南振中同志做人为文的一个写照。新闻界里认识振中的同志都知道,他忠厚、谦逊、原则性强,且不善张扬。从1986年起,他担任新华社总编辑室总编辑,10多年来,一直以老黄牛的精神,任劳任怨,默默耕耘,白天晚上全身心地扑在工作上,常常牺牲节假日,遇有重大战役性报道,更是夜以继日地工作,好几次昏倒在工作岗位上。凭的是党性和责任心,凭的是对党的新闻事业的无限忠诚与热爱。

勤奋是"发现力"产生的沃土。振中同志工作异常繁重,但从没有间断学习。一有空余时间,就用在读书上面。除了马列著作和毛泽东思想、邓小平理论外，新闻学、经济学、哲学、心理学、军事学、社会学甚至是医学著作也是他阅读的范围，涉猎之广，既让人吃惊，也让人感叹：一个人的精力是有限的，但对一个执着的人来说，一旦确立了努力的目标，排除干扰，他的精力又是无限的。

走上新华社领导岗位以后，新华社作为国家通讯社所具有的权威地位，又给了振中同志以更为广阔的视野。把握大局、善于驾驭宏观形势，更为他思考记者的发现力提供了战略眼光。他随时注意收集资料、思考问题。他把一点一滴的时间都用在了工作和学习上。本书中的文稿多是他利用闲暇和零碎时间写成。哪怕只有5分钟时间，他也会在电脑上敲打下稍纵即逝的灵感。在他的电脑里，有思想库、素材库、半成品库、成品库等，日积月累，成熟的构思和尚需思考的素材逐渐丰富起来，使他对记者的发现力、记者的战略眼光等问题有了专门的研究。这本书中的37篇新闻专论都是这样写成的。记者的"发现力"是本书的主线，围绕此问题，也涉及了许多新闻实践问题——比如，宣传的效益，电视的冲击，新闻摄影的改革，新形势下的经济报道，地市报读者的需求，信息资源的开发，等等。

《记者的发现力》出版后，引起广大新闻工作者和爱好者的浓厚兴趣。一些同志寄来了读后感想，有的同志还撰写了有关发现力的文章，与南振中同志切磋探讨，建议他构建一门"发现学"。我想，这正是这本书的价值所在，一方面它能给人以启发，引起新闻爱好者的兴趣；另一方面它提供了一种思考方法论，供人继续研究，共同把这一课题引向深入。

我相信，振中会用毕生的精力去把"发现力"这篇大文章做好。

（穆青，新华社原社长。本文原载《新闻战线》2000年第10期）

热切地期待年轻记者早日成才

——为《与年轻记者谈成才》一书写的序言

穆 青

南振中同志的《与年轻记者谈成才》,又一次引起我对"成才"问题的思考。作为一名老新闻工作者,我热切地期待年轻记者早日成才。成才的人愈多,党的新闻事业就愈有希望。

"成才"是一个延续了数千年的话题,可以说是"仁者见仁、智者见智"。我认为,年轻记者成才的先决条件是做一个堂堂正正的人。做人是第一位的,成才是第二位的。如果连人都做不好,还谈什么成才!即使成了"才",也是"歪才"。我这一生中碰到过各种各样的人物,有些人的确是"才华横溢",可惜最终未能成才,究其原因,主要是在做人的问题上没有过关。

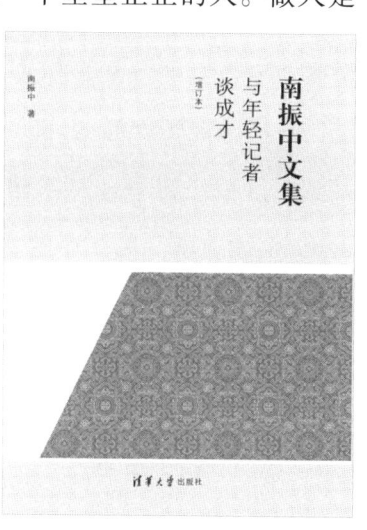

《南振中文集·与年轻记者谈成才(增订本)》书影

年轻记者在做人的问题上,必须把握住几条原则:一是要有坚定的信仰,不能像空中柳絮,随风飘荡;二是要有执着的人生追求,要给自己立下一个终生奋斗的目标,脚踏实地,为之拼搏;三是要有坚强的毅力和刻苦的精神,要严格要求自己;四是要有高尚的人格、高尚的人品、高尚的情操,对党的新闻事业要有责任感和使命感,对人民群众要有深厚和真挚的感情。有了这样一种人生境界,成才就有了思想基础。

"成才"的第二个条件是不能急功近利。年轻记者不要急于成名成家,应该扎扎实实地打好自己的根基。凡是急于成才的人,结果往往是成不了才。现在一些年轻人讲"自我设计"。如果有正确的人生观,确立了恰当的奋斗目标,一步步地、扎扎实实地向前迈进,这当然是好事;但是,如果是专为出人头地而"自我设计",为达目的,不择手段,结果反而会害了自己。一个人究竟作出了多大贡献,价值几何,要由群众来评判。名记者要社会承认、群众承认才行,自封是不算数的。

"成才"的第三个条件是要经得起挫折。天总有刮风下雨的时候,没有谁在一生中总是一帆风顺。我们这一代人经历了太多的磨难,年轻一代也许会好一点,但也绝不会是天天都走平坦的康庄大道。在顺境中能够前进,在逆境中也要打起精神,继续前行。做到这一点很不容易,但要想成才,非经受这方面的锻炼不可。一个优秀的新闻记者,穷其一生,都在奋斗与追求。苦与乐、喜与悲,尽在克服困难的艰苦奋斗过程中。年轻记者要有这种勇气和胸怀。

南振中同志在新华社工作了将近 40 年,无论是在山东当农村记者,还是到北京担任新华社总编辑,都保持了谦虚谨慎、勤奋敬业的作风,堂堂正正,别无所求。为了事业,他吃了很多的苦。《与年轻记者谈成才》反映了南振中同志对成才问题的理解与思考,融入了他个人的心路历程。我相信这本书会给年轻记者以启迪和帮助。

2003 年 8 月 1 日
于北京

春雨润物细无声
——读南振中《与年轻记者谈成才》

范敬宜

人们常说,现在出版的新书,特别是专业类的新书,能够一口气从头至尾读完的,实在太少。我也有同感,不过也有例外,南振中同志的新著《与年轻记者谈成才》便是其中之一。我整整用了5个晚上的时间,几乎一字不漏地读完了这本403页的新书。

屈指算来,我和南振中同志相识已将近20年,可以算是老同行、老朋友了,自以为对他比较了解。但是,读完《与年轻记者谈成才》,不禁感叹不已——以前对他的了解还是太少、太肤浅了!

过去,我一直敬佩他的敬业精神。他当记者时,长期从事农村采访,以不怕吃苦闻名,有"老黄牛记者"的美誉。20世纪六七十年代的农村非常艰苦,跑农村的记者比跑城市的记者辛苦得多,几乎全靠步行和骑自行车,而且经常住车马大店和老乡家里,还要通宵和蚊子、臭虫、跳蚤作"斗争"。风吹雨淋、吃不上饭更是常事。南振中同志对此却甘之如饴,讲起这些往事时津津有味,谈笑风生,从无怨色。即使当了新华社的主要领导,他仍然保持着这种记者的作风,不怕苦,不怕累。读了他的书,我才明白,他的这种敬业精神,来源于他一直奉行的信条:"要立志当一辈子记者,就要做好'吃苦'的思想准备。"

过去,我一直惊叹他的勤于积累。新闻圈里的人都知道,南振中同志是最"手勤"的人,不论是采访还是开会,都是手不停记。我亲眼看到,上自中央的重要会议,下至普通的座谈会、新闻发布会,他都以飞快的速度一记到底。直到走上了新华社总编辑的高位,还是一如既往。大约10年前,我问他当新闻记者以来用了多少笔记本,他说:"大概有2000多本吧。"我估算到现在至少已突破3000本了。这是一个惊人的数字。以前,我把这看作一种良好的"职业习惯",一种恒心和毅力的表现,读了他的书,才明白这种"职业习惯"源于他的一种新闻工作者的神圣使命感。这种使命感不仅表现在记录,而且表现在随时随地对各种知识、资料的积累。

过去,我一直认为他是一位"实践型"的记者。与一些"研究型"的记者相比,他更重视"实战",重视操作,而且积累了丰富的实践经验。读了他的书,我进一步了解他不断地把自己的实践经验提升到理论高度,并且形成了一套富有特色的理性思考。从书中可以看到,他读书很多,我曾统计一下全书总共引用了多少典籍和史实,不料统计了不到一半就感到困难了。他旁征博引,但不是寻章摘句;广泛涉猎,但不是炫耀知识。他是把前人的理论融会贯通到了自己的实践中去,又用自己的实践印证丰富了前人的理论。

近年来,有关新闻工作者修养的论著和访谈之类的书籍如雨后春笋。这是件好事,证明了新闻绝非"无学"。在这种情况下,要想再有所突破,有所创新,实在有"崔颢题诗在上头"的困难。然而,南振中同志的书仍能以他独有的特色吸引读者。这种特色,我想借用三句话来概括:可信、可读、可亲。或者再加上一句:可学。

可信,指的是书中写的都是他实实在在经历过的事情,现身说法不掺杂任何自我夸耀或拔高,使人相信这完全符合他为人做事的风格和性格。比如,他在农村改革初期写的名篇《只要政策不多变,往后城里人想吃啥都有!》,曾经广为传诵,引起许多新闻记者的"联想"。南振中同志在书中回忆这次采访的过程时,完全用的是白描手法,就像他写的那篇报道本身一样,令人如见其事,如闻其言。没有一点卖弄和玄虚。穆青同志生前一贯提倡"实录性新闻",南振中同志这篇报道就是"实录性新闻"的一种实验和示范。如果现在还有人对"实录性新闻"持有异议,那么读一读南振中同志采写经过的"实录",就会进一步懂得"实录性新闻"的真谛,懂得要写能让从最上层到最基层的读者都能相信的新闻,实在是太不容易的事情。

可读,指的是南振中同志的这本书朴实无华,通俗易懂。有点像读白居易的诗,懂行的不觉其肤浅,不懂行的不觉其艰深。做到这个境界,看似容易实则艰辛。对于为文之道,孔夫子有句名言,叫作"辞达而已矣",可是后人对这句名言有所补充,大意是说要做到"达",还必须有文采,能够吸引人读下去。南振中同志在讲述自己的经验时,非常讲究吸引人听进去、读进去的艺术。这种艺术靠的不是华丽的辞藻,而是不同的读者都容易接受的道理,或用比喻,或用典故,或引名言,或算细账,或间杂以他特有的幽默。更使我惊讶的是他的"博览",在讲述一些新闻原理时经常引用不为人所熟知的材料。比如他在《论"以小见大"》一章中,为了说明"太伟大的运动,我们无力表现它的全盘,可以采取'以小见大'的手法,着力表现它的一角"(其意出自鲁迅),他联想到中国的绘画理论,想起了北宋沈括《梦溪笔谈》中一段评五代大画家李成的典故。李成擅长画山水,他作画主张"以小观大",只画亭馆、楼塔的一个角落。沈括批评说:"李君盖不知以大观小之法。"为了弄清楚谁是谁非,南振中同志特意查阅了宋代其他一些画家的主张,说明沈括所主张的"以大观小"和李成所主张的"以小观大",各有道理,应该辩证统一地来理解。从新闻写作的角度看,应该把"以小见大""以下望上"作为新闻作品最重要、最常用的一种表现手法。这一段文字,就使得整篇文章读起来很有"味道"。"味道"从何而来?来自广泛的书本和社会知识。宋代大学问家黄庭坚不是谈过这样的话吗:君子三日不读书,便面目可憎,语言无味。

可亲,指的是南振中同志和年轻记者谈成才时,亲切自然,循循善诱,没有一点专家、权威、领导的架子,给人以"润物细无声"的感觉。这不是故意摆出来的"姿态",而是出自他没有把自己当作去润"物"(读者或听众对象)的"春风化雨"的心态;之所以不"摆"架子,是因为他本身就没有架子。在读者、听众面前,他始终是和对方平起平坐、平心静气的。正因为"平",在对象心目中的形象就越高。我通读全书,几乎没有发现有一处是板着面孔教训人、指斥人的。即使在谈当前记者在新闻道德方面存在的问题时,也是用一种正面引导和开导的语言,讲新闻记者应该如何抗拒虚荣心的诱惑,不可"自视太高";应该如何抗拒物质利益的诱惑,不要贪图小利,不要追求工资待遇,不要热衷于经营安乐窝;应该如何正确对待毁誉,不要计较个人的恩怨、荣辱、得失;等等。这些推心置腹、发自肺腑的话语,我想任何人都不会无动于衷的。

这里特别值得一提的是,南振中同志善于"算账"。为了劝导青年记者珍惜时间,珍惜青春,利用好每一天、每一小时的光阴。他在讲青年记者要打好"五个根底"(思想路线根底、政策法律纪律根底、群众观点根底、知识根底、新闻业务根底)时,针对部分青年记者认为"工作太忙,时间不够"的思想,算了一笔"时间账"。他说:"假设某个记者全年剩余时间的有效利用率为50%,那么,他在一年当中可以有效利用时间是1144个小时。这一千多个小时,就是我们打好'五个根底'必不可少的'物质基础'。这些时间如果用来读书,按照每小时阅读20页的平均阅读速度计算,每年就可以阅读22 880页,也就是说,仅仅把剩余时间的一半利用起来,每年我们就可以阅读114本平均每册200页的各类书籍。这些时间如果用于写作,按每小时只写一页稿纸、200个字的低速度计算,全年就可以写出228 800字的各类文章。"

这里没有"少壮不努力,老大徒伤悲"之类的说教,纯粹用合情合理的数字去启发人们如何珍惜寸阴,连我这个年逾古稀的老人读到这里,也不禁掩卷算了一笔账:如果天假以年,能够再活十年,可以读多少书、写多少文章。

可学,就是说南振中同志在这本书里,无论是讲思想、讲理论、讲精神、讲方法、谈经验，都十分具体，有很强的可操作性、可实践性。这是因为他本身是个脚踏实地的人，他所有的经验之谈都植根于他脚下那块坚实的土壤之中。因此，他的著作完全不同于那些"七宝楼台"式的"天书"。只要虚心地、真心实意地读一读他的这本书，都不会产生"入宝山而空还"的迷惘和困惑。

当前，我国新闻工作者面临着鼓舞人心的新形势、新任务。胡锦涛在最近召开的全国宣传思想工作会议上的重要讲话中强调：要坚持用"三个代表"重要思想统领宣传思想工作，为全面建设小康社会提供科学理论指导和强大舆论力量。我想，新闻队伍能不能出色地实现党中央的要求，关键在于队伍建设，造就千百万合格人才、优秀人才、杰出人才。而人才是需要培养、需要教育、需要引导的。从这个意义上说，《与年轻记者谈成才》一书的出版，是应时代之所需。

写到这里，我忽然想起一件二十多年前的往事。有一次，我到辽宁省朝阳地区一个林场去采访苗木"抚育"工作。我原来望文生义，以为"抚育"无非是浇水、施肥、锄草之类事情，到了林场一看，不禁大吃一惊，所谓"抚育"主要是对苗木动斧、动锯，砍旁枝，削病干，促使其健康成长。我问场长："你不心疼吗？"他意味

2004年4月15日，作者（左）应清华大学新闻与传播学院院长范敬宜（右）的邀请，做《记者的发现力》专题讲座

深长地说了一句话："否则它就只能成柴，不能成材，更不能成财。"这句话给我的印象极深，还写过一篇《成柴、成材与成财》，说明人的成才与树的成材有相通之理。当然，人才的成长比木材的成长要复杂得多，但都需要"严格要求"，则其致一也。严格要求本身就是一种培养、一种抚育，就其

方法而论,对人才则需要像春风化雨那样"润物细无声"。这与对植物是有区别的。

我的思考是否正确,愿就教于南振中同志和广大读者。

(范敬宜,《人民日报》原总编辑、清华大学新闻与传播学院前院长。本文原载《新闻战线》2004年第1期)

学南振中　当好记者
——读南振中《我怎样学习当记者(增订本)》

李　彬

范敬宜为《李庄文集》作序时，提及现代中国新闻战线一代嵚崎卓荦的"英杰"：王韬、梁启超、章太炎、邵飘萍、瞿秋白、张季鸾、邹韬奋、范长江、胡乔木、恽逸群、邓拓、吴冷西、乔冠华、刘白羽、华山、穆青、李庄……

回望历史，这一英杰序列仍在延伸：郭超人、范敬宜、南振中、段连城、伊斯雷尔·爱泼斯坦、齐越、郭梅尼、罗开富、艾丰、张严平、敬一丹、庄电一、吕岩松、王慧敏……也可谓风起云涌，灿若群星。

如此一脉名记者不仅构成了新中国新闻业的脊梁，而且也开启了新中国新闻学山高水长的学术源流。

其中，范敬宜与南振中的道德文章在我心中又似双峰并峙，二水分流。范敬宜笔下的李庄，以我耳闻目染的现实感受，何尝不是他本人与南振中的新闻人生之写照：率性淡泊，谦冲自牧，敏悟好学，虚怀若谷，恂恂然有古君子之风；未尝有一日闲居，其勤奋过人有如此者……2004年4月15日，应范敬宜邀请，南振中来清华作报告，范院长对师生介绍说：

他是我所见到的手最勤的一个记者。从从事新闻事业到现在，一共记了3000多本采访笔记。

他是我见过的工作作风最严肃的一个。任编辑后，每次修改完记者的稿子，哪怕是一个标题、一句话，都要亲自找记者商定，确认"我有没有把你认为最得意的地方删掉，你有没有感到心疼"，担任新华社总编辑后依然如此。

他是我见过的采访作风最扎实的记者，正如他在《与青年记者谈成才》中所说"要立志当一辈子记者，就要做好吃苦的思想准备"。

《南振中文集·我怎样学习当记者（增订本）》书影

1978年南振中的代表作《鱼水新篇——沂蒙山纪事》发表时,我正好上大学,三十年后我为国家精品课"中国新闻传播史"编辑参考资料时也选了这一名篇。众所周知,范长江新闻奖每届定额十人,唯独1991年第一届为九人,南振中即名列其中。在数十年新闻阅历中,包括担任新华社总编辑与郑州大学新闻与传播学院院长,他更是留下名不虚传的口碑。于是,在推动出版《范敬宜文集》后,我又谋划了《南振中文集》,如今开花结果则清华大学出版社和纪海虹编辑与有功焉。没想到的是,南老师点我为这部《我怎样学习当记者(增订本)》写篇评价文字,让我一时不知何以自处。静心一想,以往我对他除了遥遥仰慕,也在默默学习,眼下权当又一次学习机会,借机谈谈"学南振中,当好记者"的话题。

无论是范敬宜笔下的英杰序列,还是上述延伸序列,尽管年代不同,成就各异,但为人民服务则其致一也。其中范长江与邹韬奋向称典范,因而长江韬奋奖也就成为中国记者的最高荣誉。这一脉新闻记者不妨称为"人民记者",犹如陆定一《我们对于新闻学的基本观点》所言"人民公仆"。对他们来说,人民既是唯物史观的抽象政治主体,也是五千年文明、九百六十万平方公里热土、五十六个兄弟民族的活生生现实——"江山就是人民,人民就是江山"。所以,人民立场、以人民为中心自然构成他们的鲜明共性,毛泽东为《大公报》题写的"为人民服务"更成为一代代人民记者的共同心声。

这几年每逢记者节,央视都播出一台《好记者讲好故事》的特别节目,产生良好反响。何谓好记者？好记者固然需要"讲好故事"，同时更需明确为谁讲故事、讲谁的故事，就像明确为谁扛枪、为谁打仗，为什么人的问题确实是个根本的问题、原则的问题。由此说来，中国好记者应是马克思说的，"无处不在的耳目""热情维护自己自由的人民精神的千呼万应的喉舌"。质言之，如果说实事求是是新闻的生命，那么为人民服务就是记者的灵魂。

南振中正是这样一位名副其实的人民记者、好记者，他的新闻生涯突出体现着实事求是的专业精神和为人民服务的新闻理想。正如他在这部书中写道的："新闻记者有一个最基本的出发点，就是要充分反映人民群众的利益。"且不说他在新华社山东分社二十余年，一身泥巴汗水行走于齐鲁大地，终年有三分之二以上时间沉在基层，在艰苦的沂蒙山和贫困的鲁西北两个村子还蹲点两年，也不说他在总社组织策划一系列不离渔樵、不远稼穑的报道，只看他晚年出任郑州大学新闻与传播学院院长，将穆青手书座右铭"勿忘人民"作为院训，刻在石碑上，立于楼门前，以此塑造新闻后备军的"军魂"，就不难体察人民记者为人民的赤子之心。

有一次参加人大系统好新闻奖评选，他的一席话，令我印象深刻。当时，他是全国人大外事委员会副主任委员，兼新闻奖评委会主席，由此谈到我国根本政治制度的"三位一体"问题。他说，党的领导不容动摇，依法治国毋庸置疑，而人民当家作主及其"实现形式"还需用心落实。一番话入情入理，朴素实在，也体现了人民记者一片拳拳深情，即便居庙堂之高，也始终不忘初心忧其民。

1985年元旦，在即将离开山东分社、奉调总社工作的日记中，四十出头的南振中谈到自己人生规划的三个20年：第一个20年在学习积累，第二个20年在锻炼成长，第三个20年"理应是为党和人民作出贡献"。他在日记结尾写道：

2004年，是我人生第三个"20年"的截止期。到了那个时候，我只希望能有资格说一句:"无愧于党的培养和人民的重托!"

现在,距 2004 年又过去十余载,事实表明南振中不负平生志愿。

他的第一部著作《我怎样学习当记者》也可视为一位人民记者的成长录,展现了"把自己锻炼成为一个能够自觉坚持党性原则的、大有益于人民的、合格的新闻记者"的心路历程。本书初版问世于 1985 年,一出版就受到普遍关注和好评,从而一印再印。虽然时过境迁三十多年,但读着装帧简朴、纸版粗疏的初版书,依然觉得鲜活生动,字里行间散发着一股浓郁的、清新自然的气息,既引人入胜,又发人深思,对年轻记者和新闻学子尤为适用与实用。因为,世事无论如何变化,事理往往依然如故,如心系人民的新闻理想、调查研究的工作作风、清新朴素的报道文风。试举一例:

> 1965 年夏天,我到定陶县万福公社采访一所半耕半读的卫生学校。那时,从菏泽到万福公社不通汽车。我从菏泽县沙土集往南走,正赶上大雨。大平原上的路,没有明显的标志。加上雨下得天昏地暗,一道又一道的台田沟横在我的眼前。我迷了路,漫无目标地向前走着。天色渐晚,我有点发慌。忽然,发现了一排电线杆子。我想,电线肯定是通大集镇的,顺着电线走,说不定会找到公社驻地。我索性不去找"路",沿着电线指引的方向,走了大半天,终于找到了万福公社。当我走进党委办公室时,已经成了一个"泥人"。

1964 年夏天,郑州大学中文系辅导员郭双成老师为分配到山东分社的年轻大学生南振中题写了两句临别赠言,一副出自吴昌硕的篆书联:"心中别有欢喜事,向上应无快活人。"(原句出自白居易的两首诗)半个世纪后的 2015 年新学年开学之际,已是母校新闻与传播学院院长的南振中又把这两句话送给大一新生并解释说:"欢喜"是佛家语,指心灵的宁静和愉悦,与世俗的"快活"是两个不同的概念,"快活"更多侧重感官的享乐。一个人心中别有向往,别有追求,别有期许,就会放弃许多世俗的"快活",心甘情愿吃苦受累,不断进取,从而达到更高的人生境界,如同范仲淹"先忧后乐"的精神追求。本书开篇《新闻记者——令人羡慕的"苦差事"》结尾,就借这两句话表达了他对记者之道的理解:

> "心中别有欢喜事,向上应无快活人",我万万没有想到,辅导老师的这两句题词那么快就应验了。在新闻工作岗位上,我很快就尝到了它的艰辛。一些蒙在"新闻记者"这块牌子上的浪漫色彩渐渐褪去,我越来越意识到,我将毕生从事的职业,是一个令人羡慕的"苦差事"。

本书第一版缘起于1983年他在四川新闻干部进修班的授课讲稿,当时他刚过不惑之年,是新华社最年轻的分社社长。起初,进修班定的讲授题目是《我的新闻实践》,他认为这是个大题目,自己无力承担,尽管已当了20年记者,还是觉得没有多少经验。为此,他提笔给主办方去信,请求将授课名称改为《我怎样学习当记者》,以便"从头到尾,讲自己在学步过程中的心得体会,既包括成功的经验,也包括走过的弯路"。穆青称他"忠厚、谦逊,原则性强,且不善张扬",为人为文,若合一契,于此可见一斑。涉猎他的其他著述,如《南振中文集》中《记者的发现力》《与年轻记者谈成才》,以及《学习点亮人生》《大学该怎么读——给大学生的75封回信》,更能体会为人为文和"学南振中,当好记者"的深长意味。我读南振中,总会联想到白居易、范成大等诗人与诗风,明白晓畅,务期达意,"一语天然万古新,豪华落尽见真淳""欲为平易近人诗,下笔情深不自持",毫无头巾气、矫饰味,唯见正心诚意,本色天然。

增订本又补充了"《我怎样学习当记者》涉及的新闻作品",包括《鱼水新篇——沂蒙山纪事》《访南斯拉夫日记》等佳作,与前面的讲述内容彼此映照,相得益彰,更便于学习。其中,有道有术,道寓术中,既可以感悟为人民的新闻理想,又易于学到当记者的十八般武艺。加之内容都是亲身经历,涉及记者工作各个环节,实实在在,老老实实,有过五关斩六将,也有失荆州走麦城,读来平易近人,"通俗而又深刻"(穆青)。再举一例:

> 我刚当记者的时候,采访写作的毛病是"快而浅"。后来,在采访上注意下功夫了,每次都搜集大量的新闻素材,但是,却不善于提炼,往往被许许多多的生活素材所包围。由于自己没有产生明确而集中的思想,所以,对大量的生活素材无法取舍,这也想写,那也想写,"大而杂""全而浅",真有点像高尔基讽刺过的那样,"把鸡和鸡毛一起炒"。这种既不拔掉鸡毛、又不掏去内脏的"炒全鸡",自然不会受到顾客的欢迎。

久闻南振中有个"万宝囊",是其记者生涯积攒的数千个采访笔记本。我觉得,有朝一日若能整理出版,也会是新闻学的一笔财富,对当代史、社会学、民族志同样具有学术价值。说到采访,新闻中人都知道,记者记者,在记录历史初稿,亦即新闻之前,先得采集记录新闻现场的所见所闻,所知所感,所谓"七分采、三分写"。战地记者罗伯特·卡帕说得好:你拍得不够好,是因为你离前线不够近。《人民日报》记者王慧敏也认为:"记者,就是把新闻现场作为战场的战士。"虽然有人论证说新媒体时代采访已经过时,仿佛坐在写字楼、办公室,上上网、连连线,就可以攒出新闻,但我相信亲眼看、亲耳听、亲身感受、亲笔记录的现场感,总是新闻之所以为新闻而非其他的第一要义,"裤腿上永远沾着泥巴"更是人民记者的第一印象。为此,如何采访,如何记录,就成为记者的基本功。本书也谈到这方面一套实用管用的做法,包括整理笔记本的六件事,举一反三同样适用于媒体融合的新时代。

毋庸讳言,由于社会转型与媒体变革,俯首甘为孺子牛的人民记者身影日益漫漶,渐行渐远。有位记者将拙著《水木书谭:新闻与文化的交响》称为"古典新闻观的挽歌",所谓古典新闻观者,"报纸是人民的教科书"之谓也。读南振中一边心有戚戚,一边忧心人民记者及其理想是否沦为或即将沦为"古典新闻业"的挽歌。大雅久不作,正声何微茫。十几年前,听范敬宜院长谈及他与穆青在一起的一幕晚景,栩栩如生,如在眼前:暮色苍茫中,两位老党员、老记者面对"世风日下",愀然相坐,默然无语……令人多少欣慰的是,近年来"走基层、转作风、改文风"中时有年轻记者崭露头角,从《新疆塔县皮里村蹲点日记》《大国工匠》等新闻作品,到《农民中国》《崖边报告》《塘约道路》等现实主义书写,都不难感到人民记者绵绵不绝的精神血脉与生生不息的新闻魂魄。特别是党的十八大以来,各个领域日益强调人民立场,不断落实以人民为中心的工作导向,也给新闻界带来一缕新风新气象。

2014年我在荣获范敬宜新闻教育奖的获奖感言中谈到,自己30年新闻教育经历无非是"培养有灵魂、有文化、有梦想的中国记者"。在我看来,人民记者好记者不仅正心诚意有灵魂,而且渊博清通有文化,就像范敬宜和南振中。如果说范敬宜作为范仲淹二十八代嫡孙并出身江南世家而得益于家学渊源,那么来自古弘农郡的普通人家子弟南振中就以勤奋好学孜孜不倦而成为饱学之士。除了精湛的新闻业务能力,他们的文化底蕴、知识水平、理论素养在业界学界同样出类拔萃。南振中的博览群书,好学深思,更令读书人钦佩不已。

上学时,南振中就有意放弃功课满分的追求,把考试目标调整为80分,主要精力用来"横扫图书馆"。于是,有舍有得,收获自不待言。后来,他在回忆大学经历时说:"白天,除了上课,我就到开架阅览室读书;夜晚,把从图书馆借来的小开本图书带到宿舍,仔细阅读;星期日早饭后步行到河南省图书馆,阅读中外名著,摘抄与唐诗有关的资料。"

工作后,无论多忙,他依然手不释卷,一直孜孜以求。南振中读书之广、之细、之深在新闻界传为美谈,穆青对此的吃惊和感叹相信许多人都深有同感:"工作异常繁重,但从没有间断学习。一有空余时间,就用在读书上面。除了马列著作和毛泽东思想、邓小平理论外,新闻学、经济学、哲学、心理学、军事学、社会学甚至是医学著作也是他阅读的范围,涉猎之广,既让人吃惊,也让人感叹。"尤其是,他并非死读书,读死书,而是既读有字书,又读无字书,并有章有法,活学活用,特别注重独立思考、融会贯通、理论联系实践,逐渐形成一套行之有效的方法,从而既能不断完善自己的知识体系,又能不断适应时代变化和工作需要。

联想当下,忧从中来。南振中在郑州大学读书时,学校印发了一份北京大学中文系的500种书目,他按照书目认真阅读。我在郑州大学时,也得到一份教育部的400种书目。后来,我为学生草拟的新闻传播学基础阅读书目,最初也是400种,然后减为200种,最后减为100种,即使如此,还有学生望而生畏。今年清华大学新闻与传播学院考研复试中,有位修读英国文学的考生答不出一部莎士比亚作品;历史系出身的考生没有翻过一部中国通史;青岛的考生不清楚"五四运动"与家乡的关联;法语专业的考生认为,火烧圆明园是"可以理解"的"一个错误"。无独有偶,在今年某家中央媒体的入职笔试中,有位考生回答"《西行漫记》又名《西游记》"……诸如此类,不一而足,正所谓"刘项原来不读书"。

南振中曾为新华社年轻记者作过一场报告,题为《把阅读培养成为一种爱好》。针对有人觉得读书是件苦差事,不如手机好玩,视频轻松,南振中用生活经验开导说,年轻人喜欢锻炼,跑步啊,打球啊,汗流浃背,气喘吁吁,为什么不觉得累,不感到苦呢,因为自己喜欢。"长时间里持续不断地爱好同一项运动,就会养成不容易改变的习惯,苦和累也就融入了快乐的感受之中。"同样道理,若把阅读培养成为一种爱好,也就不会觉得高不可攀,而一样乐在其中并乐此不疲。他还介绍了一个通读大部头的经验,称之为"化整为零"或"积零为整":

《列宁选集》第 1 卷 858 页,第 2 卷 1005 页,第 3 卷 933 页,第 4 卷 765 页,4 卷合计 3561 页。由于采访报道任务繁重,要在短期内读完这四大本书,的确有一定困难。为了解决读书同时间的矛盾,1973 年元旦我拟订了一个总体学习计划:按照每小时平均 10 页的阅读速度,将《列宁选集》1—4 卷通读一遍需要 356 个小时。如果每天挤出 1 小时,不到一年就可以把《列宁选集》1—4 卷通读一遍。有了这个总体规划,零碎时间就像珍珠一样被串了起来。实践的结果是只用了 6 个月,就把《列宁选集》通读了一遍。

宁可十年不将军,不可一日不拱卒。这个经验也点拨了我,借用这种方法果然见效,《史记》《资治通鉴》《鲁迅全集》等都是这样用一年半载的时间"啃"了下来。

香港城市大学原校长张信刚,年轻时在美国读研究生,一次出席名家云集的研讨会,同他合作的资深教授让他主讲。不得已,他先用了一个中文谚语"江边卖水",用英文一翻译,得到一片会心赞赏。此时,我的心情也同当年张信刚一样,不管怎样用心用力,都像江边卖水。如果说南振中是新闻界静水流深的长江大河,那么我只能取一瓢饮。南老师美意将拙文置于书前,而我知道其实是一点学习心得与杂感,既不敢冒称评价,更不敢自视书序,谨以此就教于作者与方家。

2017 年五一劳动节于清华园

(李彬,清华大学新闻与传播学院教授、博士生导师。本文原载《新闻记者》2018 年第 1 期)

沐浴春风——我所认识的南振中

贾　永

　　永远是可亲的笑容,永远是同样的语速,永远是几乎相同的衣着:夏天白衬衫,春秋蓝西装,冬天再加件羽绒服……

　　这,就是曾经的新华社总编辑南振中。在新华社,人称"老南"。

　　也许是我认识南振中相对较晚的缘故,他让我印象深刻的还有一点,就是那一头永远理得短短的银发。实际上,那个时候,他还未满五十岁。

　　与南总相熟,是从1991年的新华社青年记者读书班开始的。当大家谈到经过最初几年的工作爆发,不同程度遇到了业务"徘徊期",南振中认为,这是进入"简单再生产"阶段的表现,也就是生产过程在原有的规模上重复。特点是,全部剩余产品都用于个人消费,没有积累,即不追加生产资料和劳动力,生产规模不变。这就好比每年种2亩小麦,50斤种子,收获1000斤,吃掉950斤,留下50斤麦种第二年再去播种。农民没有积累就难以扩大再生产,同理,记者如果没有一定的积累,吃老本,就会滑坡。那一次,南总强调了记者的积累尤其是知识积累的重要性。他说,人的脑子每天都在不停地运行,不管是自觉的还是不自觉的。根据对人体脉动速度的测算,一个人每天可以思考20万字。这当中有的有价值,有的没有价值。我们打一个折扣,假设99%都是无用的材料,1%是有用的材料,那么,每人每天有价值的"思想"就有2000字。把这2000字记录下来,一年的思想积累就是73万字。这是一笔巨大的财富。倘若我们果真能勤奋到这样一种程度,那么,"我相信,年轻记者的徘徊期就会缩短,就有可能实现新的突破"。他由此把这次座谈讲话的题目定为"发挥优势,不断攀登"。

　　整整一个下午,在新华社工字楼一间朴素的会议室里,南总就用这种算账的方式,与大家交流,语言朴实,语调平实,一如他质朴的外表。

2004年,时任清华大学新闻与传播学院院长的《人民日报》原总编辑范敬宜先生,曾用"三个最"形容他所了解的南振中——"他是我所见到的手最勤的一个记者。"自从从事新闻事业到现在,他一共记了3000多本采访笔记。在两会的电视镜头里,如果你看到一个人认真地记会议笔记,那一定是南振中。"他是我见过的工作作风最严肃的一个。"当编辑时,每次修改完记者的稿子,哪怕是一个标题、一句话,都亲自找记者商定,确认"我有没有把你认为最得意的地方删掉,你有没有感到心疼",担任新华社总编辑后依然如此。"他是我见过的采访作风最扎实的记者。"正如他所说:"要立志当一辈子记者,就要做好吃苦的思想准备……"

1964年8月,从郑州大学中文系毕业的南振中进入新华社山东分社。大学四年,勤奋的南振中几乎"横扫"了学校的图书馆。从此,他又开始在山东乡村广阔天地里钻研一部丰厚的无字之书。1991年,第一届范长江新闻奖评奖委员会给予南振中的评语是这样写的:"南振中经常深入贫穷的鲁西北地区和沂蒙山区蹲点调查,同农村干部群众一起探索和总结摆脱贫困的经验,采写了大批讴歌农村改革、反映农村变化的新闻通讯。他的有关农村的报道,题材新颖,有深度。"

南振中回忆,他关于农业农村农民的一系列报道,与穆青倡导的重视"理论学习"和"调查研究"有着巨大关系。1977年11月,新华社国内部召开农村记者座谈会。当时的背景是,党的十一届三中全会尚未召开,极左阴云还未散尽。时任新华社副社长穆青在听取汇报时,讲了一番带有鼓动性的话:"大家都有一股子干劲,要让农村来一次革命。……要革命,就要换一种思路,换一条路子走。……对于新闻工作者来说,最大的干扰就是我们脱离实际、脱离群众。要改革,首先要从这里改起。我们的农村记者要深入基层调查研究,要密切联系实际、密切联系群众,要反映人民群众的要求和呼声!"正是穆青的"胆"与"识",激励着包括南振中在内的新华社农村记者深入贫困地区调查研究,以全新的视角和精神状态,采写了大量反映中国农村实际的报道,推动了中国农村第一步改革。

在改革开放40年山东大事回放中,有这样一段记载:1979年12月,新华社记者南振中来到东明县的4个公社、4个村,走访了20户社员家庭,于1980年1月18日在《人民日报》发表通讯《看粮囤》,介绍了东明县从1958年起连续吃了21年统销粮,1979年基本上实现了粮食自给。

南振中后来回忆,"1972年至1983年,有十个中秋节和两个春节是在外地度过的"。1982年,他的《农业生产责任制》一书出版,这也是关于农村改革的最早一批专著。

1985年,南振中的《我怎样学习当记者》出版,这是他在山东分社社长任上,为四川省新闻干部进修班两个星期讲座的授课提纲,也是他20年一线记者经历的经验之谈,一时成为新闻界热门读物。当时,我在读大学新闻系,自然也读到了这部专著,记得有《采访前的准备》《记者的笔记本》《学会"抓问题"》《孕育主题的途径》《新闻作品的"立意与结构"》《提高新闻素材的利用率》等文章。也是在这一年,43岁的南振中奉调北京,先后担任新华社总编辑室副总编辑、副社长兼总编辑室总编辑。2000年6月,任正部级的新华社总编辑。

2005年5月,我担任解放军分社社长,南总主持新华社编务会,吸收我为编务会成员。我也成了军分社历史上第一位总社编务会成员,由此与南总有了更多的接触,也更进一步地感受到了他勤奋的工作状态和扎实细致的工作作风。他的"记者的发现力"理论,不仅被我个人奉为圭臬,也是我坚持不懈向年轻记者灌输的方法论。

新华社例行编务会每周一次,遇到特殊情况随时召开。编务会成员都是各业务部门的一把手,大家一度反映工作太忙无暇读书,南总讲了他的"南式阅读法":《列宁选集》共3561页,他每天抽1小时阅读,平均阅读10页,他把每天的零碎时间加以利用,6个月后便读完了四卷本的《列宁选集》。之后又用 3 个月的业余时间,将第三、第四卷重读了一遍。也就是说,"9 个月就可以挤出 526 个小时,相当于脱产学习两个多月。如果每小时能读 30 页,那么一年则能够读 10 950 页,相当于读了 55 本每本 200 页的书"。后来流行网上阅读,南总又总结出一套独特的"网上阅读法":阅读纸质书,注意力放在"有价值部分"上,先把有价值的内容摘抄出来;网上读书,则把对自己没有明显参阅价值的内容大段删除。如今,南振中的个人电子图书馆拥有 2000 亿字节,72 个分类,从人文历史到自然科学,从图书到漫画,应有尽有。仅此一项,估计新闻界绝无仅有。

有一次,已经调任星球出版社社长的军事记者马晓春送来几个大型地球仪,我给时任新华社社长田聪明和南振中总编辑等几位总社领导的办公室各送去了一个。南总笑着说,别的礼物不能收,这个可以收下,年龄大的人可以看得清楚,有助于我们瞭望世界。他的秘书告诉我,南总会时不时地转动地球仪,预判国际局势,及早准备材料,补充相关知识。

南总作风严谨,态度和蔼可亲。每一次给他汇报工作,他都会详细记录,然后慢慢提出意见或建议。他办公室的大门,一年到头对来自基层一线的记者敞开着。记得他最严厉的一次讲话是某电视台的纸馅包子事件之后。编务会上,南总严肃地说,如果这样的事情发生在新华社,至少会让我们 10 年内在国际上抬不起头来。这也印证了穆青同志所说的,成才的先决条件是做人。

那段时间,南总还多次提到了这样一件事。

2003 年 12 月,他参加全国人大代表视察活动时,在河南省濮阳市农村参观了"无土栽培"大棚,优点是省地、省水、省肥、省时、省力,缺点是因为作物根系离开了肥沃土壤,一旦营养液供应不上,叶子就会枯黄。南总由此讲到了记者的初心和作风:作为党的新闻工作者,我们有没有"根",我们的"根"应该扎在哪里?我们的"根"应该扎在基层,扎在改革开放和现代化建设的实践中,扎在人民群众中,扎在肥沃的泥土里。"无土栽培"

虽然先进，只可惜新闻记者无法采用，因为在现实生活中很难找到瓶装的"新闻营养液"，"如果我们偏离实际、远离生活、脱离群众，离开了人民群众生活的沃土，我们就会营养不良，采写的新闻自然会枯黄"。

2007年8月30日，南振中不再担任新华社总编辑。至此，他在这个新闻界最辛苦、压力也几乎最大的岗位上坚守了7899个日日夜夜。与编务会话别的时候，他动情地说："多年来白天晚上忙于工作，没有节假日，没有双休日，上不能尽孝，下没有尽养育之责，愧对父母，愧对妻子，愧对孩子。这是我内心深处的痛楚。1990年，我曾对家人说：'在总编辑岗位上只能把时间和精力献给新华社，60岁卸任以后我将抽出更多时间孝敬母亲、照顾老伴、教育儿孙。在未来的岁月里，我对待家人也会像对待事业一样，做到一片赤诚、尽心尽力。'"

实际上，这个时候，还有另外一项任务需要南振中尽心尽力。2011年3月11日，《中国青年报》一篇题为《我代表人民询问你》的报道成了两会新闻热点。报道的主角，正是南振中。那几年我兼着全国政协委员，每一次旁听人大会议，都会远远地看到主席台上那一头醒目的白发，看到那个用笔记本电脑做笔记的熟悉的身影。

2011年3月，南振中《亲历中国民主立法：在全国人大常委会发言实录》出版，这是他参与十届、十一届全国人大常委会立法实践的亲身体验。从2003年起，南振中提出的98条建议被吸收到34部法律条款之中。

2013年4月，离开郑州大学半个世纪的南振中重返母校，"掌舵"郑大新闻与传播学院，因此也有了一个"院长"的新头衔。好像是2015年春节过后，郑州大学穆青研究中心的几位教师和同学到京采访新华社系统范长江新闻奖获得者，他们提到，刚刚过去的这个寒假，南院长交出了一份长达9万多字的"假期作业"，那是73岁的南振中写给学生们的75封回信。整个寒假，包括七天春节假期，南振中"泡"在家里，每天凌晨两三点起床，坐在电脑旁边一字一句为同学们解疑释惑。也许是受了南总感染的原因,那一天,我按照学校提出的问题,与老师同学整整谈了一天,以自己的亲身经历,讲述穆青的故事和穆青的精神在新华社的传承,讲述郭超人、南振中对我的影响和传帮带。那是我们这一代新华人不能忘也不会忘的记忆。

那个春天,南振中《大学该怎么读——给大学生的75封回信》一书出版,郑州大学新闻与传播学院400名学生最早收到了写有老院长赠言和签名的首版书。这是一个睿智的长者对后来人的循循善诱和真情告白。朴素的语言闪烁着深刻的人生哲理,蕴含着触动人心的温暖力量。

忽有一日,偶然看到这样一则故事。朱熹《伊洛渊源录》卷四载:朱公掞见明道于汝州,逾月而归。语人曰:"光庭在春风中坐了一月。"意思是,宋代理学奠基人程颢的弟子朱光庭听老师讲课如痴如醉,因而回家逢人便夸老师讲学的精妙,说:"光庭在春风中坐了一月。"的确,与品德高尚且有学识的人相处,会让人受到熏陶与感化,心里就像被春风拂过一样的温暖。

如沐春风,这就是南振中给我的感觉。

(贾永,新华社解放军分社原社长,高级记者,第六届范长江新闻奖获得者。本文原载2023年12月16日《青年记者》官方微信公众号,收入本书时有改动)

鸣　谢

2008年年初,新华社总编室、驻社纪检组、机关党委联合开展"总编辑读书时间"系列讲座活动,邀请我给年轻人讲一次课。为了做到有的放矢,我草拟了一份调查问卷。本来希望讲座组织者向我提供10份答卷,没想到他们送给我27份答卷。年轻人提出的许多问题,促使我对学习和人生作系统思考。在《学习点亮人生(增订本)》即将付梓之时,我首先感谢新华社"总编辑读书时间"系列讲座活动的组织者和踊跃提出问题的27位年轻朋友。

感谢十二届全国政协副主席、民革中央原常务副主席齐续春和十一届全国人大常委会副委员长、民革中央原主席周铁农。2010年6月11日,我应齐续春之邀到民革中央机关作"学习与人生"的专题报告,周铁农主席发表了热情洋溢的总结讲话。他说:"事先准备了一份讲话稿,听了南振中同志十分精彩的报告,觉得那份讲话稿不能用了。"周铁农脱稿讲了学习的三个层次:第一个层次是别人要求自己学习;第二个层次是为解决工作上面临的问题不得不学习;第三个层次是把学习当作一种爱好。周铁农给这篇讲话加了个标题——把学习引向更高的境界,并同意将其作为《学习点亮人生》一书的代序。增订本仍然把周铁农撰写的文章放在正文之前,就是为了表达对周铁农主席的感谢之意。

感谢新华社老社长穆青。穆青比我大21岁,他到延安《解放日报》从事新闻工作的那一年我才出生。穆青对我的关心主要体现在勉励与鞭策上。2000年,我的《记者的发现力》一书出版,穆青应《新闻战线》编辑部之约撰写了题为《用毕生去发现》的长文。2003年7月《与年轻记者谈成才》即将出版,82岁高龄的穆青专门为这本书写了一篇序言,他说:"做人是第一位的,成才是第二位的。如果连人都做不好,还谈什么成才!即使成了'才',也是'歪才'。"这篇序言洋溢着老一代新闻工作者的高尚情怀,充满了对后来者的殷切期待。我还要感谢范敬宜、李彬、贾永同志。《与年轻记者谈成才》出版后,范敬宜应《新闻战线》编辑部之约,撰写了《春雨润物细无声——读南振中〈与年轻记者谈成才〉》。我知道范敬宜是个忙人,他说他"用了5个晚上的时间,几乎一字不漏地读完了这本403页的新书",这份情谊让我感动。清华大学新闻与传播学院李彬教授撰写《学南振中　当好记者——读南振中〈我怎样学习当记者(增订本)〉》一文时竟然修改了22次,严谨细致、一丝不苟的治学精神令人叹服。我曾经的同事贾永撰写的《沐浴春风——我所认识的南振中》情真意切,文章刊出后被多家媒体转载。这次把穆青、范敬宜、李彬、贾永的5篇文章收入本书的"附录",就是想留个永久的纪念。

感谢我的父亲南守仑、母亲张秀芳,他们留下的家训只有4句话:"站得直、坐得端、行得正;吃亏是福;吃得苦中苦,黄土变成金;得理要让人,不能得理不饶人。"我们兄弟姊妹5人将这35个字视为"非物质传家宝",时时自勉,不敢稍有懈怠。我还要感谢老伴陈瑞芬。20世纪60年代初在郑州大学读书时,我们同在中文系64届5班。1968年春我们成家以后,她主动承担了繁重而琐细的家务劳动,退休以后又帮助照顾孙子、孙女,继续为家操劳。她是报社的高级编辑,从1980年开始为我核校书稿,《学习点亮人生(增订本)》也是她帮助核校的。她心甘情愿地为家人付出,这种情怀感动着全家人。

感谢我的母校郑州大学,她给了我们艰苦的磨炼,激活了我们的思维方式,促使我们养成热爱学习的良好习惯,这是三笔让我们终身受益的精神财富。2012年6月12日,我以《学习点亮人生》为题向母校师生作了一次专题汇报，开场的几句话是："人一生经历的事情95%都会忘记，但祖国不会忘、母亲不会忘、故乡不会忘、母校不会忘。"2024年恰逢我和老伴毕业60周年，我们商量把《学习点亮人生（增订本）》献给郑州大学，就是为了表达两位老校友对母校的感激之情。

感谢郑州大学党委宣传部部长孙保营。在我担任郑州大学新闻与传播学院院长的3年多时间里，他是学院党委副书记，与时任党委书记焦世君密切配合，承担了大量繁杂、繁重的日常工作，为学院跨越式发展作出了贡献。这次他亲自担任《学习点亮人生（增订本）》的策划编辑，对书稿提出了不少好的建议。我还要感谢郑州大学出版社党委书记杨雪冰，社长、总编辑卢纪富，编审李勇军，副编审刘晓晓。他们精心审读书稿，严谨细致、讲求实效的工作作风令人感动。没有他们的帮助，《学习点亮人生（增订本）》不可能顺利地同读者见面。借此机会，我向所有为这本书的出版提供帮助的同志表示诚挚的谢意！

南振中

2024年11月11日